柏拉图全集

PLATONIS OPERA

增订版 8

[古希腊]柏拉图◎著

王晓朝◎译

人民出版社

责任编辑：张伟珍

封面设计：吴燕妮

图书在版编目（CIP）数据

柏拉图全集.8 / [古希腊]柏拉图 著；王晓朝 译.—增订本.—北京：
　人民出版社，2017.9（2021.2重印）
ISBN 978－7－01－017552－2

Ⅰ.①柏…　Ⅱ.①柏…②王…　Ⅲ.①柏拉图（前427~前347）-
　全集　Ⅳ.① B502.232-52

中国版本图书馆 CIP 数据核字（2017）第 068756 号

柏拉图全集 [增订版] 8
BOLATU QUANJI

［古希腊］柏拉图　著　王晓朝　译

人民出版社 出版发行
（100706　北京市东城区隆福寺街 99 号）

北京汇林印务有限公司印刷　新华书店经销

2017 年 9 月第 1 版　2021 年 2 月北京第 2 次印刷
开本：710 毫米 ×1000 毫米 1/16　印张：16.75
字数：232 千字　印数：3,001–4,000 册

ISBN 978－7－01－017552－2　定价：47.00 元

邮购地址 100706　北京市东城区隆福寺街 99 号
人民东方图书销售中心　电话（010）65250042　65289539

目　　录

增订版译者前言

拙译中文版《柏拉图全集》自 2003 年开始出版以来，十来个年头匆匆而过。应社会大众的阅读需要，全集多次重印。期间，译者也在不断地听取和收集各方面的批评意见，并在教学和科研间隙对全集进行增订。最近几年，译者承担的教学和研究工作相对较少，有了对全集进行全面增订的充裕时间，遂有这个全集增订版的问世。

译者除了对原版译文进行逐字逐句的修订外，还做了以下工作：

（1）原版中各篇对话的提要译自伊迪丝·汉密尔顿所撰写的各篇对话短序。本次修订，所有提要均由译者本人撰写，内中包含译者自身的阅读心得，写出来供读者参考。

（2）考虑到研究的需要，也考虑到柏拉图的疑伪之作至今尚无最终定论，因此借修订之机，补译柏拉图伪作十六种。它们是：《阿尔基比亚德上篇》（Alcibiades I）、《阿尔基比亚德下篇》（Alcibiades II）、《希帕库斯篇》（Hipparchus）、《克利托丰篇》（Clitophon）、《塞亚革斯篇》（Theages）、《弥诺斯篇》（Minos）、《德谟多库篇》（Demodocus）、《西绪福斯篇》（Sisyphus）、《厄里西亚篇》（Eryxias）、《阿西俄库篇》（Axiochus）、《情敌篇》（Rival Lovers）、《论公正》（On Justice）、《论美德》（On Virtue）、《神翠鸟》（Halcyon）、《定义集》（Definitions）、《诗句集》（Epigrams）。

（3）专有名词（人名、地名、族名、神名）有少量改动和增添；哲学概念和术语的译名结合近年来的研究动态有改动，并以注释的方式说明旧译和新译的基本情况。

（4）文中注释有较多修改和增添。所有注释均由译者参照已有版本的注释加以取舍、改写、综合、添加。

（5）柏拉图著作标准页在原版中在页边标注，考虑到中国人的阅读习惯，修订版改为在文间标注。

（6）除原版中列举的参考资料外，本次增订着重参考了下列图书：

J.Burnet，Platonis Opera，5 vols，Oxford，Clarendon Press，1900—1907.

Plato，Complete Works，ed.By John M.Cooper，Hackett Publishing Company，Indianapolis，Cambridge，1997.

（7）参考 John M.Cooper 编辑的英文版柏拉图全集中的索引，重编修订版索引，并增加希腊文对照。

近年来，中国高校大力推广人文素质教育，阅读经典著作成为素质教育的重要内容。为适应这种社会需要，译者将增订版的《柏拉图全集》分为十册出版，以解决全集篇幅过大，一般学生和社会读者难以全部购买的问题。待各分册出版完成以后，再视社会需要，出版完整的《柏拉图全集》［增订版］。

增订版各分册内容如下：

第一册：申辩篇、克里托篇、斐多篇

第二册：卡尔米德篇、拉凯斯篇、吕西斯篇、欧绪弗洛篇

第三册：美涅克塞努篇、小希庇亚篇、伊安篇、高尔吉亚篇

第四册：普罗泰戈拉篇、美诺篇、欧绪德谟篇

第五册：克拉底鲁篇、斐德罗篇、会饮篇

第六册：国家篇（10 卷）

第七册：泰阿泰德篇、巴门尼德篇、智者篇

第八册：政治家篇、斐莱布篇、蒂迈欧篇、克里底亚篇

第九册：法篇（12 卷）

第十册：伊庇诺米篇、大希庇亚篇、阿尔基比亚德上篇、阿尔基比亚德下篇、希帕库斯篇、克利托丰篇、塞亚革斯篇、弥诺斯篇、德谟多库篇、西绪福斯篇、厄里西亚篇、阿西俄库篇、情敌篇、论公正、论美德、神翠鸟、定义集、书信、诗句集

借《柏拉图全集》增订出版之机，重复译者在原版"中译者导言"

中说过的话:"译作的完成之日,就是接受批评的开始。敬请读者在发现错误的时候发表批评意见,并与译者取得联系(通信地址:100084 清华大学人文学院哲学系;电子邮件:xiaochao@tsinghua.edu.cn),以便译者在有需要再版时予以修正。"

感谢学界前辈、同行、朋友的教诲、建议和批评!

感谢人民出版社为出版中文版《柏拉图全集》所付出的巨大努力!

感谢中文版《柏拉图全集》出版以来阅读过该书的所有读者!感谢中文版《柏拉图全集》出版以来,对该书作出评价和提出批评意见的所有人!

王晓朝

于北京清华园

2014 年 6 月 1 日

政 治 家 篇

提　要

　　本篇是《智者篇》的姊妹篇，参与谈话的人物与《智者篇》基本相同。主要谈话人是一位来自爱利亚的客人，在场的有老苏格拉底和塞奥多洛，回答问题的是一位与苏格拉底同名的青年。公元 1 世纪的塞拉绪罗在编定柏拉图作品篇目时，将本篇列为第二组四联剧的第四篇，称其性质是"逻辑性的"，称其主题是"论君主制"。① 谈话篇幅较长，译成中文约 5 万 3 千字。

　　第一部分（257a—268d），用二分法给政治家下定义。客人首先指出政治家必须是有专门知识和专门技艺的人。知识分为两类：匠人的实用知识和数学这样的纯粹理论知识。他先把理论知识分为指示性和非指示性的，然后指出指示性的有一部分是自我指示的。然后，他对生灵的抚养进行划分，分为抚养群居的牲畜和非群居的牲畜，再分为抚养用脚行走的动物和非用脚行走的动物；再划分出抚养无角的牲畜和有角的牲畜，再指出抚养用两足行走的牲畜与抚养人类有关，这方面的知识就是政治术或统治术。但是这样的划分是不完善的，因为担当政治家或国王不是唯一抚养人类的行当，商人、农夫、磨工、体育教练、医生等等行当都和抚养人类有关。

　　第二部分（268e—274e），神话故事。为了说明上述划分有误，客人讲述神话故事。故事说，宇宙有时候在神的指引下运动。在特定的时

---

① 参阅第欧根尼·拉尔修：《名哲言行录》3：58。

候，宇宙发生逆转，世上的万事万物也发生了逆转。太阳和星辰从西方升起，从东方落下。生灵由老变少，由成年变为幼年。人从土中生长出来。到了克洛诺斯统治的时代，神是人的牧者，大地产出丰饶的果实，人不需要耕种，也没有房屋，而是露宿荒野。那个时候没有暴力，没有战争，当然也不需要政府。这个时代是人类生活的黄金时代。后来，神放弃对宇宙的推动，宇宙开始自动，其运动方向再次发生逆转。大地发生震动，毁坏了一切生物，秩序混乱，邪恶丛生。神让普罗米修斯给人类送来火，让赫淮斯托斯送来技艺，让德墨忒耳送来种子，让狄奥尼修斯送来植物，让人类能生活下去。这一时期人类统治自己，这时候的统治者便是政治家，他统治人群正像牧人统治羊群。

第三部分（274e—311c），再次发现政治家的本质。客人指出，前面在界定国王的时候，把国王界定为人类的牧者，但没有具体说明他以什么方式抚养人类，应当用一个含义更加广泛的名称"照料"来涵盖国王和政治家。事物可分为七类：原材料、工具、器皿、交通器、防护物、娱乐品、营养物。（289b）在此基础上，客人把统治的技艺从各种技艺中区分出来，把从事统治这个行当的人，即政治家和国王，从各色人等中区分出来。

按统治者人数多少可以区分三种政制：由一个人统治的、由少数人统治的、由多数人统治的。三种制度有好有坏。由一个人统治的可以分为王制和僭主制，由少数人统治的可以分为贵族制和寡头制，由多数人统治的是民主制，它也有好有坏。按照其他标准划分，统治制度还可以分为使用暴力的和自愿接受的、贫穷的和富裕的、不守法的和守法的，等等。（291c—292a）统治是一种知识，只有由一个人统治的王制的统治者才具有这种知识。一名政治家如果真正拥有治国的知识，能够按照正义的原则治国，能使国家富强，那么他便是真正的政治家。（292b—293e）

小苏格拉底提出法律有什么作用的问题，客人作了冗长的解释。法治是统治术的一部分，法治是需要的，但不是最好的。最好的统治不是法治，而是有知识、有能力的人实行的统治。（293e—300e）通过讨论，区分了六种政制的高下：最好的政治制度是王制，但若统治者放纵私欲、滥用权力，违反法律，那便是最坏的僭主制；由少数人进行统治的制度居于其他二者之间，守法的就是贤人制，不守法的就是寡头制；由多数人统治的民主制将统治权分给许多人，所以它在三种好政制之中是最坏的，而在三种坏的政制中间它却是最好的。(300d—303b)

最后（310e—311c），谈话把政治术或统治术比作纺织术或编织术，指出那位国王一般的城邦织造者的唯一和全部任务就是在城邦成员之间建立人性的联系，使他们共同拥有关于卓越和善良的信念。这种织造的行当属于国王，他依靠和谐与友谊使人们生活在一起，完成了这块最辉煌、最优秀的织物，用它覆盖城邦的所有其他居民。他统治和指导着城邦，而无任何短缺之处。这个城邦因此而是一个幸福之邦。老苏格拉底最后发出赞叹说，这是你为我们完成的又一幅完美的画像，这个人是政治家，拥有国王般的统治技艺。

正 文

谈话人：苏格拉底、塞奥多洛、客人、小苏格拉底

苏　【257】塞奥多洛①，我确实非常感谢你把我介绍给泰阿泰德②和我们这位客人③。

塞　噢，苏格拉底，也许吧，等他们完成任务，在为你界定政治家和哲学家以后，你欠我的人情会是现在的三倍。

苏　嗯，你这样说既对又错，我亲爱的塞奥多洛，我们要说我们听到你这位最优秀的数学家和几何学家是这么说的吗？

塞　【b】你什么意思，苏格拉底？

---

① 塞奥多洛（Θεόδωρος），本篇谈话人。

② 泰阿泰德（Θεαίτητος），人名，《智者篇》《泰阿泰德篇》谈话人。

③ 客人（Ξένος），本篇谈话人，来自爱利亚。

　　苏　你把三者^①相提并论，而实际上他们之间在价值上的差别极大，无法用数学比例来表达。

　　塞　说得好，苏格拉底，我以我们的阿蒙神^②的名义起誓；你的指责是公正的——你还记得你的数学知识，所以才能指出像我这样的错误。对你，我会另找机会跟你讨论。【c】不过，现在让我们对我们的客人说话——你根本不会放弃对我们的敦促，无论你首先选择政治家还是哲学家，所以，就请你做出选择，然后完成对他的考察。

　　客　对，塞奥多洛，这就是我们必须做的事，因为我们既然已经做了尝试，就一定不要放弃，直至抵达终点。但我有个问题，泰阿泰德在这里，我该为他做些什么呢？

　　塞　在哪方面？

　　客　我们应该让他休息，而让和他一道训练的小苏格拉底^③来代替他吗？或者说，你有什么建议？

　　塞　就按你的提议办，让小苏格拉底替换他；他们年轻，只要有机会轮流休息，就能接受任何艰苦的训练。

　　苏　【d】我有话说，我的朋友，他们俩好像都跟我有点关系。你们全都说他们中的一个长得很像我；【258】而另一个则与我同名，这就产生了某种关联。嗯，我们必须保持热情，通过与他们交谈来承认这种亲缘关系。昨天我本人和泰阿泰德在一起讨论，刚才我又听到他回答问题；但我还没有听过这位苏格拉底发言，所以让我们也照顾一下他。他将在其他场合回答我的提问，而现在就让他来回答你的问题吧。

　　客　我愿意这么办。小苏格拉底，你听见苏格拉底说什么了吗？

　　小　听见了。

　　客　你同意他的建议吗？

---

①　指智者、政治家和哲学家。

②　阿蒙（Ἄμμων），古埃及神祇。

③　小苏格拉底（Σωκράτης Ὀνέοτερος），本篇谈话人，与哲学家苏格拉底同名。参阅《智者篇》218b。

小　完全同意。

客　【b】你这一方好像没有什么障碍了，我这一方也许障碍更少。那么好吧，在我看来，在发现了智者之后，我们两个必须寻找政治家。现在请你告诉我，我们应当把这种人设定为有知识的人吗，或者说我们应当作出其他假设？

小　我们应当这样假设。

客　在这种情况下，我们必须在各种知识中进行划分，就像我们在考察前面那个人①一样吗？

小　也许吧。

客　但是，苏格拉底，我想我看到的划分不在同一处。

小　为什么不？

客　【c】它的处所不同。

小　对，显然如此。

客　所以，朝什么方向才能发现导向政治家的路径呢？因为我们必须寻找这条路径，使之能与其他所有人区分开来，在给它打上显示其特性的特殊标记以后，我们必须认定所有种类的知识都可以归为两类。

小　我认为，客人啊，这其实是你要做的事，不是我的事。

客　【d】但是，苏格拉底，要是我们弄清了什么是政治家，那么它必定也是你的事。

小　你说得对。

客　那么好吧，算术以及其他某些与之同缘的行当是不牵扯任何实际活动，而是只提供知识吗？

小　是这样的。

客　而那个以木匠手艺和一般的制作为其组成部分的整个行当必定与实际活动有关，它拥有知识，【e】并用它来制造那些从前并不存在的物品，是这样吗？

小　对，那又怎样？

---

①　指智者。

客 嗯，以这种方式划分所有知识，一类叫作实际的知识，另一类是纯粹理论的知识。

小 我同意你的分法，作为总体的知识可以分成这两类。

客 那么，我们要把政治家、国王、奴隶主，还有家庭的管理者，算作一样东西吗，当我们用这些名称提到他们的时候，或者当我们要说有这么多行当，与我们提到他们的时候对应？不过，还是让我就用这种方法，你只要跟着我就行。

小 那是什么方法？

客 【259】是这样的。要是某个人自己能够私下里像那些公开行医的医生一样给人提建议，那么在他提建议的时候，我们不是肯定要用同样的职业名称来称呼他吗？

小 是的。

客 那么好，关于那个擅长向城邦的国王提建议的人，尽管他只是个普通人，我们不说他拥有统治者本人应当拥有的专门知识吗？

小 我们会这么说。

客 【b】但是属于真正的国王的知识就是统治术①的知识，对吗？

小 对。

客 那么拥有统治术的人，无论他是一名统治者，还是一介平民，在各种情况下，就其拥有这种技艺本身而言，都可以正确地被视为一名统治术的专家，不是吗？

小 这样说是公平的。

客 下面，家庭的管理者和奴隶主是一回事。

小 当然。

客 那么好，就统治而言，一个大家庭和一个小城邦肯定不会有什么差别吧？

小 没有。

客 【c】所以，回答了这些我们自己提出来的问题，显然有一类

---

① 统治术（βασιλική），王术、国王的技艺。

专门的知识与所有这些事情相关；要是有人把这个行当的名称叫作统治术，或者叫政治术①、家政术②，让我们不要与他争论。

小　我同意——我们干嘛要跟他争论呢？

客　但是，更加清楚的是，任何一名国王用于维持他的统治的力量与他使用双手或整个身体几乎没有什么关系，相比而言，却与他的睿智和心灵的力量有关。

小　显然。

客　那么，你想要我们断言国王与理论知识的关系更加密切，【d】胜过与体力或一般实际工作的关系吗？

小　当然。

客　在这种情况下，我们要把所有这些事情归到一起——政治家的知识和政治家、国王的知识和国王——当作一个东西，把它们当作相同的吗？

小　显然要。

客　嗯，要是在此之后我们划分理论知识，我们开始的秩序对吗？

小　肯定对。

客　所以仔细瞧，看我们能否察觉某个裂缝。

小　哪一种裂缝？告诉我。

客　【e】这种裂缝在这里。我想，我们同意过有算术③这门技艺。

小　是的。

客　我以为它绝对属于理论这类行当。

小　是这样的。

客　这是因为，算术一旦认识到数之间有差别，除了判断它已经认识的东西，它肯定不会有进一步的工作吗？

小　是的。

---

① 政治术（πολιτική）。

② 家政术（οἰκονομική）。

③ 算术（λογιστική）。

客　所有建筑师也一样——他们自己不会像工匠那样去工作，而是管理工匠。

小　是的。

客　就此而言，我假定，建筑师提供的是理智，而不是体力劳动。

小　是这样的。

客　【260】那么，说他分有一份理论类的知识，这样说对吗？

小　当然。

客　但是，我认为，一旦作出他的职业判断，他要做的事情不是结束或离开，就像算术的行家那样，而是把恰当的工作指派给每一群工匠，直到他们完成指派给他们的工作。

小　对。

客　所以，所有这类知识和像算术一样的知识都是理论的，【b】但这两类知识相互之间不同，一类知识下判断，而另一类知识发指示，是这样吗？

小　它们好像是这样的。

客　所以，要是我们把整个理论知识划分为两个部分，把一个部分当作指示性的，另一部分当作下判断的，我们会说这样的划分是恰当的吗？

小　会，至少我是这么看的。

客　但若人们在一起做事，他们只要意见一致也就够了。

小　确实如此。

客　就我们当前正在分担的任务而言，我们应当对其他任何人的想法说再见。

小　当然。

客　【c】所以，告诉我，在这两类行当中，我们应当把精通统治术的行家放在哪里？放入与下判断有关的那一类吗，因为他好像是某种旁观者，或者我们宁可把他放入指示性的那一类行当吗？因为他是其他人的主人。

小　放入第二类，当然。

客　那么，我们还需要再看一下指示性的行当，看有无地方可以划分。在我看来在这个方向有这样的地方，就好比零售商有别于出卖自己生产的物品的自销者，【d】所以应当区分国王这一类和传令官这一类。

小　此话怎讲？

客　我想，零售商购买其他人生产的物品，然后把别人卖给他的东西再卖出去。

小　确实如此。

客　那么好，传令官这类人接受其他人做出的决定，然后再次发布给另一群人。

小　非常正确。

客　所以，我们要把国王这个行当与通司、【e】船长、先知、传令官，以及许多其他相同性质的行当放在一起，正因为它们全都与发布指示有关吗？或者说，你想要我们按照我们刚才使用的类比来造出一个名称来吗，因为实际上"自我指示者"这一类行当正好没有一个它自己的名称？我们应当按这种方式划分这些事情吗，把国王归属于"自我指示"这类行当，而不用注意其他所有的行当，让其他人去给它们起另一个名称？因为我们进行的考察，为的是发现那个实行统治的人，而不是它的对立面。

小　绝对应当这样做。

客　【261】那么好，由于这类行当已经与其他行当分割开来了，依据的是它们与统治术的关系，如果我们在其中还能发现可以分割的地方，那么我们必定要对它再次分割。

小　当然。

客　还有，我们似乎已经找到一个分割的地方了，你要跟随我，和我一道来分割。

小　什么地方？

客　【b】我们可以把所有对其他事物的控制视为使用指示——我们会发现他们在发布指示，为了生成某样事物的缘故？

小　当然。

客　要把生成的所有事物分成两类一点儿也不难。

小　怎么个分法？

客　我设想，生成的所有事物，有些是无生命的，有些是有生命的。

小　对。

客　就是凭着这一点，我们分割指示性的理论部分，要是我们确实希望分割它。

小　怎么分？

客　【c】把它的一部分指定给无生命的事物的生成，把它的另一部分指定给有生命的事物的生成；以这种方式，它马上就会分成两部分。

小　我完全同意。

客　所以，让我们搁下其中的一部分，取来另一部分；然后，让我们再把它整个儿分成两部分。

小　你认为我们应该取来的是这两个部分中的哪一个部分？

客　我假定必然是与生灵有关的发布指示的这个部分。毋庸置疑，属于国王的专门知识决不会是用来针对无生命的事物的，就好像建筑师的知识；它比较高贵，【d】总是在生灵中拥有力量，只和生灵有关。

小　对。

客　嗯，作为能够观察的这个部分，既能单独关注到生灵的繁殖或喂养，又能像牧人一样对生灵一并照料。

小　正确。

客　但我们肯定不会发现政治家像某些牛倌和马夫一样只照料个别的牲畜，而会像牧人照料成群的牛马。

小　好像是这样的，就是你说的这样。

客　【e】那么好，说到抚养生灵，我们要把抚养许多生灵叫作"牧养"还是"集体性的喂养"？

小　无论用哪个名称都行，只要有助于我们的论证。

客　说得好，苏格拉底；要是你坚持不太在意名称，你的智慧将与日俱增，到你晚年时，你会富有智慧。但是现在我们必须按照你说的去做。【262】你看到我们怎样通过说明牧人的集体性的喂养是双重的来使区域倍增，然后在其中寻找我们想要发现的目标了吗？

小 我会尽最大的努力。在我看来，有一类不同的抚养是针对人的，另一类则和抚养牲畜有关。

客 对，绝对正确，你做出了敏锐的、勇敢的划分！但我们一定不能让这种事情再次发生。

小 什么样的事？

客 【b】让我们不要切取它自身的一小部分，而把许多大的部分丢下不管，不涉及真正的类别；要让这个切下来的部分带来真正的类别。如果能把正在寻找的东西马上从其他事物中切割出来，那确实是件好事，要是能这样做的话——就像你刚才认为自己进行了正确的划分，可以把论证快速推向结论，因为它直接导向人；但实际上，我的朋友，像切薄片一样的划分是不安全的，比较安全的是沿着中间部分下手，这样做更像是能够碰上真正的类别。【c】在哲学考察中，这一点形成了所有差别。

小 你这样说是什么意思，客人？

客 我必须试着说得更清楚一些，苏格拉底，出于对你的天然禀赋的善意。在当前的情形下，我不得不说，要完全说清楚我的意思是不可能的，但我必须尽力推进，为了清晰的缘故。

小 那么好，你就说我们刚才没有进行正确的划分错在哪里？

客 事情是这样的：就好像某个人试图把人类分成两个部分，【d】他以这样的方式来划分，把大部分人分为一个部分，把希腊人分成另一部分，与其他所有人分开；他把其他所有民族放在一起，无视这些民族多得不可胜数，彼此之间也没有什么联系，讲得又是不同的语言——把"野蛮人"这个单一的名称强加给这个集合体。由于这个单一的名称，他们希望这个集合体就真的是一个家族或一个类别了。另外一个例子是，好比有人认为自己正在把数划分为两个真正的种类，【e】把一万这个数与其他所有数分割开来，视一万为单独的一个类别，然后给一万以外的其他所有数确定一个名称，以为这样一来这个类别就存在了，一万以外的其他数则是第二个类别。但是我想，要是按照奇偶对数进行划分，按照男女对人进行划分，这样做可能要好得多，划分的类别也更加真实，而那种只把吕底亚人、弗里基亚人，或其他某个民族分割出来，把它放在与其他所有民族对峙的位置上，这样的划分只有当一个人无法抵达真正的两分时才会这样做，【263】因为真正的划分不仅要把整体中的一个部分分割出来，还要使之成为一个真正的类别和部分。

小　没错，但是，这件事难就难在一个人怎样才能更加清楚地看到这些类别和部分相互之间不是相同的，而是相异的？

客　你回应得很好，苏格拉底，但你想要做的可不是一件易事。我们已经远远地偏离了我们讨论的主题，而你这个要求会使我们偏离得更远。嗯，现在让我们返回原处，我们原先的做法是合理的，【b】等以后有空的时候，我们再来彻底解决你刚才提出的问题。不过，我还是要告诫你，别把你刚才从我这里听到的话当作一项已经清楚明白的解释。

小　哪些话？

客　类别和部分相互之间是相异的。

小　要是我听到了，我该怎么说呢？

客　凡是有某事物的一个类别，必定也有叫这个名称的事物的一个部分，但是部分并不一定是类别。苏格拉底，你必须始终坚持我说的这个观点，而不是坚持其他观点。

小　我会这么做的。

客　【c】好吧，告诉我下面这件事。

小　什么事？

客　我们开始偏离主题、进到现在这一步，进到这个地方。我想，当时我问你该如何划分抚养，你非常敏锐地说有两类生灵，一类是人，第二类由其他所有动物组成。

小　对。

客　在我看来，你当时似乎认为，取走一部分以后留下来的其他事物是一个类别，由其他所有事物组成，因为你有一个相同的名称"动物"可以运用于它们全部。

小 【d】对，我当时是这么想的。

客 然而，我勇敢的朋友，世上也许有其他有理智的动物，比如仙鹤，或者其他生灵，它们也会像你一样本着相同的原则分配名称，把仙鹤当作一类有别于其他所有生灵的生灵，而把包括人在内的其他所有生灵都归为一个类别，用其他名称无法称呼它，也许只能叫它"动物"。【e】所以，让我们试着提防一下，不要再做这种事情。

小 怎么提防？

客 不要划分整个生灵的类别，以减少发生这种事情的危险。

小 对，我们一定要避免这样做。

客 是的，我们刚才就在这个地方犯了错误。

小 怎么会这样呢？

客 我认为，关于指示性的理论知识我们有一个涉及抚养生灵的部分，这个部分涉及成群生活的牲畜。对吗？

小 对。

客 【264】那么好吧，作为一个整体的生灵在这一点上实际上已经被划分为家养的和野生的；因为那些拥有可以驯化的生灵被称作驯服的，而那些不具有这种本性的生灵被称作野生的。

小 对。

客 但是我们狩猎的知识必定仍旧与驯服的动物有关，在牧养牲畜的时候肯定也用得着。

小 对。

客 【b】那么好，让我们不要以这种方式进行划分，不要匆忙，而要关注方方面面，为的是能够尽快发现政治家的技艺。做这件事已经使我们处于那句格言所说的境况之中！

小 什么境况？

客 欲速则不达。划分得越快，抵达目的地越慢。

小 对，客人，这种境况还是蛮不错的！

客 要是你这样说，也许是吧。不管怎么说，让我们返回集体性的抚养，试着重新划分；也许，随着我们的具体划分，论证本身能够很好地向你显示你急着想要发现的东西。现在，请你告诉我。

　　小　告诉你什么？

　　客　噢，我在想，你也许已经从其他人那里听说过这件事。【c】我知道，你本人肯定没有亲眼见过在尼罗河①里养鱼或者在波斯大王的鱼池中养鱼。但你很可能见过喷水池。

　　小　当然，我见过，也听许多人说起过。

　　客　还有，以养鹅和养鹤为例，哪怕你没有去过帖撒利②的平原，你肯定听说过这些事，相信有这样的事。

　　小　当然。

　　客　【d】你瞧，正是出于这个目的，我才问你所有这些事情：关于抚养成群的动物，有些必然和生活在水中的动物有关，也有些与生活在陆上的动物有关。

　　小　是这样的。

　　客　那么，你同意我们必须以这种方式把抚养成群动物的专门知识分成两部分，对应于两部分抚养，称之为水牧的知识和旱牧的知识吗？

　　小　我同意。

　　客　在这种情况下，我们肯定不用问统治术属于这两类行当中的哪一类，【e】因为无论谁都很清楚。

　　小　当然。

　　客　每个人都会对集体性的抚养中的旱牧这个类别进行划分。

　　小　怎样分？

　　客　分为有翅膀的和用脚行走的。

　　小　非常正确。

　　客　那么好，我们不是必须在与用脚行走的生灵的关系中寻找政治家的技艺吗？或者说，你不认为哪怕是最简单的心灵也会这么做吗？

　　小　我会这样想。

---

① 尼罗河（Νεῖλ），河流名。

② 帖撒利（Θετταλία），地名，希腊半岛北部的一个区域。

客 与管理用脚行走的生灵有关的这个行当——我们必须表明它可以分成两部分，就好像对一个偶数一样。

小 显然如此。

客 【265】嗯，现在似乎有两条道路摆在我们面前，对着我们刚才匆忙进行的论证，有一条道路比较快捷，把一个较小的部分与另一个较大的部分分开，而另一条道路则比较接近我们刚才所说的原则，尽可能从中间进行划分。要走哪条路，我们可以随意选择。

小 要是我问有无可能遵循两条道路，那会怎么样？

客 你提出这种建议真令人惊讶，如果你的意思是同时遵循两条道路；但轮流选择它们显然是可能的。

小 【b】那么我愿意两条路都走，轮流。

客 这样做轻而易举，因为剩余的那部分道路已经不长了；但若我们刚开始或者处在旅途中间，那么这个要求很难做到。不管怎么说，由于你认为我们应当把握这个机会，那就让我们先选择比较长的道路，乘我们现在还精神饱满，我们可以比较轻松地旅行。现在请你注意我的划分。

小 你说吧。

客 关于那些群居的驯化了的动物，我们发现用脚行走的动物可以天然地分成两个部分。

小 怎么分？

客 事实上，它们生来有些有角，有些无角。

小 【c】显然。

客 那么好，划分管理用脚行走的牲畜，指定它的这两个部分，使用描述性的短语来表达划分的结果。要是你想要赋予它们名称，那么事情将会变得比较复杂，而这是没有必要的。

小 那么该怎样说呢？

客 可以这样说。抚养用脚行走的牲畜的知识分成两部分。一部分涉及抚养有角的牲畜，另一部分涉及抚养无角的牲畜。

小 【d】就这么说吧，在任何情况下它都足够清楚了。

客　嗯，下一步，我们也完全清楚了，国王就是一种牧人——无角生灵的。

小　它怎么能不清楚呢？

客　所以，作了这种划分以后，让我们再试着确定他的位置。

小　对，务必如此。

客　嗯，你想要把牲畜分成有脚趾的和没有脚趾的，或者分成能杂交的和不能杂交的吗？我想你明白我的意思。

小　什么意思？

客　【e】马和驴天生可以杂交。

小　是的。

客　而剩余头部光滑的、驯化了的牲畜却不能相互杂交。

小　是这样的。

客　那么与政治家有关的是哪一类生灵，能杂交的还是不能杂交的？

小　这很清楚，不能杂交的。

客　那么看起来，我们必须把它划分成两部分，像前面一样。

小　我们确实必须这样做。

客　【266】现在，那些驯化了的群居的牲畜已经很好地进行了划分，只是还没有分成两个类别。因为狗这一类不配我们把它算作群居的牲畜。

小　对，狗确实不能算。但是我们用什么办法来划分两个类别呢？

客　有一种非常恰当的方法可供你和泰阿泰德使用，因为你们俩都从事几何学。①

小　什么方法？

客　可以说，用对角线的方法，然后再用对角线的对角线。

小　你这样说是什么意思？

客　【b】我们人类这个家族或种类拥有的本性肯定不具有从一处到

---

① 参阅《泰阿泰德篇》147c 以下。

另一处的目的，无异于二的平方根的对角线^①吗?

　　小　对。

　　客　那么剩余的那个种类更具有我们这种对角线的权能^②，如果它确实是根号二的两倍。

　　小　当然——我实际上快要明白你想说什么了。

　　客　【c】还有——苏格拉底，我们确实看到我们的划分自身还会导致其他可笑的结果吗?

　　小　什么结果?

　　客　我们人类与现存事物中最高贵、最易行的种类^③分享这个领域，和它们在一起赛跑吗?

　　小　我明白了，这确实是一个非常奇怪的转折。

　　客　嗯，那么预期那个走得最慢的——或者最像猪的——最后一个到达有什么不合理吗?

　　小　我可以表示同意。

　　客　我们没有注意到国王看上去不是更可笑吗，他要不停地跟着他的畜群跑，经过各种崎岖的小路，【d】和那个在行走方面受过最佳训练的人^④一道?

　　小　绝对正确。

　　客　对，苏格拉底，我们以前在考察智者时^⑤说的话现在更加清楚了?

　　小　什么话?

----

① 2 的平方根的对角线（ἡ διάμετρος ἡ δυνάμει δίπους），或根号二的对角线。柏拉图那个时代，数学术语尚未固定。数学家讨论算术问题经常与几何问题交叉，经常从几何学谈论面积为 3、5 等等的正方形的边长（即平方根）。

② 平方根（δύναμις），这个词的原义是力量、权能。"剩余的那个种类"指四足动物。

③ 指猪这类牲畜。

④ 指放猪的猪倌。

⑤ 参阅《智者篇》227b。

客 我们这种论证方法不会更多地关注何者比较高贵，何者比较卑贱，也根本不会藐视较小的事物而重视较大的事物，而是始终依其自身达到最真实的结论。

小 好像是这样的。

客 那么好，知道了这一点以后，你不要站在我面前，【e】问我哪条道路比较短——我们前面讲的那一条——可以抵达国王的定义，我要先行一步为你指路吗？

小 你非常应该这么做。

客 那么我要说，在这种情况下，必须把用脚行走的划分为两足的和四足的，看到人类仍旧和有翅膀的共享一个领域，必须继续用有翅膀的和无翅膀的来划分两足的生灵；在这样划分之后，抚养人的这个行当也就显露出来了，现在必须提起政治家和国王，把他们放在马车驭手的位置上，掌握统治城邦的缰绳，好像城邦属于他，因为这种专门的知识是他的。

小 【267】干得好，你已经作出了我想要的解释，就好像偿还了欠我的债务——你刚才说的离题话权当利息，连本带息清了。

客 好吧，现在让我们返回起点，从头到尾汇总一下我们对政治家这个行当的名称的解释。

小 必须这样做。

客 嗯，我们首先从理论知识中取出指示性的部分；【b】在这个部分中，我们又通过商人这个比喻取出自我指示这个部分。然后，生灵的抚养，它不是自我指示的知识这个类别的最小部分，把它从这个类别中分割出来；然后从抚养生灵这个类别中分割出抚养群居的牲畜，接下去再从这部分分割出抚养用脚行走的动物；从这个部分中，作为相关的部分，分割出抚养无角的牲畜这个行当。然后，我们又要从中取出一部分，这个部分实际上至少是三重的，如果要给这部分起一个名称，可以称之为照料非杂交的牲畜的专门知识。【c】与两足行走的牲畜有关的这个部分涉及到对人类的抚养，这个部分是我们正在寻找的东西，称之为王术或政治术都一样。

小　绝对如此。

客　真的是这样吗，苏格拉底，我们已经完成这项任务，如你刚才所说？

小　完成什么？

客　为我们提出的这件事提供完全恰当的回应。或者说，我们的探寻尤其缺乏这个方面，我们对这件事的解释以某种方式得到了叙述，【d】但还没有臻于圆满，是吗？

小　你这是什么意思？

客　我会试着把我是怎么想的说得更清楚些，为我们双方。

小　请你说吧。

客　那么好，我们刚才讲到与抚养牲畜有关的多种行当，从中显出有一种统治术是对某种牲畜的牧养。

小　是的。

客　我们的解释没有把它定义为牧养马或其他动物的知识，而是定义为集体性地抚养人类的知识。

小　是这样的。

客　【e】那么让我们来看所有牧人和国王之间的区别，以所有牧人为一方，以国王为另一方。

小　有什么区别？

客　让我们来看是否会有这种情况，一种牧人拥有其他种类牧人的称呼，或者想要与其他种类的牧人分担抚养其他种类的牲畜。

小　你这是什么意思？

客　我的意思是这样的，商人、农夫、磨工、烤面包的，所有人，还有体育教练和作为一类人的医生——所有这些人，如你所知，【268】无疑都会向那些被我们称作政治家的人提出挑战，他们会认为自己才是人类的抚养者，不仅抚养民众，而且抚养统治者。

小　嗯，他们这样说对吗？

客　也许吧。我们会考虑这种看法，但我们知道的是，没有人会和牧牛人争论诸如此类的事情，牧牛人自己照料牛群，也是它们的医生，我们还可以说牧牛人为牛配种，当牛犊即将问世的时候，【b】只有他才懂得如何给母牛接生。还有，只有牧人能够体会到牲畜也有做游戏和听音乐的需要，此外还有谁能比他更擅长满足牲畜的这些需要，使牲畜感到陶醉和安宁？牧人是音乐大师，可以用短笛或无伴奏的歌声向牲畜提供最适宜的音乐。其他各种牧人也这样。对吗？

小　相当正确。

客　【c】所以，我们对国王的解释怎么能是正确的和完善的呢，我们把他确定为唯一的抚养人群的牧人，在成千上万与他争夺这个头衔的人中间只把他挑出来？

小　好像不能。

客　所以，我们前不久的担心是对的，我们当时怀疑，我们是否应当对国王进行描述以证明这个事实，然而，在我们还没有完成对这位政治家的描述之前，我们就消除了他周围的试图分担他的抚养功能的人，把他与这些人分割开来，我们只揭示了他本人，而他并没有受到其他人的污染，对吗？

小　【d】对，绝对正确。

客　那么好，苏格拉底，这就是我们必须做的事，如果我们不希望我们的论证以耻辱而告终。

小　这是我们必须不惜一切代价避免的结局。

客　那么我们必须走其他的路，从另一个起点开始。

小　什么路？

客　也许可以说，让我们添加一些娱乐的因素；我们必须讲一个大故事，讲里面的一大部分，至于它的其他部分，我们必须——【e】就像我们前面所做的那样——在每一事例中加以消除，以便抵达我们探寻的目的的最远点。我们应当这样做吗？

小　绝对可以。

客　在这种情况下，你要注意听我讲故事，就好比你是个小孩；不过你肯定已经撇下这种儿童游戏好多年了。

小　你就讲吧。

客 那我就开始了。这些事情过去发生，将来也会发生，世代相传；有一件事是与阿特柔斯①和堤厄斯忒斯②之间的争执有关的预兆③，我想你应当记得当时人们是怎么说的。

小 我猜想，你指的也许是金毛羊羔的预兆。

客 【269】完全不是；倒不如说，我指的是太阳和其他星辰的升降变化——据说，它们原先实际上是从它们现在升起的那个区域下降的，而它们的升起则在相反的那个区域，然而在提供了有利于阿特柔斯的证据以后，神把一切改变为现在这种状况。

小 对，确实如此，他们也是这么讲的。

客 还有，我们也听许多人讲过克洛诺斯④行使的王权。

小 【b】对，听过许多。

客 还有，从前的人是从土里出生的，不是父母生下来的，这种说法怎么样？

小 这也是世代相传的一件事。

客 嗯，所有这些事情都是同一事物状态的结果，此外还有比它们更加惊人的成千上万的事情；然而，从那以后，随着岁月流逝，有些事情已经消褪，有些事情保存下来，但已经变得非常散乱。【c】至于与所有这些事情相关的那个事物状态，没有人再讲述它，而这是我们现在应当加以讲述的；一旦讲述了这一事物状态，有助于我们对国

---

① 阿特柔斯（Ἀτρεὺς），迈锡尼国王，阿伽门农之父。

② 堤厄斯忒斯（Θυέστης），阿特柔斯之弟。

③ 希腊神话说，赫耳墨斯让一只金毛羊羔在阿特柔斯的羊群中诞生，时值阿特柔斯的王位继承权遭到质疑。阿特柔斯允诺将出示这个奇迹以证明神祇站在他一边。但是，堤厄斯忒斯说服阿特柔斯之妻把金毛羊羔给了他。如果没有神支持阿特柔斯的权利，使太阳和行星从它们落下的地方升起，阿特柔斯就有失去王国的危险。参阅欧里庇得斯：《俄瑞斯忒斯》第998行附注。

④ 克洛诺斯（Κρόνος），希腊天神，天神乌拉诺斯和地神该亚之子。克洛诺斯行使王权的时代是所谓的"黄金时代"，在这个时代，人类生存所需要的一切都得到提供，人类无需为此辛劳。参阅赫西俄德：《工作与时日》111—122行。

王的解释。

小　我非常喜欢你的说法；请你继续说，一点儿都不要落下。

客　那你就注意听。这位神自身有时候陪伴着这个宇宙，指引它前进，帮助它呈现圆形运动，而有时候神让宇宙自己运动，当宇宙已经按照时间赋予它的尺度完成了这个圆周运动的时候；然后，宇宙依照它自身的意愿朝相反的方向旋转返回，【d】因为宇宙是一个活物，神从一开始就使之成形，赋予它理智。这种反向运动是内生的，必然的，出于下述原因。

小　到底是什么原因？

客　永远保持相同的状态和状况、永久保持同一，仅属于最神圣的事物，而物体依其本性不属于这个序列。现在被我们赋予天穹或宇宙这个名称的东西，肯定从它的创造者那里得到许多神圣的恩惠，但另一方面它也被造就为有形体的事物。【e】因此，宇宙不可能完全没有变化，尽管在可能的范围内，因其给定的能力，它在同一地方，以同样的方式，进行着一种运动；这就是它以反向旋转为其命运的原因，这是它的运动中可能变化最小的运动。我敢说，自身推动自身运动对任何事物来说都是不可能的，除了那个指引一切运动着的事物的指引者，这些事物与指引者不一样；而对他来说，一会儿引起一种方式的运动，一会儿引起相反方式的运动是不许可的。出于所有这些考虑，我们一定不能说宇宙自身始终对它的转变负责，也根本不能说有一位处于相反旋转运动中的神使宇宙发生转变，【270】也不能说有一对想法相反的神在使宇宙发生相反的旋转，倒不如像我们刚才说的那样，这种说法是唯一剩下可能的说法，宇宙在某个时候受到另一位神圣者的帮助和指点，获得了生命，也从它的造物主那里得到复原的不朽，而在另外一些时候宇宙可以自主运动，它凭着内力走自己的路，在其被释放的瞬间积聚了巨大的力量，可以无数次朝着相反方向旋转，尽管体积极其庞大，但却能保持圆满的平衡，而其旋转的支点很小。

小　【b】你的整个解释在我看来首尾一致，非常合理。

客　让我们再注意一下已经说过的这些话，考虑一下我们所说的要对所有这些惊人的事情负责的事物状态。它实际上就是这件事情。

小　什么事情？

客　宇宙的运动有时候朝着现在这个方向旋转，有时候朝着相反的方向旋转。

小　你这是什么意思？

客　【c】我们必须假定天穹上发生的这种变化是一切转变中最重大的和最完整的。

小　对，肯定是这样的。

客　那么，我们必须假定，在那个时候，生活在这个宇宙之中的我们也发生了最巨大的改变。

小　这也好像是这样的。

客　我们难道不知道，当各种各样的巨大变化瞬间发生时，所有生灵凭其本性都会感到难以忍受吗？

小　我们肯定会这样。

客　这是必然的，在那个时候，其他生灵都遭到毁灭，【d】而人类本身也只剩下少数幸存者。他们碰到了许多新奇的、惊人的事物，但其中最大的事情是我将要讲述的，宇宙在那个时候改变了旋转的方向，和宇宙现在旋转的这个方向相反。

小　你指的是哪一种事物？

客　首先，每个生灵，无论处于什么年龄，都停止生长，每一可朽的生灵都停止朝着变老那个方向前进；【e】它们发生逆转，越长越年轻，越长越稚嫩。白发苍苍的老人又开始长出黑发，胡子拉碴的面颊又逐渐恢复了光润，返回久已逝去的青年时代。青年们的身体失去了成年男子的特征，日复一日、夜复一夜地越长越小，在心灵和身体两方面都重返婴儿时代。再往后，他们就逐渐消亡，直到最终消逝。至于在那个时候死于暴力的人，死者的身体也会发生同样的变化，几天之内就化为虚无。

小　【271】不过，客人，那个时代的生灵是如何生成的呢？它们以什么方式繁殖后代？

客　苏格拉底，通过交媾繁殖后代显然不是那个时代生灵的本性。以前曾经有过一个土生的族类，能从土中出生；我们的远祖还记得此事，他们的生活年代直接与土中生长出来的人的生活年代相连，【b】在现今这个时代开始的时候成长。他们成了我们的信使，把这个土生的族类的事情告诉我们，而现在有许多人确实不相信这种事情。我认为，我们必须考虑一下我们所说的这些事情中蕴涵的意思。如果时光可以倒流、人可以返老还童，那么死者应当可以复活，重新汇聚在大地上；他们会遵循事物的逆转，会朝着相反的方向发展，【c】按照这种论证，他们必定作为土生的种族来生成，由于这个原因，他们获得了这个名称，也有了相关的解释——也就是说，他们全都是神没有交付给另一种命运的人。

小　对，没错，这跟前面说过的话好像是一致的。至于你说的克洛诺斯掌权的那个时代的生活，——这个时代属于宇宙旋转的时期，还是属于现在这个时期？因为每一时期显然都会发生这种影响着星辰和太阳的转变。

客　你对我的讲述跟得很紧。【d】至于你问到的这个问题，万物自愿为人类生长，这个时代至少属于现在这个时期；但它也属于前面那个时期。因为在那个时候，神开始统治和照料作为整体的旋转，而以同样的方式，宇宙的几个区域也分别由诸多神祇监护。至于有生命的事物，神圣的精灵在它们之间作了划分，它们就像牧人，【e】分别为它牧养的牲畜提供各种需要，照料它们；所以那个时候的动物不那么野蛮，不会相互吞噬，也没有战争和内乱；所有其他事情都是这种秩序的后果，要说出来真有成千上万。不过我们要转回到我们听说的无需辛劳的人的生活上来，这种传说的起源是这样的。有一位神是人的牧者，负责牧养他们，就像现在的人牧养牲畜，不过神的牧养与其种类不同，比较神圣，而人牧养比较低级的牲畜；神在牧养人的时候，人没有政治体制，【272】也没有娶妻生子，因为这些人都是从土中复生的，根本不记得从前的事情。尽管他们缺乏这些东西，但树上和灌木丛中有大量的果实可供他们采摘，这些果树不是栽培出来的，是自己从地上长出来的。在大部分地方，人在野外觅食，赤身裸体而不需要衣服和被褥，因为那个时候的天气温暖宜人，不会对人造成伤害，地上生长着茂盛的青草，【b】为人们提供了柔软的卧榻。苏格拉底，关于克洛诺斯时代人们的生活，你听到些什么？至于这种生活，他们说是宙斯时代的生活，而现在的生活，你可以凭自己的经验去熟悉它。你能和愿意判断这两种生活哪一种更幸福吗？

小 完全不能。

客 你想要我为你作出某种决定吗？

小 绝对可以。

客 好吧，关键是由克洛诺斯养育的人如何使用他们的时间？他们有的是闲暇，不仅能与动物交谈，而且能够相互交谈。他们会使用这些便利条件推进哲学研究吗？【c】当他们相互交往并与动物联系时，他们会向各种动物学习它们特有的智慧，以丰富人类共同的智慧宝库吗？如果他们确实这样做了，那么可以很容易决定那个时代的人的幸福胜过我们这个时代一千倍。但若当他们吃饱喝足以后，他们之间或他们与动物之间讨论的事情就是他们如何幸存下来的故事，那么按照我的判断，【d】我们的判断必然也很清楚。不管怎么说，让我们搁置这个话题，直到发现有人能够准确地告诉我们，他们是否寻求知识，他们有无真正的心灵交流。在此必须说明这一点，这样我们就可以不必把这个故事的其余部分讲完，而是在一个真实的背景下准确地看清克洛诺斯时代，可以理解整个故事。当所有这些事情完成了的时候，发生改变的时候又到了，尤其是土中出生的种子此时已经疲乏，每个灵魂经历了既定的若干次出生，【e】也经历了命定的若干次回归，返回土中成为种子。于是，宇宙这艘航船的舵手——我们可以这样说——放开了舵柄而退隐到他那位于别处的尖塔上去了。然后，命运和这个世界的内在渴望再次控制了这个世界，使之发生逆转。此时，所有在最伟大的神的统治之下在各自区域中实行统治的众神马上察觉到所发生的事情，放弃了对他们所管辖区域的监管。【273】由于老的控制停止而新的推动产生，把终点变成了开端，开端变成了终点，于是这个世界就在宇宙发生反向旋转的时候突然颤抖。由此引发出来的强烈震动毁灭了所有种类的生灵，就像前一时代所发生的危机一样。然后经过相当长时间的恢复，它从骚动和混乱中平息下来，重新获得安宁，恢复了秩序，得以有效地控制和管理自身以及这个世界上的一切事物，【b】并且在可能的范围内记住了来自神的毁灭，神是世界的创造者和父亲。最初，这个世界把这场来自神的毁灭记得比较清楚，但随着时间的推移，它的记忆就变得模糊了。构成这个世界的有形体的因素对这种失败要负责任。这种有形体的因素属于处于最原始状态的世界，因为在此之前就是那混沌无序的宇宙。这个世界在神为它确立秩序时从神那里得到所有它现今拥有的美德，【c】这个世界产生的所有错误和邪恶都来自它的原初混沌状态，而这个世界中产生的邪恶又影响着世上的生灵。当这个宇宙在神圣的舵手指引下前进时，它在生灵身上产生并保持许多善，几乎没有恶。当宇宙必须在没有神的情况下运行时，在神放弃控制以后的头几年里，事物生长得很好，但随着时间的推移，神的影响被遗忘了，古时候的混乱状况又大行其道。最后，随着这个宇宙时代走向终结，这种混乱也走到了尽头。【d】世上所产生的少量好事物在巨大的邪恶中毁灭，最终，这个世界本身以及世上的一切生灵都遭到毁灭。神再次眷顾宇宙，首先是使之确立秩序。看到这个世界麻烦重重，神担心这个世界会在狂风暴雨中沉沦，会被再次消解，坠入无底深渊，于是他再次掌握了舵柄。【e】神治愈了宇宙先前的疾病，使先前那种在宇宙自身内在动力的推动下发生的旋转复归正常，通过对宇宙的指挥和校正，神为宇宙取得了永恒和不灭。这就是人们讲述的整个故事，但从我们的需要出发——为国王下定义——我们只需采用故事的前一部分就够了。当最近的那一次宇宙危机发生，现存的宇宙秩序建立之时，人类的生命进程又一次出现，然后开始显现出变化，这种变化与伴随其他宇宙危机出现的那种变化意义相反。那些非常相近的因为微小而消失了的生灵又开始生长，从地底下长了出来。它们原先高大健壮，【274】现在则长出了灰白的头发，然后死去，复归于土。由于宇宙发生了变化，所有事物都不得不改变，尤其是一种新的法则控制着整个宇宙中的孕育、诞生、哺育——因此也控制着一切生灵，因为它们必须要模仿这种方式。对生灵来说，以往那种依靠外在力量的构造行为使生灵从土中出生已经不再可能了。现在宇宙必须负起完全的责任来，控制宇宙的进程。所以，依靠相类似的一种控制，同样的冲动使它的构成元素要通过它们自身的力量来获得，在它们有可能做到的情况下，孕育、分娩、哺育后代。【b】现在我们已经快要抵达我们这个故事所要寻求的关键之处了。要说明各种生灵所发生的变化，说明这些变化什么时候产生，说明它们如何受影响，需要很长时间，但若只讲述人的故事那就只需要较短的时间，而且与我们的关系更加直接。人的监护神过去曾经照料和哺育我们成长，这种监护被剥夺以后，我们变得虚弱和无助，开始遭到野兽的蹂躏——因为许多本性邪恶的野兽此时变得很野蛮。【c】在先前的岁月里，人类没有任何工具和技艺。由于大地不再自动地供给食粮，而此时人类却还不知道如何去为自己获得食物，因为在一切都很充裕的时候，他们根本就不会去学习工具的制造和技艺。由于上述种种原因，人类处在异乎寻常的窘迫中。正是为了适应这种需要，才有了古老传说中的诸神的馈赠，以及此类必不可少的教训和指点。火是普罗米修斯①送给人类的礼物，【d】赫淮斯托斯与他在技艺方面的同伴把技艺的奥秘揭示给人类，其他神祇则使人类有了关于种子和植物的知识。有了这些馈赠，人类就以此谋生，因为神对人类的监护已经停止了——以我们刚才故事中所描述的方式——人类不得不管理和照料自己的生活，用的是与整个宇宙被迫使用的方式相同的方式。就这样，与整个宇宙相同并追随宇宙永久的命运，在一个时代，我们的生活和生育是以这种方式进行的，而在另一个时代则是以那种方式进行的。【e】我们的故事就讲到这里为止，现在我们必须用这个故事来察觉我们在前面的论证中界定国王或政治家时所犯错误的范围。

小　你为什么说我们犯了错误？这个错误有多大？

客　从一个方面看，这个错误不算大，从另一个方面看，这个错误还是挺高尚的，但它确实比另一个场合所犯的错误要大得多，广泛

---

① 普罗米修斯（Προμηθεῖυς），希腊神灵，从天上盗窃火种给人类。

得多。

小 怎么会这样呢?

客 【275】我们在给这个时期的国王和政治家下定义,而实际上我们界定的却是那个相反的宇宙旋转时期的牧者,把他说成是人类的牧者,这位牧者是神,而不是凡人——以这种方式,我们偏离了正道。但在我们把他说成整个城邦的统治者时,我们没有具体说明他以什么方式这样做,以这样的方式,与前面正好相反,我们说的是真的,但又是不完整的,不清楚的,由于这个原因,我们所犯的错误比我们在刚才提到的那个方面所犯的错误要小。

小 对。

客 所以我们应当界定他统治城邦的方式。只有这样,我们才有理由期待我们对政治家的讨论可以完成。

小 没错。

客 【b】由于这些原因,我们才引入我们的故事,为的是不仅可以证明,与群体性抚养相连,不只是我们正在寻找的这个人起着这种功能,现时代每个人都想要加以驳斥这一点,而且为的是我们可以更加清楚地看到人类的抚养者,与牧羊人和牧牛人的例子相一致,因为他负责抚养人类,我们认为他配得上这个名称,只有他配得上这个名称,这样说是恰当的。

小 对。

客 【c】但是在我看来,苏格拉底,这位神圣的牧者比国王还要伟大,属于我们这个时代的政治家在本性上更像他的臣民,在教育和教养方面更接近他的臣民。

小 我假定你肯定是对的。

客 然而,寻找他们仍旧具有一定的价值,不多也不少,无论他们具有后者的本性还是具有前者的本性。

小 是这样的。

客 让我们遵循下面的路线返回。我们说过这种行当就生灵而言是自我指示的,而它对生灵的照料不是个体性的,【d】而是群体性的,然后我们就直截了当地称之为群体性的抚养，① 你还记得吗？

小　对。

客　嗯，在寻找这种行当的时候我们迷失了方向，因为我们没有成功地把握政治家，不能把他与其他人区分开来，也不能恰当地给他命名，当我们要给他命名的时候，他竟然溜走而丝毫不被我们知晓。

小　他是怎么溜走的？

客　所有其他种类的牧人，我想，都具有抚养他们的畜群的特点，而政治家虽然没有这个特点，我们仍旧把这个名称用到他头上，【e】而实际上我们应当用一个更加广泛的名称覆盖他们。

小　你说得对，如果真有一个这样的名称。

客　也许吧，"照料"这个名称怎么样，不用具体标明它照料什么，也不说其他什么活动？把它称作某种行当，称之为群居动物抚养术、照料术、照管术，用这些术语覆盖所有种类的照料，我们就能把政治家以及其他人包含在内，以满足我们论证的需要。

小　【276】对，但是，后继的划分该怎么进行呢？

客　按我们先前划分抚养畜群的方式进行，把生灵分成用脚行走的、无翅膀的、不能杂交的、无角的——按这种方式来划分抚养它们的技艺，我想，这样的话，我们就可以解释当今时代的统治术和克洛诺斯时代的统治术，把二者都包括在我们的解释中。

小　好像是这样的，但我还想问下一步该怎么办。

客　【b】这很清楚，要是我们使用了照料生灵这样的名称，就不会有人向我们提出反对意见，说什么根本就没有照料这样一种东西，亦即没有一种配得上照料这个名称的行当；但若有这样一种东西，那么有许多人比我们的国王更有资格，更能优先取得这个名称。

小　对。

客　但是，照料人的整个社团——其他没有哪个行当会说它比国王的统治更有资格、【c】更能优先取得这个名称，因为它是针对所有人的。

----

① 参阅本文 261d。

小　你说得对。

客　但是，在那之后，苏格拉底，我们不是看到，在我们解释的最后之处，我们又犯了一个大错误吗？

小　什么样的错误？

客　是这样的，哪怕我们已经相信有某个行当涉及照料两脚群居的生灵，我们肯定不会仅仅由于这个原因而马上称之为国王和政治家的行当，就好像那是这件事情的目的似的。

小　那么我们该怎么办呢？

客　首先，像我们刚才说的那样，我们应当更换名称，【d】把抚养改为照料；然后，我们应当对它进行划分，因为它仍旧有足够的空间可以分割为不小的部分。

小　从什么地方下手呢？

客　我想，我们可以这么分，一边是神圣的牧者，一边是凡俗的牧者。

小　对。

客　我们还应当把牧者的技艺也分成两部分。

小　怎么分？

客　分成强迫的和自愿的。

小　为什么要这样分？

客　【e】我想，我们在前面也以这种方式犯了错误，我们的行为太草率了。我们把国王和僭主放在一起，而他们是完全不同的人，他们的统治方式也不一样。

小　对。

客　那么这一次我们不要再犯错误了，如我所说，让我们把照料人的行当分成两类，强迫的和自愿的。

小　绝对正确。

客　我们也许应当把强迫臣民接受统治的行当称作僭主术，而把两足生灵自愿接受照料的行当称作政治术，以这种方式从事这个行当，照料他的臣民的人是真正的国王和政治家，对吗？

小 【277】对，客人，以这种方式我们对政治家的揭示好像能够臻于完成。

客 要是这样的话对我们来说是件好事，苏格拉底。但是，不能只是你一个人这样想，我也要这样想。实际上，在我看来，我们的讨论还没有塑造一个完整的国王的形象。就像雕塑家有时候过于匆忙，执着于作品的细节，用了过多的材料去完成作品，【b】结果到头来反而延误了工作进展。我们前面的讨论也有类似情况发生，我们想要马上弄清楚自己在什么地方犯了错误，想要提出一个真正的、给人深刻印象的证明，于是假定在只涉及国王的地方大量使用模型是适宜的，然后我们讲述了一些神话故事，把它们当作可靠的东西来使用，结果使我们的证明变得过于冗长，毕竟我们不能赋予神话以完整的形式。在我看来，我们的解释就像一幅图画，尽管已经有了轮廓，【c】但还不够清晰，还有待恰当地着色，保持色彩间的平衡。但是，不是绘画，也不是其他手工技艺，而是语言和论述，能够最恰当地描述所有生灵，对那些能够追随这种解释的人而言；而对那些不能追随这种解释的人来说，通过手工技艺就可以了。

小 说得对，但是请你告诉我，你为什么说我们还没有提供恰当的解释。

客 【d】要证明任何比较重要的事物而不使用模型是很难的，我的好朋友。我们每个人好像都是在以做梦的方式认识事物，以为自己知道一切，然而一觉醒来却发现自己一无所知。

小 你这样说是什么意思？

客 我在这个时候突然提起与我们的知识有关的问题，确实有点奇怪。

小 此话怎讲？

客 我的好伙伴，我的意思是用模型来说明问题，而这个模型本身又要用另一个模型来说明。

小 【e】怎么会这样？你解释一下，看在我的份上。

客 我必须解释，看起来你还是打算紧跟的。我假定，我们知道，当孩子们刚刚获得阅读和书写的技能的时候……

　　小　我们知道什么？

　　客　他们能很好地区别最简短、最简单的音节中的个别字母，也变得能够正确地把它们说出来。

　　小　【278】当然。

　　客　但若同样的字母出现在其他音节中，他们就会犯错误，他们会错误地思想和言说，以为那是不同的字母。

　　小　对。

　　客　那么好，这不就是引导他们接近他们还不认识的事物的最方便、最好的方式吗？

　　小　什么方式？

　　客　先把他们带到那些他们认识的事物面前，然后，再把这些事物放在他们还不认识的事物旁边。【b】通过对它们的比较，我们证明这两种事物之间有相同的特点，直到他们认识的事物在他们还不认识的事物旁边得到充分的显示；一旦我们说的这些事物得到这样的显示，它们也就变成了模型，他们可以把它带到所有不同的字母面前，以此为基础，掌握它们之间的区别和相同之处，【c】到了这种时候他们已经认识每个字母本身，能在所有音节中把它识别出来。

　　小　绝对正确。

　　客　那么好，要是我们已经恰当地掌握了这个要点，那么我们就对一个给定的事物使用一个模型，这个事物与模型在某些方面是相同的，在某些方面是不同的，有区别的，一旦确定了它与模型的相同之处和不同之处，把它与原本放在一起，然后分别对它们各下一个真判断，又对它们一道下一个真判断，这样做对吗？

　　小　好像是这样的。

　　客　那么，要是我们的心灵依其本性也经历同样的事情，【d】与每一事物的个别"字母"相关，我们还会感到惊讶吗？在有些情况下，它在真理的帮助下对每一分离的事物拥有确定的观点，在有些情况下，它茫然若失，无法把握全部事物——它有的时候可以得到结合物本身的组成部分，而有的时候它再次不认识这些相同的事物，因为当它们被置入事物的"音节"之中时，要识别它们并非易事。

小　绝对没有什么可惊讶的。

客　【e】对，我的朋友，有谁能从错误的信念出发，哪怕接近真理的一小部分，进而获得智慧？

小　我敢说这是不可能的。

客　嗯，要是情况的确如此，我们俩就根本不会犯错误了，我们首先试图在一个具体的、无足轻重的模型中看清整个模型的本性，然后带着这种意愿，我们提出极为重要的国王，他与那些不太重要的事物具有某些相同的形式，我们试图再次通过使用模型来认识他，看他以怎样专门的、系统的方式照料城邦里的民众，使之能对我们呈现，在我们清醒的时候而不是做梦的时候，是这样吗？

小　绝对正确。

客　【279】那么，我们必须再次重提我们前面说过的话，① 因为有成千上万的人会驳斥国王们对城邦的照料，我们不得不把其他人都排除在外，只留下国王；正是为了这一目的，我们才说我们需要一个模型。

小　就是这样的。

客　所以，涉及与统治术相同的活动，有什么样的小模型可以拿来比较，由此可以用一种令人满意的方式来发现我们正在寻找的东西吗？【b】宙斯在上，苏格拉底，你是怎么想的？嗯，要是你拿不出来，纺织怎么样？你想要我们选择纺织吗？不选全部纺织，要是你同意，因为羊毛纺布也许就够了；要是我们选了它，这个部分或许就会提供我们想要的证据。

小　我肯定不反对。

客　那么我们为什么不对纺织做和我们刚才同样的事情呢，通过把每个事物分割成部分来划分它们？【c】在尽可能简明快捷地覆盖每个事物以后，我们会拿回对当前境况有用的东西。

---

① 参阅本文 268c，亦见 267e、275b、276b 等处。

小　你这是什么意思？

客　让我来做一样，你就明白我是什么意思了。

小　这个建议好极了！

客　嗯，是这样的：我们制造和获取所有事物，要么是为了我们做某些事情的缘故，要么是为了防范某些事情对我们发生。防范性的用品可以分成符咒和防护物，符咒包括神的符咒和人的符咒，用来抗拒邪恶；防护物可以再分为军用防护装备和其他防护用品；非军用的防护用品可以分成掩蔽物和抵御风暴与炎热的物品；【d】抵御风暴和炎热的物品又可以分成房屋和个人用的衣物；个人用的衣物又可分成包裹全身的毛毯和穿在身上的长袍。我们穿的长袍有些用一整块布做成，有些用几块布做成。那些用几块布拼成的长袍要么是缝合的，要么是非缝合的；【e】那些非缝合的长袍有些用植物的"肌肉"①制成，有些用动物的毛制成；在那些用毛制成的东西中，有些制成了毛毡，有些则靠动物的毛本身联结。我们把这些用来制作包裹身体的衣物、紧密地结合在一起的材料称作"布"；至于专门处理布的这个行当——【280】就好像我们在前面把统治术这个名称赋予专门处理城邦的行当，所以我们现在也要依据事情本身，把这个行当称作"织布术"吗？我们要说纺织也和这种制造布的技艺没有什么不同，因为它代表了布匹制造的一大部分，除了名称，就好像我们在其他场合说国王的技艺和政治家的技艺没什么不同。②

小　对，绝对正确。

客　至于下一步，让我们考虑一下，【b】有人也许会认为这样一来织布已经得到了恰当的描述，但是单凭这个描述还不能把它与其他那些协作性的技艺划清界限，而只是把它从许多相关的技艺中提了出来。

小　告诉我，哪些相关的技艺？

客　你好像没能跟上我的思路；看样子，我们必须再次返回，从另

---

①　指纤维。

②　参阅本文 258e 以下。

一端开始。要是你掌握了这些技艺之间的亲缘性，我们就从刚才的织布中把相关的行当分割出去，把制造毯子的技艺分割出去，布是用来裹在身上的，毯子是垫在身下的。

小　我懂了。

客　【c】还有，我们要把纺织亚麻、丝兰①，以及我们刚才说成是植物的"肌肉"的东西分割出去；我们也还要把制造毛毡和穿孔缝合的技艺分出去，这种技艺主要用于制鞋。

小　绝对正确。

客　再进一步，切割整张皮子的制作皮衣的技艺、各种料理遮蔽场所的技艺、所有和建筑有关的技艺、一般的木匠技艺，【d】在其他种类的行当中，防止漏水的技艺——所有这些我们都要排除。此外我们还排除了所有防护的技艺，其中包括制造各种防盗防暴器具的技艺，还有与制造大门和门框有关的那些技艺，通常我们视之为精细木工技艺的一部分。我们还去掉了制造兵器的整个技艺，因为其中所包含的制造防御器械的技艺种类极多。【e】最后，我们还把巫师避邪的技艺给排除了，我们在一开始就这样做了。我们完全有理由公正地设想，把这些技艺都排除以后，剩下的就是我们要寻找的这个行当，它用生产出来的毛制品保护我们，这门技艺称为"纺织"。

小　对，好像是这样的。

客　但是，这样说，我的孩子，仍旧是不完整的。【281】那个插手制造布的人首先要做的事情似乎与纺织相反。

小　怎么会呢？

客　我认为纺织的过程是一种编织。

小　对。

客　而实际上我在讲的这件事情却要把紧密纠缠在一起的原料分离开来。

小　你指什么？

---

①　一种富含纤维的植物。

客　梳毛术的功能。或者说，我们敢把梳毛术叫作纺织术，把梳毛工当作纺织工吗？

小　肯定不能。

客　还有，这件事也一样，要是有人把编织经线和纬线的技艺称作"纺织"，【b】那么他使用的名称不仅很奇怪，而且是错的。

小　当然。

客　还有这些情况怎么样？我们要把整个漂洗的技艺和织补的技艺都当作与料理布匹无关的技艺，也不算料理布匹的技艺吗？或者说，我们要把所有这些技艺也算作纺织的技艺吗？

小　最好不要。

客　然而，所有这些技艺都会向纺织的技艺要求有处理布匹的能力，声明自己是纺织技艺的非常大的一部分，也占有很大的份额。

小　【c】当然。

客　还有，除了这些技艺以外，我们必须考虑那些生产工具的行当，正是通过这些工具，纺织才得以完成，这些行当也有权声称自己为生产每一样毛织品作出了贡献。

小　相当正确。

客　所以，我们对我们选择的这部分纺织技艺的解释是充分的吗，如果我们一开始就把它确定为与生产羊毛织物相关的一切技艺中最优秀的和最伟大的？【d】或者我们应当说，这个解释有些是正确的，但仍旧不够清晰和完整，除非我们从纺织中把其他相关技艺排除掉？

小　对。

客　那么，在此之后，我们必须做我们说应该做的事，为的是我们的解释可以按既定秩序开始。

小　是这样的。

客　那么好，让我们来看两类行当，与人们做的所有事情都相关。

小　哪两类？

客　一类行当是生产的附带原因，一类行当本身就是原因。

小　怎么会这样呢？

客 【e】那些本身不制造事物，但为那些制造事物的行当提供工具的行当——这些工具，要是不出现，原先赋予每个行当的事情就不能完成；这些行当就是我说的附带原因，而那些使事情得以完成的行当本身就是原因。

小 这样说好像是对的。

客 那么，作为下一步，我们要把所有那些涉及制造纺锤、梭子等织布工具的行当视为附带的原因，而把处理和生产织物本身叫作原因吗？

小 相当正确。

客 【282】那么，在这些原因中，洗涤、织造，以及以所有这些方式对布匹进行处理的整个事务——用准备的技艺来覆盖和包含这个极为广泛的部分，称之为漂洗工的技艺是完全合理的。

小 对。

客 还有，梳毛、织毛，以及其他与制造羊毛织物有关的一切事情——我们正在讨论的是这件事情的部分——全都构成了一个众所周知的一个行当，亦即毛纺术。

小 当然。

客 【b】其次，毛纺术有两个主要部分，各自又分别是两类行当的一部分。

小 怎么会这样？

客 与梳理、编织的一半，以及所有清除其他杂物的那些活动有关的是什么——我想，所有这些我们能够宣称是一种技艺、属于毛纺术本身吗？我们同意过，在每个领域都有两个大的行当，一个行当管结合，一个行当管分离。

小 对。

客 那么好，梳理和刚才提到的其他技艺都是分离术；【c】把杂乱的羊毛分离，在编织时把毛线分离，各以不同的方式进行，第一种情况用梭子，第二种情况用手，由此获得了我们刚才提到的那么多名称。

小 绝对如此。

客　然后，再次，与此相反，让我们取来既是结合术又是纺织术的那个部分，归入纺织术；那里若有任何分离的部分，我们就要把它们排除出去，通过区别结合与分离而把毛纺术分成两部分。

小　把它当作划分了的。

客　【d】然后，轮到它的时候，苏格拉底，你应当划分那个同时既是结合术又是毛纺术的一部分的这个部分，如果我们确实将要前面所说的纺织术。

小　那么，我必须这么做。

客　你确实必须这样做，让我们说它的这个部分是捻，另一部分是编。

小　我的理解正确吗？你说的捻就是捻制经线。

客　不仅是捻制经线，也包括捻制纬线；你不会认为我们要去给纬线发现捻以外的来源吧？

小　肯定不会。

客　【e】嗯，再分别界定这两样东西；你也许会发现这种界定是有意义的。

小　如何界定它们呢？

客　是这样的，经过梳理以后羊毛变得整整齐齐，我们就说有一束羊毛，是吗？

小　是的。

客　那么，再用纺锤把羊毛束捻成粗毛纱，也就是你说的所谓经线，这种技艺叫作"纺经线"。

小　正确。

客　但还要用羊毛再纺成一种线，这种线不仅要柔软得能够与经线编织在一起，而且也要牢固到能够经受编织完成以后的处理，你把这种纺出来的东西称作纬线，还有处理这种产品的技艺——【283】让我们称之为"纺纬线"的技艺。

小　相当正确。

客　关于我们提出来考察的纺织的这个部分，我假定，大家现在都已经很清楚了。包含在毛纺术之中生产某些交织在一起的东西的这个结合的部分，通过经线与纬线的编织而生产出毛织物来，我们把整个行当称作毛纺术。

小　相当正确。

客　【b】好，那么我们为什么不直接把纺织称作编织经线和纬线的技艺，而是拐弯抹角，作了许多无谓的划分呢？

小　噢，客人，在我看来，我们已经说过的东西没有哪样是没有目的的。

客　我会说，你现在这样想我并不感到奇怪，但也许，我的好伙伴，终有一天你会有不同的想法。我现在想为你防范一番，免得你以后心生疑窦，【c】现在请你注意听，我现在说的可以解决所有类似的问题。

小　就请你开始讲吧。

客　那么，首先，让我们来看一下一般的过度与不足，藉此我们可以在每个场合下提出相应的赞扬和批评，要么说有关它的谈论过度了，要么说有关它的谈论不足，就像我们刚才的谈论一样。

小　那么，这是我们必须做的。

客　如果我们谈论这些事情，我想我们应当正确地开始。

小　什么事情？

客　【d】关于一般的冗长和简洁、过度与不足。我假定，衡量术与所有这些事情有关。

小　对。

客　让我们把它分成两部分，这是我们当前要实现的目标所需要的。

小　请告诉我该如何划分？

客　这样做：一部分与涉及每个事物的大或小；另一部分涉及事物的生成。

小　你这样说是什么意思？

客　你难道不认为，依其本性，较大者之所以被称作较大者，乃是相对于较小者而言，而不是相对于别的什么而言；【e】而所谓较小者之

所以被称作较小者，乃是相对于较大者而言，而不是相对于别的什么
而言？

小　我是这样认为的。

客　这一点怎么样：我们要说依据某个尺度，有些言行是过度的，
有些言行是不足的吗？不正是在这个方面，我们中的善人和恶人是最不
一样的吗？

小　好像是这样的。

客　在这种情况下，我们必须确定大和小是存在的，是以这些双重
的方式加以判断的对象。而不像我们刚才说的那样，我们必须设定它们
的存在，仅在于它们相互之间的联系，倒不如像我们现在说的那样，我
们应当说它们是存在的，一方面在于它们相互之间的联系，另一方面在
于既定的尺度。我们想知道这是为什么吗？

小　当然。

客　【284】如果有人承认较大者或者诸如此类的事物的存在与较小
者没有什么关系，那么它也不决不会与既定的尺度有什么关系——你同
意吗？

小　是这样的。

客　嗯，用这种对事物的解释，我们将要摧毁各种各样的行当，也
要摧毁它们的产物，不是吗？尤其是我们将使我们现在正在寻找的东西
政治术消失。因为我想，所有这些行当技艺显然都要提防过度或不足，
持守既定的尺度，不是作为某个不存在的事物，而是作为某个存在但与
其所为麻烦重重的事物。正是通过这种方式的保持尺度，【b】它们才产
出所有这些优秀的产品。

小　当然。

客　那么，要是我们使统治术消失了，我们寻找统治术的知识也就
无路可走了，不是吗？

小　确实如此。

客　那么，这不就是我们在涉及智者时迫使非存在成为存在的那种
情况吗？当时我们的论证在逃避我们，在领着我们绕圈子，所以我们现

在必须迫使较大和较小成为尺度，不仅就它们之间的关系而言，【c】而且就既定尺度的生成而言。如果不同意这一点，那么政治家或其他拥有某种实际对象的知识的人要获得无可争议的存在是不可能的。

小 那么，我们现在必须尽力做同样的事。

客 这个任务，苏格拉底，甚至比前一个任务更加重大——我们记得前一个任何有多么冗长。还有，就下面要讨论的主题先提出下列假设肯定是非常公正的。

小 那是什么？

客 【d】我们有时候需要使用我刚才提到的这种证明，它可以用精确的真理本身来衡量。在我看来，我们当前正在使用的论证对于我们的直接目的是适宜的，对我们有很大的帮助。也就是说，我们确实应当假定这种情况在各种已有的行当中都是一样的，经过度量的较大者和较小者不仅相互之间有联系，而且与既定尺度的生成有关。如果后者是这样的，那么前者也是这样的，如果各种行当是有的，那么这些联系也是有的。但若这个或另一个不是这种情况，那么它们都不会有。

小 【e】你说得很对；不过，下一步是什么呢？

客 我们显然应当按照我们阐述过的原则把度量的技艺分为两部分。一部分包括所有那些用相对的标准去测量事物的数目、长度、宽度、厚度的技艺。另一部分包括包括那些与特定的场所、时间、运作相关的技艺，各种标准在这些时候已经消除了它们极端的边界而趋向于中度。

小 你指出的这两部分技艺范围都十分宽泛，相互之间也有极大的差异。

客 对，苏格拉底，许多博学的人有时候会说这样的话，【285】假定他们自己能够非常能干地说话，乃至于认为有一种度量的技艺，与生成的一切事物相关——这实际上就是我们刚才说过的意思。因为确实是这种情况，以某种方式，各种行当的所有产物分有尺度。但由于他们不习惯按照真实的种类划分来进行他们的考察，我们说的这些人就把这些事物一下子全都放在一起，尽管它们之间有程度的差别，以为它们全都是一样的——不过，他们也做与此相反的事，不按照部分来划分其他事物，【b】这样做的规则是，当一个人起先察觉在一群杂多事物的成员之间有着各种各样的差异，看到这些差异的存在，他一定不能对此表示不满和厌恶，甚至放弃进一步的努力，而应当把所有实际上同源的事物集合在一起，安全地把它们圈起来，按照它们所属的真正种类去理解它们。关于这一点我们已经讲够了，关于一般的过度与不足我们也已经讲够了，所以让我们把握这一事实，【c】必须在度量的两个不同种类的关系中发现它们，牢记我们说它们是存在的。

小　我们会记住的。

客　那么好，在讲完这一点以后，让我们承认另一个要点，与我们正在考察的这些事情有关，与整个这种讨论有关。

小　什么要点？

客　假定有人向一些坐在一起学字母的我们的学童提出下列问题。在问到他们中的一个拼写某个词要用哪些字母的时候，【d】我们要说，在那种场合下，对他来说，这种考察更多地是为了摆在他面前的单个问题的缘故，还是为了让他能够变得更能回答所有与字母相关的问题的缘故？

小　很显然，是为了让他能够回答所有问题。

客　那么，我们当前对政治家的考察又是出于什么目的呢？仅仅是为了摆在我们面前的这件事的缘故，还是为了使我们在考察所有主题的时候能够变成较好的辩证法家？

小　这一点也很清楚——为了使我们能够变成较好的辩证法家。

客　我肯定不会假定任何有理智的人想要追踪纺织只是为了纺织本身的缘故。但是我想大多数人都没能认识到，对某些存在的事物而言，【e】存在着某些感官所能把握的相似性，这很容易理解，要对它们进行证明也不会有什么困难，可以轻而易举而又不费言辞地揭示这些可感的相似性。与此相反，那些最大的、最有价值的事物没有相应的可见的相似性，【286】它们的性质不会清晰地展示出来给人使用，它们的显现不能满足探索者的心灵，也无法借助一种感官来使之领悟。由于这个原因，人必须训练自己能提供或接受对每一事物的解释；而对那些没有形体的事物来说，它们是最优秀、最伟大的，只能借助语言清楚地显示，而不能用其他手段，现在所说的每件事都是为了这些事物的缘故。【b】当然，联系一些较小的事情进行练习要容易一些，而不是去联系较大的事情。

小 你说得很好。

客 那么好吧，现在让我们提醒一下自己，我们为什么要对这些主题说那么多离题话。

小 为什么？

客 主要不就是因为我们对寻求纺织术的定义感到不耐烦吗——关于宇宙的反转，关于智者所处的那个非存在的领域的存在；我们感到这样做太冗长了，在所有这些情况下都在反驳我们自己，【c】担心我们所做的解释会变得太肤浅。所以，我前面对你说的这些话都是为了这些事情的缘故，为的是我们今后的讨论不会出现类似的烦躁。

小 我会按你说的去做。告诉我，下面是什么。

客 嗯，我要说的是，你和我一定要小心，要记住我们已经说过的话，无论我们谈论的是什么主题，当我们提出赞扬或批评的时候，我们不能只按照讨论的长短来下判断，【d】而要按照我们前面说过一定不能忘记的度量术的每个部分来进行，也就是看它是否适度。

小 对。

客 是的，没错，但我们也一定不要把每件事情都与之关联。比如，我们不需要冗长的论证，以为这样做会获得快乐，除非出于一种非常偶然的考虑。还有，轻省快捷地回答深刻的问题是最可取的，但我们认为在进行论证的时候这只是第二位的因素，而不是最主要的因素，它要让位于按照类型进行划分的能力，这才具有首要的价值。【e】尤其是，如果一个解释非常冗长，但能较好地帮助听众发现事物，那么我们要做的就是认真地完成这一解释，而非对它的冗长表示厌恶；与之相仿，如果一个解释比较简短，那么也要让它产生同样的效果。再说，如果我们发现有人批评某个论证太长，拒绝耐心地等待整个讨论过程的完成，一边发牢骚，一边想要离开，而这个讨论就像我们现在的讨论一样正在取得进展，【287】那么，我们一定不要让他扭头就走。我们一定要他为他的抱怨拿出证据来，表明他自己比他的那些同伴更能提出一个比较简洁的陈述，证明他自己是一名更好的辩证法家，更能用合理的推论证明真理。至于有人要依据别的理由对我们提出责备和赞扬，对我们讨论中的某些局部和细节说三道四，我们一定要置之不理或听而不闻。如果是我迫使你作这番判断，那么我们现在就可以离开这个话题。【b】现在让我们返回政治家，我们刚才之所以给纺织术下定义，就是为了拿它来与政治家作比较。

小　说得好！让我们照你说的办。

客　那么好，国王已经从分享他的领域的许多行当中分离出来了——或者倒不如说与所有涉及畜群的行当分离了；我们说，城邦本身剩下的那些种类的行当是辅助性的原因，我们必须首先把它们与那些主要原因相互分割开来。

小　对。

客　所以，你认识到把它们分割成两部分是困难的吗？【c】我想，如果我们开始划分，这个原因会变得更加明显。

小　嗯，这就是我们应当做的事。

客　由于我们不能把它们一分为二，所以让我们按照切割献祭的牺牲那样一个肢体、一个肢体地分割。因为我们在切割中必须做到能割多少块就割多少块。

小　眼下我们该怎么做？

客　就像前面那样做。把那些与纺织相关，为它提供工具的行当——当然了，所有这些行当我们都把它们归为辅助性的原因。

小　是的。

客　我们现在必须做同样的事，只是程度更深。【d】因为我们必须把城邦里所有制造工具的行当，无论大小，都归为辅助性的原因。没有这些技艺，也就不会有城邦，不会有统治术，但另一方面，我想，我们不能把这些技艺当作国王的技艺应该做的事。

小　对，我们不能。

客　然而，当我们试图把这类事物与其他事物区分开来的时候，这是一件困难的事；实际上，某个人把任何事物都当作工具是可能的，这样说似乎是有理的。【e】但不管怎么说，就城邦民众拥有的事物而言，让我们把下述事物当作不同种类的事物。

小　以什么方式不同？

客　因为它不具有工具所拥有的同样的功能。因为对它的使用不像使用工具一样，是为了生产某些事物，而是为了保存匠人已经生产出来的东西。

小　你什么意思？

客　这类事物有各种各样的形状，可以用来盛放液体或固体，有些经过烈火焙烤，有些则没有。我们一般称之为"器皿"。这是一类独特的事物，【288】我认为，生产器皿的技艺与我们现在正在寻找的统治者的技艺毫无关系。

小　确实没有关系。

客　我们现在必须观察民众拥有的第三类事物，这类事物数量也很大，与其他种类的事物不同，在陆地上或者在水中可以发现它们；它们有些在运动，有些在静止，有些具有很高的荣耀，有些则不那么显赫；但它们全都拥有一个名称，因为它们之所以被造出来都是为了支撑别的事物或用作其他事物的基座。

小　你什么意思？

客　我假定我们可以用"交通器"来称呼它；它们根本不是政治家的技艺的产物，而是木工、陶工和铜匠的产物。

小　我明白了。

客　【b】第四类事物是什么？我们应当说它是与其他事物不同的事物吗，这里说的其他事物包括我们前面提到过的事物的更大的部分，所有的布、大部分盔甲、城墙、所有在城市周围用泥土或石块构筑起来的防护设施，成千上万的其他事物？由于所有这些事物都起着防护的作用，所以可以很恰当地把这类事物称作"防护物"，把生产这类事物视为建筑工和纺织工的事务，比视之为政治家的事务更加正确。

小　绝对如此。

客　【c】我们想要确定第五类事物吗，这类事物与装饰、绘画有关，与使用绘画和音乐来完成的造型有关，做这些事情的唯一目的就是给我们提供快乐，用一个名称来表示它们是恰当的？

小　什么名称？

客　我想我们谈论的这些事物可以叫作"娱乐品"。

小　当然。

客　好吧，用这个名称来称呼它们是恰当的，因为它们中没有一个具有严肃的目的，而是仅供人们玩赏。

小　【d】这一点，我想我是明白的。

客　为所有这些事物提供原料的是什么呢，我们提到过的所有行当都要使用这些原料，各行各业使用的原料各不相同，由此又产生许多其他的行业——我们要把它们归为第六类吗？

小　你指的到底是什么？

客　金子、银子和各种矿产，伐木工和锯木工的技艺提供的所有东西，为制造木器和编织篮筐提供原料，还有剥皮的技艺提供的东西，木匠和编篮筐的剥取植物的皮，【e】制革匠剥取动物的皮，还有生产软木和纸莎草纸用的原料，还有要把它们捆绑在一起需要各种绳索。让我们把它们全都称作一样东西，它是人类经过初步加工但尚未制成具体物品的基本原材料，它显然不是统治术的知识的产物。

小　对。

客　下面又要说到和获取营养有关的这类事物了，所有这类事物都可以为身体吸收，并有助于身体健康，【289】我们必须说这是第七类事物，并称之为营养物，除非我们可以找到更好的名字。如果我们把它置于农夫、猎手、体育教练、医生和厨师的技艺之下，可能会比将它归为政治家的技艺更加正确。

小　当然。

客　那么好吧，我想，我们已经很好地处理了这七类事物，这些事

物都和拥有相关，只有驯服的活的生灵例外。我要复述一下这些类别，
请你们注意听：最初的原材料确实应当放在第一位，然后依次是工具、
【b】器皿、交通器、防护物、娱乐品、营养物。如果还有什么不太重要
的类别逃避了我们的关注，我们可以弃之不理，因为这些类别可以归入
这个或那个主要的类别，比如，由硬币、图章、各种雕刻物构成的类
别。它们并不构成一个重要的类别，有些可以归入装饰，有些可以归入
工具，这样做会有些勉强，但无论如何他们都会同意的。至于和拥有驯
服的牲畜有关的事情，除了奴隶以外，【c】我们在前面已经把这种抚养
畜群的技艺划分成部分，显然已经把它们全都捕获了。

　　小　绝对正确。

　　客　那么剩下来还没有提到的是奴隶和各式仆役，在他们中间，我
强烈地怀疑有人可以与国王争夺"纺织术"的权利，就像我们发现纺
毛工、梳毛工，以及其他辅助性的工匠想要与纺织工争夺织布的权利
一样。① 所有这些匠人都被描述为"辅助性的原因"，从事我们刚才已
经列举过的物品的生产，【d】这些技艺每一样都可以从王权和政治术的
活动领域中分离出来。

　　小　看起来似乎是这么回事。

　　客　那么，就让我们来考察剩下的人，接近他们，以便得到关于他
们的更加确定的知识。

　　小　这是我们应当做的。

　　客　好吧，那些从属程度最大的人，从我们当前这个视角来看，我
们发现他们拥有的功能和处境与我们刚才怀疑过的正好相反。

　　小　他们是谁？

　　客　那些被购买的人，通过购买他们成了其他人的财产；【e】我们
把这样的人称作奴隶，这一点无可争议，他们最不可能染指王权。

　　小　没错。

　　客　那么，在所有自由民中自愿置身于我们已经讨论过的各种行

---

① 参阅本文 281b 以下。

业，在他们之间交换产品的人怎么样——耕种得来的产品以及其他行当的产品，把他们的产品等价交换，有些人在市场上，有些人在城邦间走动，走海路或走陆路，以钱易货或以钱易钱——【290】我们称这些人为"兑换银钱者""商人""船主""商贩"，他们肯定不会声称拥有政治家的技艺吧？

小　要是他们会这样说，那倒怪了——他们涉足的是商业。

客　嗯，我们看到那些自觉自愿受雇于他人的人、那些干一天活挣一天工钱的人——我们决不会发现他们试图染指王权。

小　是这样的。

客　还有一些人在我们需要的时候提供一些服务，在这种情况下我们会怎么说？

小　什么样的服务，你说的是什么人？

客　【b】传令官和书记员，由于长期从事这些工作，他们有着很强的能力，还有某些公务员非常能干，为那些当选的官员从事各种性质的行政工作。我们该叫他们什么呢？

小　就用你刚才的叫法好了——附属者，他们本身不是城邦的统治者。

客　我想，我肯定不是在做梦，当我说时不时地会出现一些人声称拥有统治权的时候。然而，在某些依附性的技艺中寻找统治术，【c】这样做真是太奇怪了！

小　是很奇怪。

客　那么，让我们继续逼近那些我们还没有考察过的人。有一些人拥有与占卜相关的专门知识；我以为，人们把他们当作众神与人之间的通司。

小　是的。

客　接下来，也有一类人是祭司——如习俗告知我们的那样——他们懂得如何以一种令神愉悦的方式把凡人的礼物献祭给众神，【d】如何以正确的形式祈祷，恳求诸神赐福给我们。我想，这两类事情都是附属性的技艺的组成部分。

小　无论如何，看起来是这样的。

客　好吧，在我看来，走到这一步，我们终于逼近我们要寻找的目标了。祭司和占卜师的地位非常重要，名望也很崇高，因为他们从事的工作太重要了，所以在埃及，【e】一个人如果不担任祭司就不能做国王。如果一个其他阶层的人成功地用武力取得了王权，那么随后他也必须被拥立为祭司。还有，在希腊城邦中也一样，在许多地方，代表城邦举行最重要献祭活动是城邦主要官员的职责。我说的意思在你的城邦中也能得到最清晰的显现；因为你们说，在这里举行最庄严的祭祀活动指派给那个靠抽签成为国王①的人。

小　是这样的。

客　【291】那么好，我们必须仔细观察这些通过抽签成为国王和祭司的人，以及他们的下属，也要观察另外一大群人，对我们来说，他们已变得清晰可见，因为我们前面说的那些人已经被分离出去了。

小　你说的这些人是谁?

客　一些非常奇特的人。

小　怎么个奇特法?

客　这类人由各种怪人混合在一起，或者说一眼看去他们好像是这个样子的。【b】有些人像狮子，有些人像人头马或类似的怪物，还有很多人像羊人②或变色龙；他们擅长形体变化，能够很快地攻击对方。不过现在，苏格拉底，我认为我已经点明了这些人的身份。

小　请你解释，你好像是看到了一些奇妙的东西。

客　对，这是一种普遍的经验，你不认识某个东西，你就感到它奇妙了。我刚才也是这种感觉，【c】猛地看到由这些人组成的合唱队在公

---

① 古希腊经历过王政时代，由国王统治，后来演变为由民选的执政官（ἄρχω）掌权，执政官音译为"阿康"。执政官有多名，主要执政官拥有"国王—执政官"的头衔。

② 羊人（Σατύροις），音译萨堤罗斯，希腊神话中的森林之神，有许多位，长有公羊的角、腿和尾巴，是半人半羊的怪物。

共事务的舞台上大喊大叫，却又不能识别他们。

小　什么合唱？

客　那个所有智者中最具魔力的人，那个最擅长智术的人的吟唱。要把他和那些真正拥有政治家的技艺和王权的人区分开来是一件非常困难的事，但我们必须驱除他，要是我们想要清楚地看到我们正在寻找的东西。

小　我们一定不能放弃这一步。

客　要是你问我的看法，那么我会说一定不能。所以，请你告诉我。

小　告诉你什么？

客　【d】我们认为君主制是城邦统治的多种形式之一，不是吗？

小　是的。

客　在君主制之后，我想，人们会列举由少数人掌权的统治形式。

小　当然。

客　不是还有由民众掌权的第三种统治形式，叫作"民主制"吗？

小　确实如此。

客　所有，有三种统治形式——但若加上从中演化出来的两种，三种不就变成五种了吗？

小　哪两种？

客　【e】我想，考虑到接受统治是被迫还是自愿，是由穷人统治还是由富人统治，是依法治理还是无视法律，用这些标准对前两种统治形式进行划分，把它们各自分成两种。所以，依据君主制的两种表现形式，用两个名字来称呼君主制，那么一种是僭主制，另一种是王政。

小　当然。

客　对于任何由少数人掌权的城邦，他们称之为"贵族制"和"寡头制"。

小　没错。

客　【292】关于民主制，我们一般不改变它的名称。无论这种政制是通过民众用武力控制有钱人而建立起来的，还是根据多数人的意愿建立的，也无论它是否严格地依法治理，民主制还是被称作"民主制"。

小　没错。

客　那我们该怎么办呢？我们要假定这些政制中的任何一种是正确的吗，当我们依据这些标准来界定它的时候——由一个人、少数人或多数人来统治，富裕还是贫穷，依据成文的法律来统治或没有法律？

小　为什么要这样做，有什么东西在阻碍我们吗？

客　【b】请你跟上我的思路，这样你会看得比较清楚。

小　什么思路？

客　我们要遵循我们最初说的，还是打算对之对立？

小　我们说过什么？

客　我想，我们说过，王权的统治在各种类别的专门知识中是一种知识。

小　是的。

客　不只是全部知识中的一种知识，而且是我们从它们中间专门挑选出来的一种知识，它涉及下判断和控制。

小　是的。

客　【c】然后从控制这一类别中，我们把一部分确定为支配无生命物的制造，一部分确定为支配生灵；正是通过这种方式的划分，我们进到现在这个地步。我们没有忘记它是知识，但要说它是哪一种知识，我们还不能给出准确的、充分的回答。

小　你的解释是正确的。

客　那么，要是我们确实要和我们前面说过的相一致，我们在这一点上不是看到我们说过的这个标准一定不能是少数人的，也不能是多数人的，既不是人们同意的，又不能缺乏人们的同意，既不是贫穷，又不是富裕，而是某种知识，是吗？

小　【d】但是，我们不可能做不到这一点。

客　必定如此，所以，我们现在必须考虑，哪一种类型的知识是统治人的专门知识，尤其是，要获得知识是最困难、最重要的事情。我们必须注意观察，为的是能够考虑我们是否应当把哪些公众人物与聪明的国王区别开来、清除出去，这些人打算拥有统治的技艺，说服许多人相信他们拥有这种技艺，而实际上他们并不拥有。

小　是的，我们确实要这样做，我们的论证已经告诉了我们。

客　【e】嗯，城邦里的民众好像能够获得这种技艺，是吗？

小　他们怎么可能？

客　在一个一千人的城邦里，会有一百人或者五十人恰当地获得这种技艺吗？

小　如果是这种情况，那么这种技艺就是一种最容易获得的技艺了；因为我们知道，一千个人中间也不会出现那么多下跳棋①的高手，与其他希腊人相比而言，更不要说出现那么多国王了。因为按照我们前面所说②，只有实际拥有国王统治的专门知识的人才可称作王权的专家，而无论他实际上是否是国王。

客　【293】你记得很清楚。由此而来的一个后果是，我认为，我们必须联系一个人、两个人，或者极少数人来寻找正确的统治。

小　我们必须这样做。

客　【b】是的，但是这些人，无论他们统治的下属是自愿的还是不自愿的，他们的统治是否依据成文的法律，他们统治的人是富人还是穷人——在我们现在看来——是依据这个行当的基础来实行任何一种统治的。医生提供了最清晰的比较。我们相信他们，而无论他们对我们的治疗有无取得我们的同意，无论他们对我们的治疗是开刀还是灼烧，或是其他疼痛的治疗，无论他们这样做是否依据成文的规则，无论他们是贫穷的还是富裕的。在所有这些情况下我们都毫不犹豫地说他们是医生，只要他们在按照这个行当的规矩在治疗我们，给我们洗涤，让我们变瘦或变胖，无论怎么做都没有什么关系，只要他或他们照料我们的身体，采取对我们的身体有好处的行动，【c】让我们的身体变好，保全我们的性命。正是以这种方式，我认为，而不是以其他方式，我们制定医疗的

---

① 跳棋（πεττεία）。

② 参阅本篇 259b。

标准和其他无论什么行业的规则，这是唯一正确的标准。

小　是的，就是这么回事。

客　那么，关于政制事情看起来也是这样，一种正确的政制与其他政制相比，只有在这种政制中才会发现统治者真正地拥有专门的知识，而不只是似乎拥有这样的知识，无论他们的统治是否依据法律，他们的下属是否自愿接受统治，【d】统治者本人是贫穷还是富裕——如果把这些因素都考虑进去，那就不会有任何正确的原则了。

小　对。

客　那么，要是他们为了城邦的利益净化城邦，处死某些公民或流放他们，或者向海外派遣殖民团体以削减公民人数，就像给蜜蜂分出新的蜂群，或者引进其他城邦的居民，使他们归化本邦——只要他们采取的是保存城邦的行动，只要他们依据专门的知识和正义的原则来行事，【e】尽力使城邦变得比从前好，那么在这样的状况下，按照我们的标准，这样的政制我们必须说它是正确的。其他所有政制我们一般会说，它们不是真的，它们根本不是真正的政制，而只是这种政制的模仿；我们说的那些守法的政制为了变得较好而模仿这种政制，其他政制为了变得较坏而模仿这种政制。

小　客人，你的其他言论似乎都很适度，但你提到可以没有法律的统治却令听众有些难以接受。

客　【294】从你的问题就可以知道你有些超前了，苏格拉底。因为我正想问你是否接受我的这一看法，或者你是否感到很难接受我们说的这些事情。不过，很清楚，我们现在就来讨论那些没有法律而进行统治的人是否正确。

小　对，应该讨论。

客　在一定的意义上，很清楚，立法者的技艺属于国王的统治；但是最好的事情不是让法律盛行，而是让当国王的人拥有智慧。你知道这是为什么吗？

小　原因何在？

客　【b】法律决不能同时准确地涵盖所有最优秀、最正义的人，也不能限定最优秀的人。人与人之间有差异、人的行为有差异、人的事情决不可能保持稳定，从而使得无论哪个领域都不能简单地作出任何规定，这些规定也不能永世长存。我想，这些看法我们可以同意吧？

小　当然可以。

客　【c】但是我们看到，法律本身总是或多或少地倾向于做这种事情，就好像一个一厢情愿的、无知的人，不允许别人做任何事，只能做他允许做的事，还禁止人们对他的命令提出质疑，哪怕出现某些比他立下的规矩更好的规矩也不行。

小　对，法律就以这种方式对待我们每个人，就像你说的一样。

客　所以，用那些一直很简单的东西不可能处理复杂的事务吗？

小　不太可能。

客　【d】既然法律不是一种完全正确的东西，为什么还有制定法律的必要呢？为此我们必须寻找理由。

小　当然要这样做。

客　嗯，就像你一样，其他城邦的人也一起进行训练，无论是跑步，还是做其他事情，为了竞赛的目的，是吗？

小　是的，非常频繁。

客　好吧，现在让我们在心里回想一下那些教练员在负责训练时是如何发布指示的。

小　你想的是什么？

客　他们不会以为他们有可能给每个人制定具体的规定，作出适合其他身体状况的指示；【e】他们认为只能发表一些能给身体带来好处的规则，以适合大量人群中的大多数人。

小　对。

客　正因如此，他们要求所有接受训练的人进行同等的训练，在跑步、摔跤，或者做其他运动时，让他们同时开始，同时结束。

小　是这样的。

客　【295】同样的道理，让我们假定立法者也是这样，他会对他牧养的民众发布指示，要他们相互之间公正相待，互立契约；但他绝无可能在给所有人一起制定规则的时候，给每一个人制定特别准确的、适合于他的规则。

小　你说得确实很合理。

客　我想，与此相反，他会按照"为大多数人、适合大多数情况、大体粗略"的原则为每个人和所有人立法，无论是成文法还是不成文法，按照祖宗的习俗来立法。

小　对。

客　对，这样做当然是对的。因为，苏格拉底，【b】有谁能够长期终身坐在每个人身边，给他准确地规定做什么事是恰当的？在我看来，要是他能这样做，那些真的获得了统治术专门知识的人中间的每一位都很难阻碍他以自己的方式写下我们谈论过的这些法律。

小　这样说与我们已经说过的话肯定是一致的，客人。

客　对，我的好朋友，但我还是要说，这样说与我们将要说的事情更加一致。

小　什么事情？

客　是这样一些事情。我们要说——亦即在我们之间——【c】如果一名医生或者某位体育教练需要有很长一段时间离开他的病人或学生去国外旅行，那么这位医生很可能会担心他的病人把他的医嘱给忘了，这位教练也会有类似的想法，那么他会想要把这些指示写下来，用来提醒病人或接受训练的人吗——或者，我们该怎么说？

小　我会按你建议的那样说。

客　但若他突然提前回来了，那会怎么样？【d】如果事情变得与原先不同，变好了，或者他的病人由于气候的原因，或者以某种异乎寻常的方式突然从宙斯那里得到了什么，你认为他不会开出与他以前写下的处方相反的其他处方来吗？他会固执地认为他或病人都不应当超越以往被制定出来的古代的法律吗——他本人通过提供其他医嘱，而病人大胆地做那些与写下来的医嘱不同的事情——其理由是，这些都是有关医疗和健康的技艺，这些不同的事情是不健康的，不是他的行当的一部分？或者说，所有这样的事情，如果在真正的专门知识的情景下发生，【e】

会全然引起最大的嘲笑吗，在所有领域，包括所有这类立法行为？

　　小　绝对正确。

　　客　至于那个写下什么是公正、什么是不公正，什么是光荣、什么是可耻，什么是善、什么是恶的人，或者制定了有关这些主题的不成文法的人，为了所有被牧养的人类，一个城邦又一个城邦，依据每一情况下写下来的法律——要是这个依据专门知识撰写法律的人，【296】或者其他某个与他相似的人，真的来了，能够不允许他发布这些与法律不同的指示吗？或者说，这种禁令的出现不会比其他另一种禁令显得不那么可笑吗？

　　小　当然不会。

　　客　那么好，你知道大多数人在这种情况下会说些什么？

　　小　我一下子想不起来了，就是这样。

　　客　嗯，听起来蛮不错的。他们说的是，如果有人承认相对于前人建立的那些东西而言，法律比较好，那么他必须引进法律，说服他的城邦接受它们，舍此别无他途。

　　小　那又怎样？这个观点不对吗？

　　客　【b】也许不对。但首要的事情是，如果有人强迫别人接受这些比较好的东西，而没有进行说服，那么请你告诉我，我们该用什么样的名称来指称这种情况下的强迫呢？噢，不——现在还不是时候，你还是先回答与前面的事例相关的问题。

　　小　哪些问题？

　　客　嗯，如果——延续我们刚才的事例——某人医术高明，但没有说服他的病人，他强迫儿童、男人或女人接受这种较好的治疗，违反了书面规定，我们该把这种强迫称作什么呢？我们肯定不能称之为与我们所说的这个行业相反的、不利于健康的错误，是吗？【c】而那个被强迫的对象能够正确地说，医生对他做的事情是不利于健康的，是他被迫接受的，这种事情不属于医生这个行业吗？

　　小　你说得很对。

　　客　那么我们到底如何看待我们正在谈论的这类错误呢？这种违反

政治家的行当的错误，它不就是可耻、邪恶和不公正吗？

小　我同意，绝对如此。

客　那么，那些被强迫的人，与那些成文法和祖传习俗相反，做了一些不同的事情，比他们从前做的事情更加公正，更加好——【d】告诉我，如果有人在这种情况下使用了强迫的手段，那么他们的做法不是最可笑的吗？他们不是在每一场合必须说些什么，而不是使用暴力对人做可耻和邪恶的事情吗？

小　你说的很对。

客　所以，如果强制者是富人，那么这种强制是正确的，如果强制者是穷人，那么这种强制是错误的吗？或者说，无论有没有说服，无论强制者是富还是穷，【e】无论是依照成文的法律还是违反成文的法律，他对公民做了无益的事情还是有益的事情，这肯定有一个标准，这个标准必定与这样一些事情相关——这是正确统治的最真实的标准吗，睿智而又公正的统治者将依据这一原则管理被统治者的利益？就好像一名船老大，始终关注这艘船的利益，【297】关注水手们的，他要做的不是去制定什么书面规则，而是以他的行规为法律，以这种方式保全他那条船上所有人的性命；一种政制也可以具有这样的性质，如果由那些能够以这种方式统治的人发布这样的指示，提供比法律更强大的行规，这样的政制不也是正确的吗？【b】对聪明的统治者来说，在这里没有什么错误，无论他们做什么，只要他们能够关注一件伟大的事情，始终把它分发给城邦里按照他们所处的行业来判断最公正的人，他们既能保全公民们的性命，而且也能把他们变得比从前更好，不是吗？

小　不管怎么说，你这番话是无法反驳的。

客　我们前面说过的那些事情也无法反驳。

小　你指的是哪些事情？

客　无论何种民族的大量民众决无可能获得这种专门知识，理智地统治城邦；【c】我们必须寻找一种政制，一种正确的政制，这种政制只与少数人，甚至只和一个人相联，如我们前面说过的那样，其他政制都是这种政制的模仿，有些政制模仿了这种政制以后会变得比较好，有些政制模仿这种政制以后变得比较差。

小　你这样说是什么意思？你在说什么？我不明白你说的模仿是什么意思，我们刚才讲到模仿的时候①　我就不太明白。

客　这可不是一件小事，要是一个人触发了对这个主题的讨论，然后又开始抛弃它，【d】径直去显示与之相关的错误。

小　什么错误？

客　我们正在寻找的这种错误，因为它并非我们熟悉的，亦非容易看到的，但不管怎么说，让我们尝试着去把握它。告诉我，假定我们谈论的这种政制在我们看来是唯一正确的政制，那么你承认其他政制应当使用属于这种政制的成文法规，以这种方式拯救它们自己，做现在受到赞扬的事情，尽管这并不是要做的最正确的事情，是吗？

小　你指的是什么？

客　我指的是这样一条原则：城邦里的任何人都不能胆大妄为，做任何违反法律的事情，【e】胆敢这样做的人应当被处死或受到最严厉的惩罚。这样做是非常正确的，作为第二种选择也是好的，当有人改变了我们刚才讨论的原则时②，这是我们第一位的选择；不过，让我们来考察一下被我们称作第二好的方式。你同意吗？

小　绝对同意。

客　好吧，那就让我们返回那些相似的事例，我们必须始终拿它们来与我们的王权统治者进行比较。

小　哪些相似的事例？

客　高贵的船长和"抵得上众人的"③医生。让我们使用这些材料，通过塑造这种人物来考察这件事情。

小　哪一种人物？

客　【298】噢，下面这一种：让我们假定，他们全都对我们做了可

---

①　参阅本篇 293e。

②　参阅本篇 293c—d。

③　荷马：《伊利亚特》11：514。

怕的事情。其中的一个要是愿意的话可以保全我们当中任何人的生命，但他也可以用手术刀和烧灼术来伤害我们，或者索取费用，而实际上并没有什么花费，他们的收费就好像是征收税款，他们收取的费用中只有很小部分用于医疗，而余下的部分全都用于医生自己及其家人的开销。【b】他们最无法无天的地方是接受病人家属的贿赂，或者接受病人的死敌的钱，然后把病人置于死地。而那些船长也会做诸如此类的无数的坏事，在海上谋财害命，会把人扔到荒无人烟的地方，会让旅客上岸，然后把船开走，还有其他无数残忍的事情。让我们假定，我们对医生和船长已经有了这种看法，然后我们召集议事会开会，并通过一些法规。我们在开会时说，今后不得相信医术和航海术，不得让它们在其领域中行使绝对的控制权，【c】无论是对奴隶还是对自由民。然后我们决心召集全体公民大会，或者召集所有富人开会。在这样的场合，无论什么人，无论有无受到邀请，都可以自由地在会上对航海术和医术提出建议，亦即指出应当如何恰当地对病人使用药物和外科手术器械，应当如何使用船只及船上的装备，【d】如何搬运器皿，如何防范航海的危险，包括风浪的危险和海盗的危险，在海战中则是行驶战船与敌人作战会遇到的危险。与这些事情相关的法规我们就说到这里。要推行这些法规就要通过公民大会。你要记得，建立这些法规所依据的意见有些是医生或船长提出来的，但肯定也有许多意见是非专门人士提出来的，把它们确立为法律，它们会被刻在可旋转的木板①上，或者刻在石碑上，而在某些情况下，这样的法律会成为不成文的祖制。【e】从那以后，医疗和航海只能按照这些法规和祖制行事。

　　小　你描述的这种状况真的非常奇特。

　　客　是的——让我们再假定，议事会作出进一步的决定，每年从公民中抽签选举，任命执政官，无论是仅从富人中选，还是从全体公民中选。一旦得到任命，他们有些就去指挥船只航海，有些就去按照祖传的成文法典治病。

———————————

①　可旋转的木板（κύρβεσ）。

小　这样做甚至会很难做到。

客　那我们就来考虑接下去会发生什么样的事情。当每个职位一年任期满了的时候，【299】需要设立一个法庭，要么由事先挑选的富人担任法官，要么从全体民众中抽签选择法官，然后把那些担任公职的人带到这些法官面前，为的是检查他们的行为。任何人只要愿意都可以指控一名担任公职的人，说他在这一年中没有很好地按照成文的法律或者按照我们的祖制驾驶这些航船。对那些给人治病的人也有同样的需要，通过投票来给任何担任公职的人定罪，法官必须确定他们应受的惩罚，或者确定他们应当交纳的罚金。

小　是啊，在这种情况下自愿担任公职的人应当承受任何惩罚，【b】或者交纳罚金。

客　进一步说，我们还有必要建立一条法律，以防范下列所有事情。假定发现有人在研究航海或者医术，比如研究风向、冷热，等等，违反和超越成文的法律，对诸如此类的事情作出能干的思考。那么，首先，我们一定不要称他为医生或船长，而应当称之为生活在云里雾里的人，他是某个喋喋不休的智者。其次，任何一位公民把他告上法庭都是合法的，或者说在这样的法庭上发生的事都是合理的，可以指控他腐蚀青年，【c】诱导青年以不合法的方式研究航海和医术，把自己立为医生或船长。如果发现在他的影响下有青年或成年人违反法律和成文的法规，他就应当受到最严厉的惩罚。因为（法律会说）没有人可以宣称拥有比法律更加伟大的智慧。没有人会对航海术或医术、航海的规则或健康方面的规则一无所知。【d】有成文的法典供我们学习，古代的习俗根深蒂固地存在于我们中间。任何真正想要学习的人都可以学习。苏格拉底，现在假定这些事情都以我们所说的方式发生了，涉及各种各样的专门知识，涉及统兵术，涉及全部狩猎的技艺，无论哪一种；也涉及绘画和其他所有模仿术，涉及木匠的技艺，涉及整个工具制造术，无论哪一种；还涉及耕作和所有处理植物的行当。或者，我们还可以假定有一种养马术，按照成文的规则进行，【e】或者所有饲养牲畜的技艺，或者占卜的技艺，或者包括在这种依附性的技艺的各个部分的东西，或者棋术，或者所有关于数的知识，无论涉及数本身，还是涉及平面、立体、运动。如果所有这些事情都以这种方式实施，依据成文的规则来完成，而不是依据行业的基础来完成，那么，这样做会有什么样的后果呢？

小 显而易见，我们既能看到所有这些行当都将被摧毁，也能看到它们再也无法复兴，因为这条法律禁止人们去研究这些事情；所以，尽管人们的生计到现在也是艰难的，【300】而在这种时候，人们的生计完全无法维持。

客 但是下面这些考虑会怎么样？假定我们提到的这些事情要依照成文的规则来完成，我们要求当选者或者那些通过抽签、凭着机遇被任命担任公职的人监督我们的这些成文规则的实施，如果这个人无视成文的规则，谋取私利，随心所欲地凭个人好恶做不同的事情、相反的事情，当他并不拥有知识的时候，那会怎么样？这种情况不会比前一种情况更加邪恶吗？

小 是的，你说的很对。

客 【b】对，我想，如果违反建立在众多实践基础之上的法律，以一种诱人的方式就每一主题提供各式各样的建议，说服公众通过这些建议——要是有人胆敢违反这些规定行事，他所犯下的错误远远大于其他错误，它会颠覆所有专门的活动，远胜于颠覆成文的法律。

小 是的——它怎么会不这样呢？

客 那么，由于这些原因，我们前面所说的次好的方法，【c】对那些就任何事务建立法律和成文规则的人来说，就是绝不允许个人或民众做任何违反法律和成文规则的事——无论什么事。

小 对。

客 嗯，这些法律——由那些迄今为止有知识的人写下的——不就是对各个主题的真相的模仿吗？

小 当然是。

客 嗯，我们说过——如果我们还记得——有知识的人，真正拥有政治家的技艺的人，当有其他比较好的事物出现在他面前时，他会用他的知识做许多事情，【d】而不是只注意那些成文法规，这些事情与他写下的那些法规是相反的，而他写下这些法规是当作命令下达给那些不和他在一起的人的。

小　是的，我们说过这样的话。

客　嗯，任何个人或任何群体，成文的法律实际上是为他们而立的，要想对它做某些改变，使它变得更好，都会像真正的行家那样努力去做同样的事情，不会吗？

小　绝对是这样的。

客　那么好，如果做这样的事情而无专门的知识，【e】他们会尝试着模仿真实的原本，但会模仿得很拙劣；但若他们是按行业的基础来实施的，那就不再是模仿，而是最真实的开创性的工作了，是吗？

小　我完全同意——我想。

客　但是，它是作为我们之间一致同意了的事情建立起来的——我们在立法之前同意这样做，不管怎么说——大量的人不可能获得这方面的知识。

小　对，这也是我们一致同意的。

客　要是有一种国王的统治技艺，那么由富人组成的群体或全体公民决无可能获得这种统治术的专门知识。①

小　他们怎么可能呢？

客　由此似乎可以推论，所有诸如此类的政制，要想很好地模仿由一个具有专门知识的人统治的那种政制，【301】在可能的情况下——假定他们有自己的法律——他们一定不能违反成文的法规或祖宗习俗。

小　说的好。

客　在这种情况下，当富人模仿这种政制时，我们称之为"贵族制"；但若他们无视法律，我们称之为"寡头制"。

小　可能是这样的。

客　【b】嗯，再说，当一个人模仿那个拥有专门知识的人、依据法律进行统治，我们会称他为国王，无论他依据自己的专门知识实施统

---

①　参阅本篇 292e。

治，还是依据各种意见实施统治，这在他的名称上没有什么区别。

小　似乎如此。

客　那么好，如果的确有一位真正拥有专门知识的人在实施统治，那么他的名称无疑是国王，而不可能是别的什么名称。由此而来的一个结果就是，我们迄今为止所说的五种政制的名称已经变得只有一种了。

小　看起来是这么回事，不管怎么说。

客　若是有一名统治者既不按照法律又不按照祖制，【c】而是依据专门的知识来进行统治，说自己有权宣布任何事情，并且声称要实施最好的统治必定要违反成文的法律，那么在这里就有某种欲望和无知的结合在控制这种模仿，如果出现这种情况，那又会怎么样？在这些情况下，我们肯定要把这样的人称作僭主，是吗？

小　当然。

客　所以，我们说，僭主和国王就以这样的方式产生了，寡头制、贵族制，还有民主制——因为民众发现他们自己不能坚持由一个人作为君主来进行统治，拒绝相信曾有过任何一个人配得上以这样的方式进行统治，【d】他具有美德和专门的知识，能将正义和公正正确地分配给所有人。人们认为处于这样一种地位的人一定会运用他的权力来伤害和铲除他的私敌，也会按照他自己的意愿伤害我们；尽管要是有我们描述过的这种人在世上出现，他会受到拥戴，他也会正确地统治一个严格意义上的政制，幸福地驾驭它。

小　是这样的。

客　然而，如我们所说，现在的事情是，一名国王在城邦中并不会像蜂王那样自然而然地在蜂群中产生，【e】他的身体和心灵都格外卓越，所以，人们似乎只好聚集在一起，制定成文的法律，尽快追寻那正在逝去的真正的政制。

小　有可能。

客　那么，我们会感到惊讶吗？从我们这些仿效而来的政制中产生了大量的邪恶，而今后还会有更多的邪恶产生，这些政制全都依照法律和习俗行事，却无知识的真知灼见，这样的基础是不牢固的，【302】而用另一种技艺对这样的基础施加作用，显然就会毁灭这些政制试图建立的一切？或者说，我们难道不会对其他事物感到惊讶吗？也就是说无论这些事物有多么强大，城邦必定要依其本性而成其为城邦？事实上，尽管城邦已经有无数个世代受困于这些事物，但仍有一些城邦仍旧没有颠覆，坚强地挺立着。然而，我们也看到许多国家就像沉船一样覆灭，它们过去就有许多裂缝，今后肯定也会出现新的裂痕，这些裂痕是由它们的船长和水手引起的，【b】这些人对这些最重大的事情一无所知——尽管他们根本不懂属于统治术的技艺，然而却认为自己完全获得了这种专门知识，对这些知识一清二楚。

小　非常正确。

客　所以，在这些不正确的政制中生活，哪一种最能忍受，假定在这些政制中生活都是困难的，那么在哪一种政制中生活最难忍受？尽管这个问题与我们既定的主题并无直接关联，但我们也许不得不加以考察，是吗？一般说来，我们所做的所有事情都是为了这件事的缘故。

小　我们肯定要考察一下。

客　【c】那么好，你应当说的是，如果有三种政制，在哪一种政制下生活最艰难，在哪一种政制下生活最容易？

小　你这话是什么意思？

客　我只是想说明这样一个意思：君主政制、由少数人统治的政制、由多数人统治的政制——我们在这场讨论开始的时候谈论过这三种政制，我们现在被这些政制淹没了。

小　对，是有这三种政制。

客　那么好，让我们对这些政制再作划分，每一种政制分成两部分，这样就有了六种政制，再从中寻找出正确的那个部分，把它分离出来，当作第七种。

小　怎么会这样呢？

客　【d】君主制，让我们把它分为由国王统治的和由僭主统治的；那种与多数人的统治无关的那种政制，我们说过可以很恰当地命名为贵族制和寡头制；而那种与多数人的统治相关的政制，有民主制，我们在前面用一个名字称呼它，但是现在我们也必须把它分成两部分。

小　这是怎么回事？用什么标准来划分？

客　【e】这里采用的标准与其他事例并无区别，哪怕是它的名称，民主制，现在已经有两个部分；一部分是依法统治的，一部分是不依法统治的，这个标准可以用于这种政制，也可以用于其他政制。

小　是的，确实如此。

客　嗯，当我们在寻找正确的政制时，我们在前面的证明中说过，这种划分是无用的；但由于我们现在把正确的政制放在一边，而把其他政制当作必要的政制放在另一边，在这样的情况下，我们就可以依据依法还是违法，把这些政制中的每一种分成两部分了。

小　就刚才所说的来看，似乎是这样的。

客　那么好，当君主制的统治依据被我们称作法律的良好的成文规则进行，并保持在法律的轨道中，那么这种统治是所有六种统治中最优秀的；但若它不依据法律来统治，那么这种统治是最糟糕的，在其中生活是最难承受的。

小　【303】可能是这样的。

客　至于由少数人进行的统治，正像"少"介于"一"与"多"之间一样，我们必须把这种由少数人进行的统治视为在善恶两方面都居于中间位置的一种政制。由多数人进行的统治在这两方面都是最弱的，与另外两种统治形式相比，它不能实施真正的善，也不会犯下任何严重的罪恶。这是因为，在一种民主政体中，权力在众多的统治者中划分为很小的部分。因此，如果三种统治形式都依照法律进行统治，那么民主制是最糟的，但若三种统治形式都不依照法律进行统治，【b】那么民主制是最好的。故此，如果三种统治都不遵循法律，那么最好还是生活在民主制中。但若这些政制都依循法律，井井有序，那么民主制是最不可取的，而君主制作为六种政制中的第一种，生活于其中是最好的，除非第七种政制有可能出现，我们必须高度赞扬这种政制，就像位于凡人中的神，这种政制高于其他所有政制。

小　你这样一说，事情也就清楚了，所以我们必须接受你的建议，照你说的去做。

客　【c】所以，我们还必须驱除所有参与这些政制、实施统治的人，那个依据知识实施统治的人除外，这些人不是政治家，而是党派领导人；我们必须说，他们本身就像他们的政制一样虚假，是最高明的模仿者和魔术师，因而也是智者中最大的智者。①

小　我们的讨论绕了一大圈，现在看来用智者这个头衔称呼这些统治术的专家倒是最合适的。

客　所以，这就是我们的戏剧表演——我们刚才说过，【d】有一些怪模怪样的人头马或羊人，我们必须把他们和真正实践政治家技艺的人区分开来了；现在，我们克服了重重困难，已经把他们区分开来了。

小　好像是这样的。

客　是的，但剩下还有一件事情更加困难，这种人更难识别，因为他们与国王更加相似，更接近国王，更难理解；在我看来，我们已经到了关键时刻，我们必须像炼金者那样行事。

小　为什么会这样？

客　我们知道，炼金者的第一步工作是把泥土、砂石以及其他杂质与金矿分开；【e】这些杂质都去掉了，剩下的就是那些宝贵的矿石，要从中炼出金子来，只能用炼金炉；我在想，提炼铜和银，有时候提炼金刚石，也是一样的，只有通过艰难的冶炼，才能将纯金提炼出来。

小　是的，他们肯定说过这些事情。

客　嗯，我们现在好像处于相同的处境中。我们已经把那些与政治家的技艺极为不同的成分区分出来了，这些成分与政治家的技艺毫不相干、毫无相容之外，但是，经过这一步以后，仍旧有一些与之非常相近的宝贵成分留下来。这些成分包括将军的技艺、法官的技艺以及与国王的技艺密切相关的公开演讲的技艺。【304】这种技艺用于规劝人们正义地行事，并且分担统治一个真正的社团的职责。我们如何才能把这些技艺也和政治家的技艺最恰当地区分开来，以便把政治技艺的最基本性质

────────────

① 　参阅本篇291c。

揭示出来呢？毕竟，这是我们当前要实现的目标。

　　小　显然，我们必须用如此这般的方法去尝试。

　　客　嗯，如果尝试就能解决问题，我们就能发现政治家了；音乐对我们揭示政治家也许能提供帮助。请你回答我的问题。

　　小　什么问题？

　　客　【b】我想，我们承认有学音乐这样的事，也有一般用手工来完成的各种工作的专门知识，是吗？

　　小　我们承认。

　　客　那么，这件事怎么样——我们应当学习这些知识中的一种，还是不应当学？我们接下去要说，这也是一种知识，与这些事情都有关，或者我们该怎么说？

　　小　是的，我们要说是这样的。

　　客　那么，我们会同意这种知识有别于其他知识吗？

　　小　是的。

　　客　我们要表示同意吗，这些知识中没有一种应当控制其他任何知识，【c】或者其他知识应当控制这种知识，或者这种知识应当管理和控制其他所有知识？

　　小　这种知识应当控制其他所有知识。

　　客　不管怎么说，你宣称，你的看法是，这种决定要不要学习某种知识的知识应当控制那些作为学习对象并用来传授的知识，在我们所涉及的范围内，是吗？

　　小　确实如此。

　　客　还有，在这种情况下，那种决定是否应当实行规劝的知识应当控制那种可以用于规劝的知识，是吗？

　　小　当然。

　　客　那么好吧，我们要把哪一种专门知识指定给说服大批民众，【d】通过讲故事的方式，而不是通过教导的方式？

　　小　我想，这也很清楚，显然要把它指定给修辞学。

　　客　那么在具体的情景中决定是否有必要实行规劝，或者要不要使用强制手段来反对某些人，或者不采取任何行动才是正确的，我们要把做这样的决定指定给哪一种专门的知识？

小　指定给那种控制规劝术和演讲术的专门知识。

客　我想，这种活动只能是政治家的，而不是其他人的。

小　你说的很好。

客　这种修辞术的能力好像已经很快地与政治家的技艺区分开来了，【e】作为单独的一类，但是从属于政治家的技艺。

小　是的。

客　接下去，对后续的这种能力我们应当怎么想呢？

小　哪一种？

客　决定如何开战的能力，向我们选定的一群人开战。问题在于，我们要不要说这是一种行当。

小　我们怎能假定这些事情与行当无关，亦即通过统兵术来实施的这种能力以及进行与战争有关的所有活动？

客　嗯，我们要把这个行当理解为与另一行当有区别吗，亦即知道如何作出深思熟虑的决定，知道我们是否应当开战，或者应当以友好的方式解决争端？或者说我们要把它和前一种行当当作同一种行当吗？

小　为了与我们前面说的话保持一致，必须假定它是有区别的。

客　【305】那么，如果我们真的要和我们前面说过的话保持一致，那么我们要宣称这种行当控制着其他行当吗？

小　我要说，是的。

客　那么，除了王权的真正技艺，我们要为这种与战争有关的整个可怕而又重要的行当建议一位什么样的女王呢？

小　没有其他技艺能担当它的女王。

客　在这种情况下，我们不会把将军们的专门知识确定为统治术，因为它是从属性的。

小　我们好像不会这样做。

客　【b】那么好吧，让我们考察一下属于判决公正的法官们的这种能力。

小　绝对应当这样做。

客　好，这种能力会扩展到由立法者国王建立的合法统治之外的任何事情上去，这种统治按照既定的标准判断什么是正义的，什么是不正义的，它凭借自身特有的德行对公民之间相互冲突的要求作出公正的决定，【c】它拒绝违背立法者确定的法律，它不会由于贿赂和恐吓而放弃自己的原则，它完全超越个人之间的友谊或敌意来考虑问题，是吗？

小　是的，这种能力的功能，粗略地说，只能扩展于你已经说过的这些事情。

客　在这种情况下，我们还发现法官的权力比国王的权力要小，法官是法律的卫士，从属于另一种力量。

小　看起来是这么回事。

客　那么，一个人要是观察这些已经讨论过的所有种类的专门知识，必定可以看到它们中没有一种可以被宣布为统治术。【d】因为真正的王权必定不会亲自运作，而是对那些运作能力进行控制，因为它知道什么时候开始运作城邦里的最重要的事情是正确的，什么时候开始是错误的；其他人必须做那些规定给他们做的事情。

小　正确。

客　那么，由于这个原因，我们已经考察过的这些种类的行当既不相互控制，又不控制他们自身，而是有其自身的实际活动，与这里所说的这些活动的个别性质相应，恰当地各自获得一个相应的名称。

小　【e】好像是这样的，不管怎么说。

客　而那个控制所有这些活动和法律，照料城邦事务的方方面面，以最正确的方式把一切编织在一起的东西——这种东西的能力及其称号属于这个总体，我们称之为统治术① 似乎是最恰当的。

小　是的，我完全同意。

客　进到这一步，我们会想要借助编织技艺的模式进一步追踪它，不是吗？现在城邦里的所有类别的事情我们都已经清楚了。

---

①　从城邦（πόλις）这个名称产生统治术（πολιτική）这个名称。

小　是的，确实如此。

客　那么，我们似乎应当讨论属于王权的编织——它属于哪一种编织，它以何种方式进行编织，它给我们提供何种织物？

小　【306】显然应当这样做。

客　我们要做的这件事情，在这种情况下，好像非常困难。

小　不过，无论如何，我们必须加以讨论。

客　谈论美德的这个部分在一定意义上肯定与谈论美德不同，要是我们联系大多数民众的想法看问题，那么对那些讨论统治术的行家来说，这样说太容易成为攻击的目标。

小　【b】我不明白你的意思。

客　让我换个方式来说。我想你会把勇敢当作美德的一部分。

小　当然。

客　节制与勇敢不同，但也像勇敢一样，是美德的一部分。

小　是的。

客　嗯，我们现在必须把我们的勇敢拿在手中，然后就这两种美德之间的关系作出骇人的论断。

小　什么论断？

客　以某种方式，它们相互之间极为敌对，在许多事情中占据对立的位置。

小　你这样说是什么意思？

客　这个观点不管从哪个角度看都是人们不熟悉的。【c】我设想，美德的所有部分都肯定会被说成是相互之间友善的，如果有这么回事的话。

小　是的。

客　那么，我们应当特别注意，看这样说是否符合实际情况，或者需要强调它们在某些方面会有纷争，是吗？

小　是的，请你告诉我们该怎么做。

客　我们应当考察所有那些被我们称作好的事物，然后把它们分属于相互对立的两个类别。

小　请你说得更加清楚一些。

客　【d】敏捷和迅速，无论是身体中的，还是心灵上的，或者是声音的运动，无论是这些事物本身，还是在它们在影像中的呈现——比如所有音乐和绘画中的那些模仿；你自己有没有赞扬过这些事物，或者听其他人赞扬过它们？

小　当然有过。

客　你还记得他们在每一具体事例中是怎么说的吗？

小　我不记得了。

客　那么，我有点儿困惑了，我能够用话语表达自己的想法，让你弄明白吗？

小　【e】为什么不能？

客　你好像把这种事情看得很容易；但无论如何，让我们在两类对立的事例中来考虑。常见的是，在许多活动中，无论我们推崇的是敏捷和勇猛，还是迅速，无论是心灵上的还是身体中的，或者是声音中的，我们总是使用一个词，亦即"勇猛"①。

小　怎么会这样呢？

客　我想，我们说"敏捷的和勇猛的"——这是第一个例子；我们也说"快速的和勇猛的"，同样也说"勇敢的"。在每一事例中，通过使用这个名称，我谈论了我们加以赞扬的这类事物的共同之处。

小　【307】是的。

客　但是，在许多活动中，我们不是也经常赞扬温和地发生的这类事情吗？

小　是的，确实如此。

客　那么好，我们不是也通过说出我们说的某些事物的对立物来表达这类事物吗？

小　怎么做？

客　我想是这样的，我们说在每个场合，它们是平和的，有节制

---

①　勇猛（ἀνδρεία），这个希腊词亦有英勇，勇气、男子汉气概等意思。

的，推崇心灵中发生的事情，而在行为本身的领域中，推崇缓慢和柔软，以及低沉平稳的声音——还有其他各种有节奏的运动，以及在正确的时间使用平缓的声音的整个音乐。【b】我们用于它们全体的名称，不是勇猛，而是有序。

小　非常正确。

客　还有，与此相反，当这两类性质在错误的时间出现时，我们就会发生改变，对它们提出批评，用我们使用过的那些名称来表达它们产生的相反效果。

小　怎么会这样？

客　如果敏捷和迅速过度了，不合时宜了，如果声音过于尖锐而变得狂暴了，我们就把这些性质称作"过度的"，甚至称作"疯狂的"。【c】不合时宜的沉重、缓慢，或柔软，我们称之为"怯懦的"或"迟钝的"。对此，人们还可以进一步加以归纳。"充满活力的"这一类和"有节制的"这一类是相互排斥、相互对立的，而不仅仅是在具体显现中发生冲突的问题。它们在生活中一旦相遇，一定会引起冲突，如果我们进一步加以考察，通过研究受其支配的人们的品性，那么我们会发现它们之间和相反类型的人之间不可避免地会发生冲突。

小　你认为我们要观察什么领域？

客　我们刚才提到的所有领域，无疑还有其他许多领域。【d】我认为，由于这两类性质之间的相关性，他们青睐某些与自己品性相吻合的性质，批评那些与这些性质相反的性质，视之为异己的东西，对它们抱有极大的敌意，涉及许许多多事情。

小　好像是这样的。

客　嗯，不同阶层的民众的这种不一致意见倒还无关紧要；但若涉及最重要的事情，它就变成一种疾病，对城邦来说，它就是一件最可恨的事情。

小　涉及什么事情，你的意思是？

客　【e】涉及整个城邦生活的组织。因为那些特别有节制的人总是打算和平与安宁地生活，亲自打理他们自己的私人事务。以此为基础，他们与自己城邦里的每个人交往，也和他们自己城邦以外的人交往，尽力以各种方式保持某种和平。由于他们沉迷于这种发生在某个错误时期的和平愿望，每当他们能够有效地执行他们的政策时，他们自己会变得厌战，而且也使他们的年轻人变得厌战。这样一来，他们的命运也就要由侵略者的仁慈来决定了。等到侵略者猝然进攻，【308】在短短几年内，他们、他们的孩子，还有他们所属的这个城邦里的所有人，会清醒过来，知道他们的自由已经失去，他们已经成了奴隶。

小 你描述了一种痛苦、艰辛的经历。

客 但是对那些倾向于采用强硬手段的人来说，会发生什么样的事情呢？我们难道看不出他们由于对军事活动的过分喜好而不断地怂恿他们的城邦进行战争，对抗各种强敌吗？结果又会怎样呢？他们的祖国要么完全毁于战争，要么成为敌国的附庸，就像一味寻求和平带来的结果一样。

小 【b】对，这样说也对。

客 那么在这些重要事务中，两种阶层的人的意见必然相互敌对，并采取相反的行动路线，对此我们能加以否认吗？

小 我们必须承认。

客 那么，我们已经找到我们原先要寻找的东西了，不是吗？美德的那些并非不重要的组成部分依其本性就是不和的，从而使得拥有这些美德的人在同样的情况下也是不和的。

小 看起来是这样的。

客 接下来还有一个要点要加以考虑。

小 什么要点？

客 【c】我假定，任何一种处理事物之间结合的专门知识，都会把精心选择的事物加以组合，产生某种结果，哪怕是最不重要的产品也是好的和坏的材料的结合，或者说，每一种专门知识都在尽可能拒绝使用坏材料，采用好的或者合适的材料，这些材料可以是相同的，也可以是不同的，把它们结合在一起，产生某种事物，使之具备某种能力。

小 当然。

客 【d】在这种情况下，我们也不会凭借这种真正的政治家的技艺，用好人和坏人来组成城邦。很清楚，它首先会让他们在游戏中接受考验，经受这种初步考验之后，它会出于这种具体的目的把他们托付给有能力的教育者加以训练。它本身则始终保留发布命令和实施监督的权力，这种做法与纺织非常相似，把选择材料的工作交给梳毛工和其他与配料相关的匠人，但它自己监察每一道工序，保留向每一种辅助性的技艺发布命令和实施监督的权力，【e】以便使每个人都完成他们的工作，为生产织物完成他们应尽的义务。

小 是的，绝对如此。

客 在我看来，正是以这种方式，国王的统治技艺——因为他亲自拥有这种发布命令的能力——不会允许教育者和辅导者依据法律实施教育，参与那些他们在其中起作用的实际活动，由此到最后产生一些不良的后果，与其应起的综合作用相反。他要求他们只教这样一些事情；他们的学生因此不能养成勇敢和节制的品性，以及其他任何美德，【309】而会被一种邪恶的本性侵蚀，变得不虔诚、过度、不义，这些人是国王要驱逐的人，他会处死他们，或者让他们在公众场合受到最严厉的羞辱和惩罚。

小 事情好像是这样的。

客 还有，那些在无知和卑贱的泥淖中打滚的人，国王的统治技艺会将他们置于奴隶阶级的轭之下。

小 相当正确。

客 嗯，至于其他人，那些品性能够改变，能够朝着高尚前进的人，【b】要是他们获得教育，再加上这个行当的帮助，相互之间能够接纳——延用编织的形象，这些人可以编织成一个整体，那些勇敢的品性占据主导地位的人当作经线，其他人则是细密而又柔软的纬线——两种对立的品性交织在一起；这种技艺以下列方式进行工作。

小 以什么方式？

客 【c】首先，把他们的灵魂部分结合在一起，灵魂有一种永久的神圣的联系，与神有某种亲缘关系，在神圣的联系建立之后，再把他们的道德方面结合在一起，建立一种人的联系。

小 我又要问了，你这是什么意思？

客 当这种看法从人的灵魂中产生，涉及好、正义和善，以及与此相反的东西，我称之为神圣的，这种看法确实是真的，是有保障的；它属于凡人之外的族类。

小 这肯定是一个适宜接受的观点。

客 【d】那么，我们承认这种看法只属于政治家和优秀的立法者吗，只有他们有能力凭借那种属于国王的技艺的音乐做这种事情，让那些人接受正确的教育——我们刚才正在谈论的人？

小 这样做肯定是合理的。

客 是的，让我们决不要把那些不能做这种事情的人称作我们现在正在考察的这些人①。

小 相当正确。

客 【e】那么好，充满活力和勇气的灵魂会在真理的把握下变得很温和，自愿分享正义，而它若是不能分得一份正义，它就会坠落，变得像野兽一样野蛮，不会吗？

小 会。

客 有节制的灵魂会怎么样？如果得到一份这样的看法，它难道不会变得真正节制和聪明，在城邦生活的场景下，而它若是不能得到一份这样的东西，那么它由于头脑简单而获得可耻的名声是非常恰当的吗？

小 绝对正确。

客 那么，让我们不要这样说，这种编织和联系，恶人与恶人交织在一起，或者好人与恶人交织在一起，这样的编织和联系会持久，也没有任何一种专门知识能认真地用于这样的人际关系，是吗？

小 不要这样说，这样的联系怎么能持久呢？

客 【310】我建议，我们应当这样说，这种联系只会在那些出身高贵的人和按其本性抚养成长的人中间形成，法律可以在他们中间起到一

---

① 指"政治家"和"国王"。

种修补的作用，也借助美德。如我们所说，这种联系是更加神圣的，只有它能够把性质各异的、具有对立倾向的美德的各个部分联系在一起。

小　非常正确。

客　是的，其他的联系是属人的，这种神圣的联系一旦存在，这种属人的联系可能既不难理解，又对理解它的人不会有什么影响。

小　【b】这些联系是什么？如何造就？

客　这些联系的形成要依靠通婚和共同拥有孩子，严禁把婚姻当作个人私事，不能把女儿私自嫁出去。按照他们处理这些事情的方式，大多数人在生育子女的时候没有正确地结合。

小　为什么会这样？

客　有什么人，有什么理由，要严厉地批评在婚姻中以追求财富和名声为目的，就好像这种事值得讨论似的？

小　没有。

客　是没有，我们更为恰当的做法是讨论那些关注家庭的人，【c】问他们的行为是否妥当。

小　是的，这样说是合理的。

客　嗯，他们的行为完全出自错误的考虑，对那些与他们相同的人欢呼致意，厌恶与他们不同的人，追求欲望的直接满足，他们大部分决定的依据是他们的好恶感。

小　怎么会呢？

客　我想，有节制的人会寻找一个与自己品性相似的伴侣，在可能的情况下，他们选择娴静的女人为妻。当他们有女儿要出嫁时，他们又会寻找与他们的女儿相同品性的人做他们的女婿。【d】具有勇敢品质的人也会这样做，寻找与他们同类的人。尽管这两种类型的人应当作的事情也许正好相反，但这种寻求同类的情况一直在延续。

小　怎么会这样？为什么？

客　这是因为，如果具有勇敢品性的人经过许多代的繁殖，不与任何具有节制品性的人通婚，那么这种自然发展过程就会走向极端，这种人起初会变得极为强大，但到了最后就会变得极为凶残和疯狂。

小 噢，好像是这样的。

客 但对于那些过分节制和谦卑，缺乏勇气和大胆的灵魂来说，【e】这种人如果繁殖许多代，就会变得太迟钝而难以应对生活的挑战，到最后就会变得软弱无能。

小 是的，这种结果也是可以预料到的。

客 我说过，如果神圣的联系已经造就，那么要建立这些人性的联系并不困难，这种联系是两种类型的人共同拥有的有关卓越和善良的信念。这就是那位国王一般的织造者的唯一和全部任务，他决不会允许把具有温和品性的人与具有勇敢品性的人分开。倒不如说，为了避免这种情况，他必须把他们编织得密密实实，【311】就好像用梭子织布，让他们分享共同的信念，通过荣誉、羞耻、尊敬，相互之间信守诺言，把他的织物织造得像术语所说得那样平滑而又密实，这个时候，把管理国家的各种职司托付给他们，让他们分担公务。

小 他如何能够做到这一点？

客 在需要一名官员的时候，政治家必须选择一名同时拥有两种品性的人，把权力交给他；而在需要不止一位官员时，他必须从各个群体中挑选一些人，让他们一道分担公务。节制型的执政官是极为谨慎、公正、循规蹈矩的，但他们缺乏勇气和进取心，不能高效率地工作。

小 好像是这么回事。

客 【b】勇敢型的人与前者相比，显得公正与谨慎不足，但在行动的大胆方面优于前者。除非这两种品性同时存在和起作用，否则一个城邦决不可能在公共和私人事务两方面都发挥良好的作用。

小 当然。

客 现在，让我们说，我们已经完成了这块织物，这是政治家的技艺的产物；用一般的编织方法，把勇敢型的人和节制型的人织在一起——【c】这种织造的行当属于国王，他依靠和谐与友谊使人们生活在一起，完成了这块最辉煌、最优秀的织物，用它覆盖城邦的所有其他居民，无论是奴隶还是自由民，他统治和指导着城邦，而无任何短缺之处，这个城邦是一个幸福之邦。

苏　客人，这是又一幅完美的画像，你为我们完成了，你画的这个人拥有国王般的统治技艺。①

---

① 许多译者将最后这段话归于小苏格拉底，但更可能是老苏格拉底所言。

斐 莱 布 篇

提　要

　　本篇属于柏拉图后期对话，以谈话人之一斐莱布的名字命名。写作时间在《政治家篇》之后，其形式与早期对话相似，苏格拉底又成为主要对话人，主导着整篇对话。对话人普罗塔库是智者高尔吉亚的追随者。另一位对话人斐莱布名不见经传，可能是柏拉图虚构的快乐论的代表。他们实际上没有进行什么争论，苏格拉底一直在滔滔不绝地讲话，而普罗塔库只是表示同意或提问。柏拉图晚年的写作风格已经发生改变，他想集中精力解决问题，已经不能再说很多离题话。

　　本篇的主题是哲学家苏格拉底生前经常讨论的问题，也是柏拉图撰写的早期对话的常见主题：什么是善？知识与快乐何者为善？公元1世纪的塞拉绪罗在编定柏拉图作品篇目时，将本篇列为第三组四联剧的第二篇，称其性质是"伦理性的"，称其主题是"论快乐"。[1] 谈话篇幅较长，译成中文约5万2千字。

　　第一部分（11a—23b），考察快乐的方法问题。谈话从考察以往快乐观入手。斐莱布认为，快乐就是善。苏格拉底指出，快乐不是善，理智、记忆、知识比快乐要好。然而，无论说快乐是善，还是说知识是善都会遇到矛盾，因为知识或快乐本身是一，但又具有多样性，因此无法说它们都是善。因此必须处理好一与多的关系问题。以往讨论一与多的问题意见纷呈，要从方法上进行检讨。苏格拉底以语音、音乐、身体运

---

[1]　参阅第欧根尼·拉尔修：《名哲言行录》3：58。

动为例说明每一事物都是一与多的结合，考察每一事物都应寻找其中的一与多。所以要解决快乐与知识何者为善的问题，应当先说明它们各自如何是一与多，说明它们在变成无限之前如何获得某些确定的数。快乐和知识都不是善，不能等同于善者，不能用原来的方法考察它们，而要对快乐的生活和理智的生活进行考察。

第二部分（23b—55c），快乐的地位和本性。苏格拉底提出有四类存在者：(1) 无限者；(2) 限度；(3) 无限者与限度的结合；(4) 无限者与限度结合的原因。他建议以这种四重划分为基础，来确定快乐与知识的地位。通过讨论，他们发现理性与原因有关，属于原因这一类，而快乐本身是无限的，属于无限者这一类。接下去他们考察判断有无真假，进而考察快乐与痛苦有无真假。他们用早期希腊哲学宇宙论的思想来探讨灵魂与理性的性质和力量，在讨论中揭示了两种意义上的快乐与痛苦：作为自然过程的快乐与痛苦；作为心理感受的快乐与痛苦。苏格拉底指出，前者与身体有关，后者与身体和灵魂都有关，有无数的例子表明灵魂处于和身体不一致的状态之中，其最终结果就是痛苦与快乐的混合。愤怒、恐惧、期盼、悲哀、热爱、好胜、心怀恶意这些情感属于灵魂自身的痛苦。在混合的快乐之后，讨论转向不混合的快乐。他们认为，每一微小的、无足轻重的、不和痛苦混杂的快乐比庞大的、不纯粹的快乐更快乐、更真实、更美好。苏格拉底指出，每一事物要么以其他某些事物为目的，要么其他事物以它为目的。快乐总是处于生成之中，而非某种存在者。所以，把快乐说成是善的人应当受到嘲笑。

第三部分（55c—67b）对快乐和理性进行综合考察。苏格拉底指出，各种技艺可以区分为实际活动和理论思考，以计算、度量和称重为标准，可以区分精确的科学和不精确的科学。应当把美、比例、真理三者视为一个统一体，以此为标准来考察快乐与理性的混合。最后，苏格拉底否定了斐莱布快乐就是善的观点，按确定性、纯粹性、真实性为所考察的各个对象排序：第一位是至善；第二位是真理和知识；第三位是理性和理智；第四位是科学、技艺、真意见；第五位是无痛苦的快乐或灵魂自身纯粹的快乐；第六位是不纯粹的快乐。

正　文

谈话人：苏格拉底、普罗塔库、斐莱布

苏　【11】嗯，好吧，普罗塔库[①]，现在就请你考虑一下，你从斐莱布[②]那里接过来的这种论点是什么——还有，要是你发现不能同意我们的论点，就请你提出论证来加以驳斥。【b】我们要把两种论点概括一下吗？

普　是的，让我们来概括一下。

苏　斐莱布认为，对一切生灵来说，所谓善就是享乐、愉悦、高兴，以及诸如此类的东西。我们主张，这些东西不是善，而认知、理智、记忆，以及从属于它们的东西，正确的意见和真正的计算，【c】比快乐要好，与所有获得这些东西的人更相宜；拥有这些东西，这些人，无论是现在活着的还是未来的世代，能够获得最大的福益。这不就是我们当前拥有的可敬的论点吗，斐莱布？

斐　完全正确，苏格拉底。

苏　那么好，普罗塔库，你打算接管给你的这个论点吗？

普　我好像必须这么办。公正的斐莱布已经把它托付给我们了。

苏　所以我们必须竭尽全力，寻求有关这些事情的真理吗？

普　【d】我们确实要这样做。

苏　那么，来吧。不过，还有一个要点我们需要达成一致意见。

普　什么要点？

苏　我们每个人都试图证明，某种拥有，或者灵魂的某种状态，能给所有人提供幸福生活。不是这样吗？

普　是这样的。

苏　你认为这就是快乐，我们认为这就是理智，是吗？

---

① 普罗塔库（Πρώταρχους），人名，本篇对话人。

② 斐莱布（Φίληβος），人名，本篇对话人。

普　是这样的。

苏　要是到了后来发现还有另外一种拥有，比这两种拥有更好，那会怎么样？【e】结果难道不会是，要是后来发现它比较接近快乐，我们双方就不会反对一种确实拥有快乐的生活，【12】而快乐的生活将击败理智的生活，是吗？

普　是的。

苏　但若它比较接近理智，那么是理智战胜了快乐，快乐失败了，是吗？你接受这一点作为我们的一致看法吗？

普　我好像是同意的。

苏　斐莱布也同意吗？斐莱布，你有什么要说的吗？

斐　在我看来，无论发生什么情况，快乐都是胜利者，并且始终是胜利者。至于你怎么想，你自己拿主意吧，普罗塔库。

普　你现在已经把论证交给我们，斐莱布，你已经不再能控制我们和苏格拉底达成的一致意见或者我们之间的分歧了。

斐　【b】你说得对，但是没什么关系。我洗手不干了，让女神来见证我做过的事吧。

普　我们也会为你做见证——你确实说了你现在说的这些话。至于下面要做的事，苏格拉底，让我们前进，直至获得结论，不用管斐莱布同意不同意。

苏　我们必须尽力而为，就从这位女神本身开始——这个家伙宣称，尽管她被叫作阿佛洛狄忒①，但她最真实的名字是快乐。

普　当然。

苏　【c】用什么名字称呼众神，在这一点上我总是感到有一种凡人的恐惧——超过最大的恐惧。②所以，我现在用能令这位女神喜悦的名字称呼她，而无论把她叫作什么。至于快乐，我知道它很复杂，如我前

---

①　阿佛洛狄忒（Αφροδίτη），神名，希腊爱神和美神，相当于罗马神话中的维纳斯。

②　参阅《克拉底鲁篇》400d—401a。

述，我们必须以它为我们的出发点，仔细考虑它具有什么样的本性。如果只考虑这个名称，那么它就是单一的，而实际上它有多种形式，各种形式之间又很不相同。我们可以这样想：我们说一个骄奢淫逸的人得到了快乐，【d】也说一个饮酒适度的人在节制中得到了快乐。还有，我们说一个心中充满愚昧与期望的傻瓜得到了快乐，但也说一个聪明人在他的智慧中获得了快乐。如果有人断言这些不同种类的快乐都是相同的，那么他肯定是个傻瓜。

普　嗯，是的，苏格拉底——这些快乐来自对立的事物。但这些快乐本身并不相互对立。因为，快乐在所有事物中，怎么能最不像快乐呢？【e】一样事物怎么能最不像它本身呢？

苏　正如颜色最像颜色！真的，你让我感到惊讶：颜色就其每一种类而言都是颜色，肯定没有什么区别，但我们全都知道，黑色不仅与白色不同，而且实际上绝对相反。同理，形状最像形状。因为，形状全都属于一个种，【13】但它的某些部分相互之间是完全相反的，而其他图形则有无数的差别。我们还会发现许多这样的例子。所以，不要相信这个把各种极为对立的事物统一起来的论证。我担心，我们会发现有些快乐与其他一些快乐是对立的。

普　也许是这样。但这种情况怎么会伤害我们的论点呢？

苏　我们会说，这是因为你用不同的名称来称呼这些不同的事物。因为你说，所有令人快乐的事物都是好的。而现在，没有人坚持说令人快乐的事物不是快乐。【b】但是，我们认为，这样的事物大多数是坏的，有一些是好的，你无论如何不能把它们都称作好的，尽管要是有人强调这一点，你会承认它们相互之间是不同的。坏的快乐和好的快乐到底有什么共同的成分，使你把它们都称作好的？

普　你在说什么，苏格拉底？你认为有谁在确定了快乐是好的以后还能同意你的看法吗？【c】你说有些快乐是好的，有些快乐是坏的，这个时候你认为他会接受你的看法吗？

苏　但是你会承认它们相互之间是不同的，有些是对立的。

普　就它们都是快乐而言，它们之间没有什么不同和对立。

　　苏　但是，普罗塔库，这样一来真的又使我们回到原地了。所以，我们要说快乐不会与快乐不同，所有快乐都是相同的吗？刚才列举的这些例子没有给我们留下任何印象吗？我们的行为和言论还是和那些最无能的人的方式相同，【d】在讨论中就像那些新手一样表现得极为幼稚吗？

　　普　你指的是什么方式？

　　苏　我的意思是这样的。假定为了捍卫我的论点，模仿你的说法，我大胆地说一切事物中最不相似的东西最像那些最不相似的东西；然后我就能说出和你刚才说的相同的话来。但是，这样做会使我们都显得相当幼稚，我们的讨论会搁浅和干涸。所以，让我们还是回到水中去吧。我们也许能够抵达一个共同的居处，如果我们双方都能接受一个相同的立场。

　　普　【e】那你就告诉我该怎么做吧。

　　苏　这一回就由你来提问，我来回答。

　　普　我就什么提问？

　　苏　就智慧、知识、理智，以及被我一开始当作好事物提出来的事物提问，我当时试图回答什么是好这个问题。我的回答不会遭遇和你的论点相同的后果吧？

　　普　怎么会呢？

　　苏　一般说来，知识的部门似乎是复数，其中有些知识好像与其他知识很不相同。要是它们中间有某些知识以某种方式实际上是相反的，【14】而我对此非常警觉，否认一种知识会与其他知识不同，那么我在讨论中还能是一个有价值的合作者吗？以这样的方式，我们的整个讨论会像童话一样走向终结——尽管我们平安无事，但却极为荒唐。

　　普　除了我们仍旧要平安无事，我们一定不要让这种事情发生。但我很乐意看到我们的论点有相同的地方。所以让我们同意，可以有许多不同种类的快乐，也可以有许多不同种类的知识。

　　苏　【b】嗯，好吧，让我们不要掩盖你的善者和我的善者之间的差别，普罗塔库，而是把这个差别勇敢地放在中间，这样一来，当我们进一步考察它的时候，我们也许就能知道，是快乐，还是智慧，或者还有第三样东西，可以称作善者。因为我们在这里进行争论的目的不是出于对胜利的热爱，让我的建议或者你的建议获胜。所以我们应当作为同盟者采取共同行动，支持最真实的建议。

普　我们确实应当这样做。

苏　【c】那就让我们达成一致意见，给我们的原则以更加强大的支持。

普　什么原则？

苏　一项给每个人都会带来困难的原则，有些人乐意接受这项原则，有些人在有的时候不乐意接受这项原则。

普　请解释得更加清楚些。

苏　现在在这里出现的就是这个原则，它具有某种令人惊讶的性质。因为说多就是一和说一就是多确实令人惊讶，也容易引起争论，要是有哪一方想要为之辩护的话。

普　你的意思是，有人说我普罗塔库尽管是一个人，【d】但却有许多相反的性质，把我说成既是高的又是矮的，既是重的又是轻的，如此不一而足，尽管我始终是同一个人？

苏　亲爱的普罗塔库，你讲的这种一与多是老生常谈。也就是说，现在大家都同意这种解释不值得再触及；这样的解释是幼稚可笑的、微不足道的，要是采用的话有损于论证。【e】下面这些诡辩更无价值：好比有人首先区别出一个人的肢体和部分，然后问你是否同意所有这些部分都等同于这个整体，使你显得荒唐可笑，因为你被迫承认这个畸形的怪物，一就是多，而且一等于多，还有，多只不过就是一。

普　但是，其他各种与你想到的这条原则有关的困惑怎么样，苏格拉底，如果它们还没有被公认为老生常谈？

苏　【15】我的年轻朋友，当这个一不是取自有生成或毁灭的事物的时候，就像我们刚才所举的例子中的事物一样，那么它还不是老生常谈。这种一属于我们刚才讨论过的一，我们同意这种一不值得考察。但若有人试图把人设定为一、把牛设定为一、把美设定为一、把善设定为一，热心地对这些一进行划分，就会引起争论。

　　普　在什么意义上进行争论？

　　苏　【b】首先，我们是否应当假定真的有任何这样的一。然后，假定它们如何存在：它们各自是否始终是一又是同，既不接受生成也不接受毁灭；它们是否确定地保持是一又是同，尽管后来可以在有生成的无限多的事物中发现它们，所以它发现自己作为一与多可以同时在一与多的事物中发现自己。再说，必须把它当作散乱的、多重的，或者与其自身完全分离的事物来对待吗？而这似乎是绝无可能的。【c】是这些有关一与多的问题，而不是其他问题，普罗塔库，如果不能恰当地加以解决，会引起各种困难，如果这些问题能够恰当解决，则能有所进步。

　　普　这就是我们当前要完成的首要任务吗，苏格拉底？

　　苏　至少我会这么说。

　　普　那你就这么办吧，你可以认为我们全都同意了你的意见。至于斐莱布，我们最好别再给他找麻烦，向他提问了，让这条想要打瞌睡的狗躺下吧。

　　苏　【d】好吧，就这么办。现在，有关这个争论问题的这场复杂而又广泛的会战，我们应当从什么地方进入呢？从这里进入不就是一个最好的起点吗？

　　普　从哪里进入？

　　苏　就以这个谈话为入口，让相同者到处飞，让它以各种方式变成一与多，让它在任何时候都存在，很久以前存在，现在也存在。这个问题绝对不会完结，也不是刚刚出现，但是在我看来，这种"不朽和永久"的状况是随着谈话来到我们中间的。【e】无论哪个年轻人初尝此味就会异常兴奋，好像发现了智慧的宝库。他会喜出望外，到处炫耀，搬弄每一条陈述，一会儿站在这边，一会儿跳到那边，然后又回过头来，进行划分。在此过程中他首先把自己搞糊涂了，然后也把他身旁的人搞糊涂了，无论他们年纪如何，比他大或比他小，或是和他同龄，他绝不宽恕他的听众，【16】无论这些听众是他的父母还是其他人。他甚至还会对其他生灵尝试，而不仅仅是对人尝试，因为他绝对不会宽恕任何外国人，只要他能在某个地方发现一名通司①。

普　你要小心，苏格拉底，你难道没看见在场的这些人全都是青年？如果你污蔑我们，难道你不怕我们站在斐莱布一边向你进攻？还有，我们知道你想要说什么，要是有某种方式和办法可以用来和平地消除我们讨论中遇到的这种麻烦，【b】把对这个问题的一种更好的处理结果告诉我们，那么请你继续，我们会尽力跟随你。因为当前这个问题绝非无足轻重。

苏　当然不是，我的孩子，否则斐莱布就不会把它告诉你了。确实，没有，也不可能有任何方法比我始终推崇的这种方法更好了，尽管这种方法也经常逃脱我的把握，把我抛在后方，使我孤立无助。

普　这种方法是什么？让我们拥有它。

苏　【c】这种方法说起来不很难，但要用起来就不容易了。由于有了这种方法，任何技艺范围内的事情都能被发现。你看我心里想的是什么方法。

普　请你告诉我们吧。

苏　它是众神赐给凡人的一件礼物，或者说，在我看来，它好像是和那极为明亮的火种一道，由某个普罗米修斯从天上取来的。古时候的人比我们优越，他们生活在更加接近众神的地方，把这个故事传给我们，【d】据说一切事物都由一与多组成，其本性既是有限的又是无限的。由于这就是事物的结构，我们不得不假定每一事例总有一个型相，我们必须寻找它，就在那里发现它。一旦我们掌握了一，我们必须寻找二，如这个事例要求我们的那样，再接着找三或其他的数目。我们必须以同样的方式对待每一个后续的一，直到不仅明白最初的统一体，亦即一、多和无限，而且明白它有多少种类。在我们弄清位于一与无限之间的所有数之前，我们一定不要把多说成无限。【e】仅当我们完成了这项工作，只有到了这个时候，我们可以让所有那些居间的一进入无限的序列，不再麻烦它们。如我所说，众神把考察和相互学习的遗产赐给我们。但是

---

① 即翻译。

今天，我们中间的这些能干的人，在造出一或者多的时候，不是太快，就是太慢；【17】他们直接从一抵达无限，省略了那些居间者。然而，就是这些居间者在我们现在从事的辩证的或争论的谈话中的种种差别。

普　我想我以某种方式或多或少明白你的意思了，苏格拉底，但我仍旧想要你进一步澄清某些要点。

苏　若以字母为例，我的意思会很清楚，【b】你应当从中得到线索，因为字母是你受到的教育的一部分。

普　怎么会这样呢？

苏　从嘴里发出的声音对我们中的每一个人来说都是一，但它在数量上也是无限的。

普　无疑是这样。

苏　我们知道它是无限的，或者我们知道它是一，只知道这两个事实中的一个，都不能使我们有知识。但若我们知道有多少种嘴里发出的声音，知道它们的本性是什么，就能使我们中的每一个人成为有文化的。

普　非常正确。

苏　同样的事情也导致音乐知识。

普　怎么会呢？

苏　【c】在这门技艺中，声音也是一，就像它在书写中一样。

普　是的，对。

苏　我们应当把低音和高音确定为两个种，把中音确定为第三个种。或者，你会怎么说？

普　就这样说。

苏　如果你只知道这些，你还不能声称拥有音乐知识，尽管你要是连这些都不知道，那么可以说你在这些事情上是相当无能的。

普　当然。

苏　但是，我的朋友，一旦你学习了高音和低音之间有多少个音阶、这些音阶有什么特性，【d】以及这些音阶应当用什么音符来界定，它们之间的组合有哪几种，你就有了这种能力——这些都是我们的前辈发现并传给我们的，还有他们的后继者，再加上这些和音模式的名称。
还有，身体运动展现出其他相同的特点，他们说应当用数来进行衡量，
可以称之为节奏和尺度。所以，他们同时使我们明白了，每一项考察都
应当寻找一和多。因为当你以这种方式掌握这些事情的时候，【e】你就
在这里获得了技能，当你掌握其他存在的事情中的一的时候，对此你就
变得聪明了。然而，内在于任何一种事物中的无限的多使你落入无限的
无知，使你不值一提，使你一文不值，因为你决不可能找到任何事物的
数量和数。

普　在我看来，我认为苏格拉底的这番解释非常好，斐莱布。

斐　【18】就这个问题本身的进展而言，我同意。但是这些讲话对
我们有什么用，其目的是什么？

苏　斐莱布是对的，普罗塔库，当他向我们提出这一点的时候。

普　好，那就请你作答吧。

苏　当我再次深入一下这个主题的时候，我会这样做的。正如我们
所说的那样，某人要是把握了这个一或那个一，不应当直接去寻找无限
的种类，而应当首先寻找某些数，在相反的事例中也应当这样做。因为
他要是从无限开始，那么他不应当直接寻找一，【b】而应当在每个事例
中把握某些决定了每一个多的数，然后再从所有这些多中最后抵达一。
让我们再使用字母来解释这样说是什么意思。

普　你用什么方式来解释？

苏　这种方式是某位神祇或者某位被神激励的人发现的，语音是
无限多样的，如埃及神话所说，这位神祇的名字叫作塞乌斯[①]。他最先
发现无限多样的语音中的元音字母不是一个，而是几个，【c】还有其他
一些字母是不发音的，而是只发出某些噪声，这些字母[②]也有一定的数
量。他确定的第三种字母，我们今天称作哑音字母。在此之后，他对不
发音的字母或哑音字母进行再划分，直到获得每一个这样的字母。以同

---

① 塞乌斯（Θεύθ），埃及神名。

② 指辅音字母。

样的方式，他也处理了元音和居间的语音，直到发现每一个语音，然后
把它们统称为字母。当他明白了，若不理解全部字母，我们中无人能够
获得有关单个字母的知识，【d】他就考虑能有一种东西把它们全都联系
起来，称之为关于文字的技艺。

斐　普罗塔库，我知道这个例子比前面已经使用过的例子更好，它
至少说明了这些东西是怎么联系在一起的。但我仍旧感到这个解释和你
前面的解释存在着同样的缺陷。

苏　你又在怀疑这个例子与我们要解决的问题有什么关系吗，斐
莱布？

斐　对，这是我和普罗塔库一直想要看到的东西。

苏　【e】你们俩一直想要看到的东西不是已经摆在你们鼻子底下了
吗，如你所说？

斐　怎么会呢？

苏　我们不是从考察知识和快乐开始的吗，想要发现这两样东西中
间哪一样更可取？

斐　是的，确实如此。

苏　我们确实说过，它们各自是一。

斐　对。

苏　就是在这一点上，我们前面的讨论要求我们作出回答：说明它
们各自如何是一与多，说明它们各自在变成无限之前如何获得某些确定
的数，而不是直接抵达无限。

普　【19】苏格拉底领着我们绕圈，让我们一头扎进这个重大的
问题，斐莱布，我不知道怎么会这样。不过好好想一想，我们中哪一
个应当回答当前这个问题。我自愿接过你的论点，当你的继承者，要
是我现在由于没有现成的答案就把它交还给你，那就会显得相当可笑
了。但若我们俩没有一个能回答这个问题，【b】那么我们会显得更加
可笑。所以，你认为我们应该怎么办？苏格拉底好像问的是快乐有没
有种类，有多少种类，它们是什么。涉及理智，同样也有一套相同的
问题。

苏 你说得很对，卡里亚①之子。除非我们能够对每一种一、相似、相同，以及它们的对立面，做这样的考察，以我们当前的讨论所表示的方式，那么我们中间就没有人有什么能耐了。

普 【c】事情恐怕是这样的。聪明人知道一切确实是一件大事，不过在我看来，次一位最好的事情是不要犯错误。推动我说出这一点来的是什么？我会告诉你的。你，苏格拉底，使我们大家有机会聚在一起，由你本人来引导，为的是发现在人拥有的所有事物中什么是最好的。现在，斐莱布鼓吹说最好的东西是享乐、愉悦、高兴，以及诸如此类的东西。与此相反，你把它们全都否认了，【d】而宁可提出其他一些善者是最好的，我们意识到这些事物是好的，并且有很好的理由提醒自己对它们进行考察，因为它们就处于我们的记忆之中。你好像宣称，应当把快乐称作最好的善，至少它优于理性，以及知识、理智、学问，以及与此同缘的一切事物，我们必须获得这些东西，而不是斐莱布推荐的那些东西。【e】嗯，当这两个论点都提了出来，相互争执不下的时候，我们开玩笑似的威胁你，要是这场讨论没有一个满意的结果，我们就不让你回家。但由于你同意了我们的要求，允许我们为了达到这个目的而把你留下来，因此我们像孩子一样坚持说，已经送出去的东西不能要回来。所以，不要再用你这种方式来反对我们当前的讨论。

苏 你说的是什么方式？

普 【20】使我们陷入困境的方式，重复向我们提问，而对这些问题我们现在还不能给你恰当的答案。我们一定不要想象我们当前努力的目标就是使自己陷入困境，如果我们处理这个问题，那么就由你来处理，因为这是你答应了的。为了这个目的，是否应当划分不同的快乐或知识的种类，或者忽略这个问题，取决于你，要是你能够并愿意使用其他的方式来解决我们当前争论的这些问题。

苏 【b】噢，由于你说了这种方式，至少不会再有什么可怕的事情吓唬可怜的我了。因为，"如果你愿意"这句话把我的恐惧全都赶跑了。

---

① 卡里亚（Καρια），希波尼库之子，普罗塔库之父，《普罗泰戈拉篇》对话人。

另外，我心里想起了一件事情，众神中有一位神好像已经派我来帮助我们大家。

普　是吗？怎么帮？

苏　这是一种学说，我从前在梦中听说的——也许是在我醒着的时候——我记得，关于快乐和知识，二者都不是善，但有与它们不同的第三样东西，优于它们俩。【c】但若我们现在能够清楚地察觉事情就是这样的，那么快乐也就不能取胜了。因为善者绝不能够与它等同。对吗？

普　对。

苏　所以，我想，我们不必再担心划分各种快乐。我们下一步的进展会更加清楚地表明这一点。

普　说得很好，你就继续说吧。

苏　尽管，有些小事情我们应当先取得一致意见。

普　什么小事情？

苏　【d】善者是否必然是完善的或不完善的。

普　它肯定是一切事物中最完善的，苏格拉底！

苏　再说，善者也必须是自足的吗？

普　它怎么能是不自足的呢？这也是它优于其他一切事物的地方。

苏　嗯，我认为，善者还有一个性质必须断定：持有善的观念的一切事物都会寻求善，渴望成为善的，想要捕捉善，使善牢固地成为自己的东西，它们不在意其他事情，除非与获得善相连。

普　对此我无法加以否定。

苏　【e】所以，让我们对快乐的生活和理智的生活作一番考察，分别观察它们，得出某些结论。

普　你想用什么方式来考察？

苏　假定快乐的生活中没有任何知识，理智的生活中没有任何快乐。因为它们若是善的，那它们就不需要用其他事物来补足。【21】但若我们发现它们有这样的需要，那么它们肯定就不是我们正在寻找的真正的善。

普　怎么会这样呢？

苏　我们可以拿你做试验来考察这两种生活吗?

普　随你的便。

苏　那你就回答我。

普　你问吧。

苏　你的一生都生活在最大的快乐之中,你认为这样能接受吗?

普　为什么不能,当然能!

苏　如果你确定享有这种生活,你还会需要其他任何东西吗?

普　不需要。

苏　【b】但是,你瞧,你肯定自己不需要知识、理智、计算,或者与之相连的任何东西吗?

普　为什么需要?如果我有了快乐,我就有了一切!

苏　那么像你这样的生活能终生享受最大的快乐吗?

普　为什么不能?

苏　因为你不拥有理性、记忆、知识,或真正的意见,你必定是无知的,首先,关于这个问题,你是否在享受快乐,你都不知道,假定你完全缺乏理智?

普　必然如此。

苏　【c】还有,由于缺乏记忆,你不可能记得你曾经享受过快乐,因为任何快乐都会从这一刻延续到下一刻,但不会留下记忆。由于你不拥有正确的判断,所以当你快乐时,你也无法判断自己是否快乐,由于你不能计算,你甚至无法算出自己以后会不会快乐。你的生活不是人的生活,而是某种海兽或藏身于贝壳中的海洋动物的生活。我说得对吗,【d】或者说我们可以设想别样的情景?

普　不能。

苏　那么,这样的生活值得选择吗?

普　苏格拉底,这个论证使我完全无言以对。

苏　哪怕是这样,也不要因此而丧失信心;让我们把注意力转向理性的生活,对它进行考察。

普　你心里想的是一种什么样的生活?

苏　设想我们中有一个人选择了一种生活，拥有理智、理性、知识，以及对一切事物的记忆，【e】但没有一丝一毫的快乐，也没有一丝一毫的痛苦，过着一种完全无感觉的生活。

普　对我来说，至少这两种形式的生活都不是我会选择的，也没有其他人会选择，我假定。

苏　【22】但是两者的结合怎么样，普罗塔库，一种由两种混合而成的生活？

普　你的意思是快乐与理性或理智的混合？

苏　对，我要加以混合的就是这些东西。

普　任何人，无一例外，肯定宁可要这种混合的生活，而不要那两种单一的生活。

苏　我们明白我们当前讨论中出现的这个新结果吗？

普　当然明白，有三种生活可供我们选择，【b】有两种生活对人或者动物来说都不是充分的，或者是值得选取的。

苏　至少，在此范围内，事情不是很清楚了吗，这两种生活都不包含善，否则的话，它们应当是自足的、完善的，对任何能获取这些生活的动植物都值得选取，终其一生？如果我们中有人作出了这样的选择，那么他这样做是不自愿的，与其本性相违背的，出于无知和某种不幸的必然性。

普　看起来确实是这么回事。

苏　【c】这方面已经说得足够了，在我看来，斐莱布的女神和善一定不能当作同一的。①

斐　你的理性也不是善，苏格拉底，刚才的论证也说明了这一点。

苏　这一点也可以用于我的理性，斐莱布，但是我想，它肯定不能用于真正的、神圣的理性。这是一种相当不同的状况。但是现在，我不是在争论理性应当夺冠，反对混合的生活；【d】倒不如说，我们不得不寻找和判定该把亚军的奖励授予谁。至于使这种混合生活本身产生的原

---

① 即快乐不等于善，参阅本篇 12b 以下。

因，我们中的某个人很可能会说是理性，其他人会说是快乐，由此看来，这两种东西都不会是善本身，但二者之一很有可能是使善本身产生的原因。这就是我与斐莱布甚至会比以前争论得更加激烈的地方，无论这个原因是什么，由于它被包含在混合的生活之中，使这种生活既是人们期望的，又是善的，而理性比快乐更加接近这个原因。如果是这样的话，【e】那么我们不能声称快乐有权获得冠军或亚军。如果我们此刻对我的洞察力能有几分相信，快乐甚至不能获得第三名。

普　现在，在我看来，快乐好像已经被你的论证打败了，苏格拉底。在夺取胜利者桂冠的战争中，它已经倒下。【23】至于理性，我们可以说它非常聪明，不去争夺冠军的奖励，因为要是这样做的话，它会遭际同样的命运。而快乐若连亚军都拿不到，那么它肯定会感到丢脸，会受到它自己的热爱者的轻视，在他们眼中，它也不会像从前那样美丽了。

苏　什么，是这样吗？那么我们最好离开它，免得严格的考察给它带来痛苦，好吗？

普　你在胡说八道，苏格拉底。

苏　【b】为什么，因为我说把痛苦给予快乐是不可能的吗？

普　不仅如此，而且还因为你不明白，在你把有关这些问题的讨论进行到底之前，我们中没有一个人会让你走。

苏　哦，亲爱的普罗塔库，那么，漫长的讨论就摆在我们面前，要进到这一步也真的不容易。看起来，这场确保理性亚军地位的战斗需要新的策略，要使用我们先前讨论中不曾使用的武器，尽管有部分可能是相同的。我们现在就开始吗？

普　当然。

苏　【c】我们在这个起点上一定要十分小心。

普　什么起点？

苏　让我们把宇宙中现存的一切事物划分为两类，或者说如果你不介意，划分为三类。

普　你能解释一下按什么原则划分吗？

苏　可以用我们前面说过的一些事情为原则。

普　比如?

苏　我们前面同意，神启示我们可以把存在的事物划分为无限的和有限的。①

普　确实。

苏　让我们就把无限和有限作为两个类，而把这两类事物混合的结果当作第三类。【d】但我在进行区分和列举的时候看上去肯定就像个傻瓜!

普　你到底想说什么?

苏　我们好像还需要第四类。

普　告诉我它是什么。

苏　想一想两类事物混合的原因，把它当作我的第四类，添加在那三类之上。

普　你不会还需要把它们的分离当作第五类吧?

苏　也许吧，但我不这样想，至少不是现在。一旦有这种需要，【e】我会去寻求第五类，我这样做的时候希望你能原谅我。

普　我很乐意原谅你。

苏　让我们首先取这四类中的前三类，因为我们观察了其中前两类，看它们各自如何分裂和分离为多，让我们努力再把它们汇集在一起，让它们重新成为一，以此明了它们各自如何实际上既是一又是多。

普　【24】要是你把所有这些解释得更加清楚一些，我就能跟得上你的意思。

苏　我的意思是，我刚才说的两个类别是无限者和有限者。我现在试着解释无限者以某种方式是多，而对有限者的处理我们还要再等一会儿。

普　好吧，等一会儿。

苏　那么，请注意。我要你关注的这件事是困难的、有争议的，但

---

① 参阅本篇16c。

无论如何请你关注。首先从较热者和较冷者开始，看你是否能察觉到限度，或者说在这些类别的事物中并不存在着较多和较少，而在这些类别的事物中存在较多和较少的时候，它们不会获得任何端点。【b】因为一旦抵达端点，它们也都会位于端点了。

普　非常正确。

苏　那么，我们同意较热者和较冷者总是包含着较多和较少。

普　确实如此。

苏　我们的论证强迫我们得出结论，这些事物决不会有终点。由于它们没有终点，因此它们完全是无限的。

普　你的论证很强，苏格拉底。

苏　你这一点也掌握得相当好，普罗塔库，【c】你讲的强大以及与它相对应的弱小很好地提醒了我，它们和较多与较少属于同一类型。无论把它们用在何处，它们都会防止每个事物采用一个确定的数量；当把它们用于界定所有较强或较弱的事物时，它们就会引发较多或较少，但是消除了确定的数量。如我们刚才所说，这是因为，如果它们不消除确定的数量，【d】而是把确定的、可度量的数量接纳到"较多或较少"和"较强或较弱"存在的地方，它们自身的性质就发生了变化。一旦你把确定的数量赋予"较热"和"较冷"，它们也就不再是较热和较冷了；"较热"决不会止步，而总是进一步发展，"较冷"也一样，因为确定的数量是某种停滞发展和僵化的东西。由此可见，我说的"较热"及其对立面，必定是无限的。

普　结果好像是这样的，苏格拉底，尽管你所说这些事情不容易理解。不过，如果经过反复，【e】提问者和回应者还是能够达成令人满意的一致意见。

苏　好主意，让我们继续。然而，为了避免讨论过于冗长，还是来看下述无限的标志能否标定无限者的本性。

普　你心里想的是什么标志？

苏　当我们发现任何事物变得"较多和较少"，或者变得可以接纳"强和弱""过多"一类术语的时候，我们都应当把它们归入无限这个类别，【25】以无限为一。这与我们前面同意了的原则是一致的，要是你还记得，我们说过，对于任何散乱和分离为多的事物，我们必须尽可能发现它们统一的性质。

普　我记得。

苏　我们现在来观察一下不接纳这些限定，反而接纳它们的对立面的事物，首先是"相同"和"相等"，在相等之后，则是"两倍"以及其他所有表示倍数和尺度的术语。【b】如果我们把这些全都置于"限度"之下，我们好像做了一项出色的工作。或者，你会怎么说？

普　一项出色的工作，苏格拉底。

苏　很好。那么我们该如何描述第三类呢，它是前两类的混合？

普　我想，你不得不为我回答这个问题。

苏　如果有神听到我的祈祷，也许会作出回答。

普　那你就祈祷吧，看会不会有结果。

苏　我在等待，确实，我有一种感觉，众神中有一位正在向我们走来，普罗塔库。

普　【c】你这样说是什么意思？你有什么证据？

苏　我肯定会告诉你的，但是你现在要跟得上我的意思。

普　你继续说吧。

苏　我们刚才把某样事物称作较热的和较冷的，不是吗？

普　是的。

苏　现在加上较干和较湿、较多和较少、较快和较慢、较高和较矮，以及我们刚才汇集在一起的那些术语，作为拥有或多或少的本性的一类事物。

普　【d】你指的是无限者的本性吗？

苏　是的。现在，迈出下一步，把它与有限者这个类别混合。

普　哪一个类别？

苏　我们迄今为止尚未汇集的这个类别，我们忽视了有限者这个类别，尽管我们应当找出它的统一性，就如我们在汇集无限者这个类别时所做的那样。通过对这两个类别的汇集，也许会得到相同的结果，前者的统一性也会变得比较清晰。

普　你指的是什么类别，它怎么起作用？

苏　这个类别包括相等和两倍，以及其他任何定数，一旦引入事物，【e】就可使事物中对立双方的冲突终结，使之成为可度量的和和谐的。

普　我明白了。我的印象是，你说通过具体事例中的这样的混合，肯定会产生新的结果，是吗？

苏　你的印象是正确的。

普　那么你就继续解释吧。

苏　在疾病中，说对立面的正确结合建立起健康的状态，不也是对的吗？

普　【26】当然。

苏　属于无限者的高与低、快与慢不也会发生同样的事情吗？不正是由于这些因素的呈现而铸成了限度，因此创造出不同种类的圆满的音乐吗？

普　说得好！

苏　还有，一旦在非常冷和非常热中消除过度和无限，不就在这个领域建立了节制与和谐吗？

普　确实如此。

苏　【b】当无限者和有限者混合在一起的时候，我们就有福消受季节和诸如此类的好事物吗？

普　有谁会怀疑这一点？

苏　确实还有其他无数事物我不得不省略，比如与健康相伴的美与力，此外，在我们的灵魂中可以找到一大批卓越的品质。亲爱的斐莱布，我们的女神一定会注意到人类对法律的藐视和人性的极端邪恶，其原因在于人的快乐和欲望缺乏限度，因此要在人类中建立法律和秩序，而法律和秩序标志着有限。你认为女神把人类给宠坏了，【c】而我正好相反，认为女神保存了人类。你怎么看，普罗塔库？

普　你的看法适合我的直觉，苏格拉底。

苏　那么，这些就是我谈论的三个类别，如果你能明白我的意思。

普　我认为我懂了。在我看来，你把无限者当作一类，把事物中的限度当作另一类，第二个类别。但我对你说的第三个类别仍旧不能充分理解。

苏　你只是被第三个类别的丰富多样性湮没了，【d】我可敬的朋友。尽管无限者的类别也表现出多样性，但它至少还保持着统一的形象，因为它以较多和较少这个共同的特征为标记。

普　对。

苏　另一方面，关于限度，我们没有自找麻烦，没有去说明它的多样性，也没有指出它的本性是一。

普　我们为什么要这么办？

苏　没有理由。但是你来看，我说的第三个类别是什么意思：我把其他两个类别联合的产物全都当作统一的，视为通过添加限度而产生的变化。

普　我懂了。

苏　【e】但是现在我们不得不来看我们前面提到过的第四个类别，添加在这三个类别之上。让我们把它当作我们的联合考察。现在来看，你是否认为一切事物的产生都必定要通过某个原因？

普　当然，在我能看见的范围内，怎么能有事物产生而没有原因呢？

苏　那么，原因和制造，除了名称不同之外，其本性还有什么区别吗？制造者和原因不应当被称作同一事物吗？

普　对，应当。

苏　【27】被造者和生成的事物怎么样，我们难道没有发现同样的情况，它们除了名称不同，实际上没有什么差别吗？

普　确实如此。

苏　那么，在自然的秩序中，创造者总是领先，而被造者总是随后，因为被造者是通过创造者生成的，不是吗？

普　对。

苏　因此，事物生成过程中的原因和从属于原因的事物也是不同的，而不是相同的，是吗？

普　它们怎么会相同呢？

苏　那么，接下去就是生成的事物，它的产生代表了所有三个类别吗？

普　非常正确。

苏　【b】因此，我们声称，那位制造了所有这些事物的匠人必定是第四个类别，也就是原因，因为它已被充分证明有别于其他事物吗？

普　它肯定是不同的。

苏　我们现在已经把第四个类别区分出来了，这样一个个来好像是对的，便于我们记忆。

普　当然。

苏　由于我把第一类称作无限者，第二类称作限度，然后是从二者混合产生出来的东西占据第三的位置。【c】如果把这种混合和生成的原因算作第四类，这样做不错吧？

普　怎么会错呢？

苏　现在，让我们来看，下一个要点是什么？出于什么考虑我们进到这一步？不就是为了发现亚军的位置应当给快乐还是给理智，不是吗？①

普　确实是的。

苏　以我们这种四重划分为基础，我们现在也许可以处在一个较好的位置来决定谁是第一，谁是第二，我们整个争论就是由此而起。

普　也许吧。

苏　【d】那么，让我们继续。我们宣称结合快乐和知识的生活是胜利者。不是吗？

普　我们说过。

苏　我们不应该观察一下这种生活，看它是什么，属于哪一个类

---

① 参阅本篇 22a 以下。

别吗？

普　没有什么事情能阻拦我们这样做。

苏　我想，我们会把它指定给第三个类别，因为它不只是两种元素的结合，而是由无限的事物接受限度而形成的这个类别。所以，把这种生活形式视为胜利者似乎是正确的。

普　非常正确。

苏　【e】那么，这个问题解决了。但是，你那种生活怎么样，斐莱布，它是快乐的，不混杂的？应当把它归于已经确定的类别中的哪一类才是正确的？不过，在你宣布你的观点之前，先回答我的下述问题。

斐　请问吧。

苏　快乐与痛苦有限度吗，或者说它们属于接受或多或少的那个类别？

斐　肯定是接受或多或少的那个类别，苏格拉底！因为，快乐若不具有无限丰富的性质和增长，它怎么会是全善的呢？

苏　【28】另一方面，痛苦也不会是全恶的，斐莱布！所以，我们不得不寻找它的无限性质之外的性质，从而能赋予快乐一份善。但是请注意，快乐在这里已被归入无限度了。至于把理智、知识和理性归入我们前面说过的这些类别，我们该如何避免亵渎的危险，普罗塔库和斐莱布？这种命运似乎悬挂在我们头上，就看我们能否对这个问题作出正确的回答。

斐　【b】真的吗，你是在荣耀你自己的神吧，苏格拉底？

苏　就好像你在荣耀你自己的神，斐莱布。但这个问题需要一个答案，不管怎么说。

普　在这一点上，苏格拉底是对的，斐莱布；我们必须服从他。

斐　你选择代替我说话吗？

普　是有此意。但我现在有点困惑不解，苏格拉底，我恳求你，当我们的发言人，这样我们就不会误传你的意思，把错误的观念引进讨论。

苏　【c】我是你顺从的奴仆，普罗塔库，尤其是这个任务不算难。

不过，刚才我问你理性和知识属于哪一类的时候，我开的玩笑真得让你感到困惑吗，如斐莱布所声称的那样？

普 确实如此，苏格拉底。

苏 不管怎么说，这个问题很容易解决。因为所有聪明人都同意，并由此而诚实地荣耀自己，理性是我们的国王，高于天地。他们这样说也许是对的。如果你不反对，让我们来更加详细地讨论这个类别本身。

普 【d】就用你喜欢的方式讨论，苏格拉底，请你别为了花时间长而道歉，我们不会失去耐心。

苏 说得好。让我们从下面这个问题开始。

普 什么问题？

苏 我们是否持有这样的观点，对这个宇宙和整个世界秩序的统治是无理性的和无规则的，受纯粹的机缘所支配，或者正好相反，如我们的前辈所说，宇宙由理性统治，由神奇的理智来规范。

普 【e】在这个地方，你怎么能想出这样一个比较来，苏格拉底？你的建议在我看来完全是一种亵渎，我会说。唯一正确的解释是，理性为宇宙安排了秩序，把正义赋予这个有序的宇宙，规范着太阳、月亮、星辰，以及整个天穹的旋转，我自己从来没有想过或想要表达与此相反的观点。

苏 这是你想要我们做的吗？我们不仅应当赞同视之为真理的较早的思想家们的观点，【29】不冒任何危险去重复别人已经说过的话，而且应当分担他们遇到的危险和责难，要是有些强硬的对手否认这一点，争辩说这个世界的统治是无序的？

普 我怎么能不这样想呢？

苏 【b】那么好，现在来面对这个立场带来的结果，我们不得不掌握。

普 请你告诉我。

苏 我们以某种方法察觉到一切动物的本性是用什么构成的——火、水、气，"还有土"，如那在暴风中搏斗的水手所说，是它们的组成部分。

普 确实如此。在我们的讨论中，我们确实受到各种困难的冲击。

苏 那么，来吧，你要明白下面说的事情适用于属于我们的所有成分。

普 什么成分？

苏 我们身上的这些成分的数量很小，微不足道，它们也远不是纯粹的，或者拥有与其本性相应的力量。让我举个例子来向你解释。有某种属于我们的东西叫作火，然而宇宙中也有火。

普 无疑。

苏 【c】属于我们的火在数量上很小，它是微弱的，微不足道的，而照耀着我们的宇宙中的火是庞大的、美丽的，展示着它的所有力量，是吗？

普 你说得完全正确。

苏 但是，下面这一点怎么样？宇宙中的火是由属于我们的火生成、滋养、统治的，或者正好相反，你我的热，每一动物的热，都要归因于这种宇宙之火？

普 这个问题甚至不值得回答。

苏 【d】你说得对。我猜你也会对土作出同样的回答，构成动物的土与宇宙中的土相比，也会对我前不久提到的其他元素作出同样的回答。这是你的回答吗？

普 有谁能够作出不同的回答而不显得丧失理智？

苏 不会有任何人这样做。但是请看下一步。把所有这些元素结合起来当作一个统一体，称这个统一体为"身体"，我们不是这样做的吗？

普 当然。

苏 【e】嗯，你要明白，在我们称作有序宇宙的事例中情况也是一样的。它也会变成同样意义上的一个身体，因为它也是用同样的元素构成的。

普 你说的话无法否认。

苏 作为整体的这个宇宙的身体为属于我们的这个身体提供滋养，或者正好相反，宇宙拥有所有从我们的身体中产生的无数的善物？

普　这也是一个不值得问的问题，苏格拉底。

苏　【30】下面这个问题怎么样，也是一个不值得问的问题吗？

普　告诉我是什么问题。

苏　涉及属于我们的身体，我们不会说它有一个灵魂吗？

普　很明显，我们会说。

苏　但是，它是从哪里来的，除非与我们的身体同性质，只不过在所有方面更加美丽的宇宙身体也正好拥有灵魂？

普　显然不会有其他来源了。

苏　我们肯定不能维持这个假设，涉及我们的四个类别【b】（限度、无限者、它们的结合，还有它们的原因——呈现在一切事物中）；这个原因被认为是无所不包的智慧，因为在我们中间，它输出灵魂，为身体提供训练和医疗，用于恢复体力和治疗疾病，但若要将它用于大范围的事情，要它对整个宇宙负责（存在的事物，再加上美丽和纯粹的事物），说它创造了如此美丽、如此神奇的事物，那可能就做不到了。

普　【c】提出这样的设想就没有意义了。

苏　如果说这是无法设想的，那么我们最好换一种解释，如我们常说的那样，来确认宇宙中有许许多多无限者，也有充分的限度，在它们之上，有某个原因，它决非微不足道，它产生了秩序，规定了年份、季节、月份，它完全配得上称作智慧和理性。

普　极为正确。

苏　但是没有灵魂就没有智慧和理性。

普　肯定没有。

苏　【d】因此你会说，宙斯的本性中有国王的灵魂和国王的理性，这种力量凭借原因展现出来，而赋予其他神祇以其他优秀品质，以便与他们喜欢被称呼的名称相一致。

普　确实是这样的。

苏　你别以为我们进行的这场讨论是无聊的，普罗塔库，它实际上为那些古代思想家提供了支持，他们声称理性永远是宇宙的统治者。

普　它肯定是。

苏　它也给我的考虑提供了一个答案，【e】理性属于万物之原因这个类别。但是，这个类别只是我们四个类别中的一个。所以，我们的问题的处理方式已经在你手中。

普　是的，确实在我手中，我相当满意，尽管我一开始没有意识到你正在回答。

苏　嗯，有时候开个玩笑可以轻松一下。

普　说得好。

苏　【31】现在，我亲爱的朋友，我想我们已经相当满意地解释了理性属于什么类别，拥有什么力量。

普　是这样的。

苏　至于快乐，它属于什么类别在前面就已经很清楚了。

普　确实。

苏　让我们把关于二者的要点记在心里，也就是说我们发现理性与原因有关，属于原因这一类，而快乐本身是无限的，属于无限者这一类，而无限者从不在其自身中包含开端、中间和终结，从开端、中间、终结中也不会产生无限者。

普　【b】我们要把这些要点记在心里，我们怎么会忘记呢？

苏　下面，我们必须发现它们各自居于什么种类的事物中，哪一种条件使它们得以产生。让我们先来看快乐，因为我们前面的考察从快乐开始，现在也要从快乐开始。不过，离开对痛苦的考察，我们对快乐的考察决不可能得出满意的结论。

普　好吧，如果这是我们的必经之路，那就这么办吧。

苏　你愿意分享我关于它们的生成的看法吗？

普　【c】什么看法？

苏　在我看来，快乐和痛苦依照其本性好像都在相同种类中产生。

普　你能再提醒我们一下吗，苏格拉底，你提到的相同的种类是什么种类？

苏　我会尽力而为的，我最尊敬的朋友。

普　你真是太好了。

苏　所谓相同的种类，我们指的是我们前面说的四个类别中的第三类。

普　你指的是你在讲了无限者和有限者以后提到的那一类，我相信，健康，还有和谐，也归入这一类，是吗？

苏　【d】说得好极了。不过，现在请你特别注意这一点。

普　你就继续说吧。

苏　我要说的是，当我们发现生灵的和谐出现紊乱时，这个时候就是它们的本性出现紊乱，痛苦也就产生了。

普　你所说的好像非常有理。

苏　但若相反的事情发生了，和谐得以恢复、从前的本性得以复原，我们不得不说快乐产生了，要是我们必须用少许话语对这个最重要的事实作最简洁的陈述。

普　【e】我相信你是对的，苏格拉底，但是关于这个观点，我们为什么不试着说得更加详细一些呢？

苏　嗯，不就是像儿童玩耍般地理解这些最平常、最著名的事例吗？

普　你指的是什么事例？

苏　我指的是饥饿，这是一种紊乱和痛苦吗？

普　是的。

苏　吃东西以及再补充，是一种快乐吗？

普　是的。

苏　再次，渴是一种毁灭和痛苦，而对干涸的东西补充液体是快乐吗？【32】还有，加热引起的非自然的分离或融化是一种痛苦，而冷却以后恢复到自然状态是一种快乐吗？

普　确实如此。

苏　在寒冷的作用下体液被冻结而引起的动物的自然状态的紊乱是一种痛苦，而相反的过程，亦即被冻结以后又融化了，又恢复原先状态，是一种快乐。长话短说，看下面这个陈述你能否接受。当无限者和限度构成的生命有机体被毁灭，如我前面的解释，【b】这种毁灭是痛苦，而若它回归自己的本性，这种一般的恢复，是快乐。

普　就算是吧，因为它好像至少提供了一个概要。

苏　那么好，我们要接受在这两类过程中发生的这种快乐与痛苦吗？

普　接受。

苏　但是现在也要接受灵魂本身对这两类经验的预期；【c】这种期待在快乐实际发生时是令人愉悦的，舒适的，而对痛苦的预期则是令人恐惧的，痛苦的。

普　那么，这就转为另一类不同的快乐和痛苦，亦即灵魂本身的经验的期待，与身体无关。

苏　你的设定是正确的。这两类事例，如我所想，至少快乐和痛苦会单纯地产生，相互之间不会混杂，所以事情变得很清楚，就快乐而言，无论它作为整个类别是否受欢迎，【d】还是说快乐只是我们已经讨论过的其他类别的事物中的一个类别的特权。快乐和痛苦也许会变成热与冷或其他这样的事物的表征，它们有时候受欢迎，有时候不受欢迎，原因在于它们本身不是善，但它们中有些事物会时不时地具有一种有益的性质。

普　你说得很对，要是我们想要为我们正在寻找的东西发现一个解决方案，你就把它建议为必须采用的一个方向。

苏　那么，首先让我们一道来看下面这个要点。【e】如果这些事物的分解，如我们所说，真的构成痛苦，而事物的复原是快乐，那么我们应当把没有经历毁灭也没有经历复原的动物说成处于什么状态；这是一种什么状况？你仔细考虑一下，再来告诉我：在这种时候，动物既不会感到快乐也不会感到痛苦，无论快乐和痛苦的程度大小，这不是必然的吗？

普　这确实是必然的。

苏　那么，有这样一种状况吗，这是第三种，【33】有别于令人快乐的状态和令人痛苦的状态？

普　显然有。

苏　努力记住这一点。能否记得这一点会对我们有关快乐的判断造成很大的差异。如果你不在意，对此我们最好还是再多一些考虑。

普　就请你告诉我怎么考虑。

苏　你要意识到，生活在这种状况下，没有任何事物能够阻碍一个人选择理性的生活。

普　【b】你指的是既无快乐又无痛苦的状况吗？

苏　这是我们一致同意过的状况之一，我们刚才对不同的生活进行比较，那个选择了理性和理智的生活的人一定不会享有快乐，无论这种快乐是大还是小。

普　这确实是我们同意过的。

苏　那么，他可以按这种风尚生活了，如果这种生活变成最像神的生活，也许没什么荒唐的地方。

普　无论如何，众神不像感受到快乐或快乐的对立面。

苏　肯定不像。在众神的事例中，这两种状态都不像会在它们那里产生。如果这一点与我们的讨论有关，作为一个问题，我们最好晚些时间再提出来，【c】现在让我们把它当作一个附加的要点，有利于理性赢得亚军的奖赏，哪怕我们无法为理性赢得冠军的奖赏。

普　很好的建议。

苏　嗯，现在，至于另一类快乐，我们说它属于灵魂本身。它完全依赖记忆。

普　以什么方式？

苏　我们似乎首先要确定记忆是一种什么样的事物；我实际上有点担心，我们不得不在确定记忆的性质之前确定感知的本性，要是我们的讨论在正确的道路上前进，整个主题已经变得非常清晰。

普　【d】你这是什么意思？

苏　你必须明白，身体的各种感受中有一些在抵达灵魂之前就已经消失，对灵魂没有影响。其他一些感受既穿透身体，又穿透灵魂，产生一种紊乱，这些紊乱对身体和灵魂来说各是独特的，但对双方来说又是共同的。

普　我明白了。

苏　如果我们宣称说，灵魂不会注意到那些不穿透身体和灵魂的感受，灵魂也不会不注意那些穿透身体和灵魂的感受，我们这样说完全有理吗？

普　【e】我们当然有理。

苏　但你一定不要误解我的意思，乃至于假定我说的这种"不注意"会产生任何一种遗忘。倒不如说，遗忘是记忆的消失，而在当前的事例中记忆还没有产生。一样还不存在或从来没有存在过的东西处于失去的过程中，这样说是荒唐的，不是吗？

普　这肯定是荒唐的。

苏　那么，你只好改变这些名称。

普　怎么个换法？

苏　【34】你说"灵魂不受身体紊乱的影响时是遗忘的"，把你迄今为止称作遗忘的东西替换为"无感知"。

普　我懂了。

苏　当灵魂与身体一起受到同一种影响和感动时，如果你把这种运动称作感知，那么你说得就一点没错了。

普　你说得对。

苏　所以我们现在已经懂得感知是什么意思了。

普　当然。

苏　所以，要是有人把记忆称作感知的保存，那么他的说法是正确的，就我所涉的范围而言。

普　【b】是这么回事。

苏　我们不认为回忆和记忆有所不同吗？

普　也许。

苏　它们的差别不就在于这一点吗？

普　在哪一点上？

苏　在没有身体帮助的情况下，灵魂凭借自身回想起曾经与身体一道经历的事情，我们不把它称作回忆吗？【c】或者说，你会怎么处理？

普　我相当同意你的看法。

苏　但是，另一方面，在灵魂失去记忆以后，灵魂又凭借自身回想起来，要么是一个感知，要么是一片知识，我们也把这些事情叫作回忆。

普　你说得对。

苏　我们之所以说了这么一番话，其原因在于下面这个要点。

普　什么要点？

苏　没有身体的灵魂经历的快乐，以及欲望，我们已经尽可能地充分而又清晰地加以把握。通过弄清这些状态，快乐和欲望的本性也就不知不觉地揭示出来了。

普　那就让我们讨论这一点，作为我们下一个议题，苏格拉底。

苏　【d】在我们的考察中，我们好像不得不讨论快乐的起源和它的各种不同样态。因为我们好像最先必须确定什么是欲望，它在什么场合产生。

普　那就让我们来确定什么是欲望。我们不会有什么损失。

苏　我们肯定会有某种损失，普罗塔库；通过发现我们现在寻找的东西，我们对它的无知就失去了。

普　你正确地提醒了我们这个事实。不过，现在让我们试着回到我们下一步的探寻上来。

苏　【e】我们同意饥饿、口渴和其他许多这类事情是欲望吗？

普　完全同意。

苏　谁能允许我们用同样的名称来称呼所有这些有着很大差别的事物，它们有什么共同的特点呢？

普　苍天在上，这可能不是一件容易确定的事，苏格拉底，但无论如何这件事是必做的。

苏　那我们将要回到原先的出发点吗？

普　回到哪里？

苏　当我们说"他口渴"的时候，我们心里总有某件事情吗？

普　我们确实有。

苏　这样说的意思是指他正在变得缺乏吗？

普　当然。

苏　但是，渴是欲望吗？

普　是的，想要喝的欲望。

苏　【35】是喝的欲望，还是通过喝来重新补充的欲望？

普　我想，是通过喝来重新补充的欲望。

苏　我们中无论谁缺乏，他似乎就欲求与他承受的事情相反的事情。缺乏了，他就欲求得到补充。

普　显然如此。

苏　不过，这个问题怎么样？如果某个人第一次缺乏，有什么办法他能得到补充吗，要么通过感觉，要么通过记忆，因为他现在或者过去都还没有这种经验？

普　他怎么能有经验呢？

苏　【b】但我们确实坚持说他有一种期待某样事物的欲望吗？

普　那当然了。

苏　那么，他对他事实上经历的事情有没有欲望。因为他口渴，而渴是一种缺乏的过程。他的欲望倒不如说是补充。

普　是的。

苏　在那个口渴的人的身上必定有某种东西不知不觉地和补充有关。

普　必然如此。

苏　但这样东西不可能是身体，因为身体当然是缺乏的。

普　没错。

苏　剩下来唯一可选的就是灵魂在和补充有关，【c】而在这样做的时候显然要通过回忆。或者说，通过什么它才能和补充有关呢？

普　很清楚，没有什么可通过的了。

苏　那么，我们明白从已经说过的话中我们不得不得出什么结论来吗？

普　什么结论？

苏　我们的论证迫使我们得出结论，欲望不是身体的事。

普 为什么会是这样？

苏 因为它表明，每一生灵总是努力追求与它自身已有体验相反的状况。

普 确实是这样的。

苏 所以，这种冲动驱使着生灵朝着与它当下体验相反的状态发展，这就表明它有关于这种相反状态的记忆。

普 当然。

苏 【d】通过指出是这种记忆在指引着生灵趋向它的欲望的对象，我们的论证就确定每一种冲动和欲望，以及统治整个动物，都是灵魂的事。

普 确实如此。

苏 所以，我们的论证决不允许说是我们的身体在经历口渴、饥饿，以及诸如此类的事情。

普 绝对不允许。

苏 还有一个要点我们不得不进一步考虑，这个要点与这些相同的状况都有关系。在我看来，我们的讨论表明，有一种生活的形式由这些状况组成。

普 【e】它由什么组成？你讲的是什么样的生活形式？

苏 它由补充和缺乏，以及一切与动物的保存与毁灭有关的过程所组成。当我们中的某个人处于这两种状况下的某一种的时候，他处于痛苦中，或者他再次经历快乐，取决于这些变化的本性。

普 事情确实是这样的。

苏 便若某人发现自己处在这两种感觉之间，那会怎么样？

普 你说的"处在某某之间"是什么意思？

苏 当他由于他所处的状况而感到痛苦，同时又回忆起快乐，使痛苦得到缓解，尽管此时还没有得到补充。【36】这种情况怎么样？我们应当宣称他在这个时候处于这两种感觉之间吗，或者不处于这两种感觉之间？

普 我们应当宣称他处于两种感觉之间。

苏 我们应当说这个人完全处于痛苦之中，还是处于快乐之中？

普　苍天在上，在我看来，他好像在承受双重痛苦，一重是由身体的状况构成的，另一重是由于期待而引起的灵魂的欲望。

苏　双重痛苦，你这样说的意思是什么，普罗塔库？是不是我们中的一个人在某个特定的时间处于缺乏的状况下，但清楚地又希望得到补充，【b】而在另一个时间他正好相反，没有这种希望？

普　确实是这样的。

苏　你难道不认为他在记得这种得到补充的希望时是快乐的，而与此同时他又处于痛苦之中，因为他在那个时候是缺乏的？

普　必定如此。

苏　所以，就是在这种时候，人和其他动物一样，既感到痛苦又感到快乐。

普　似乎如此。

苏　但若处于缺乏之中，他没有获得任何补充的希望，那会怎么样？在这种情况下，【c】就不会出现你刚才说过的双重痛苦吧？

普　这一点不可否认，苏格拉底。

苏　现在让我们把我们对这些感觉进行考察的结果用于这个目的。

普　什么目的？

苏　我们可以说这些痛苦和快乐是真的或是假的吗？或者说有些是真的，有些不是？

普　快乐或痛苦怎么会是假的呢，苏格拉底？

苏　嗯，恐惧怎么会是真的或假的呢？期望怎么会是真的或假的呢？判断怎么会是真的或假的呢，普罗塔库？

普　【d】判断我肯定会承认有真有假，其他的例子我不承认。

苏　你在说什么？我担心我们在这里会引发一场重大的争论。

普　你说得对。

苏　但若它和我们前面的讨论有关，你配得上是那个人①的儿子，

---

①　指智者高尔吉亚，对话人普罗塔库是高尔吉亚的追随者，所以苏格拉底说他配得上是高尔吉亚的儿子。

应当承担这种争论。

普　也许吧，在这种情况下。

苏　在这里，我们不得不放弃那些偏离我们讨论主题、与我们的讨论没有直接关联的事情。

普　你说得对。

苏　【e】现在请你告诉我，因为对我们现在遇到的这个困难我处于长期的困惑之中。你的看法是什么？有假快乐和真快乐吗？

普　怎么会呢？

苏　你真的想要宣称，没有人会有时候相信自己感到快乐，而实际上并不快乐，或者相信自己感到痛苦，而实际上并不痛苦，无论这个人是在梦中还是醒着，是疯了，还是有幻觉吗？

普　我们全都假定这种情况确实是有的，苏格拉底。

苏　【37】这种假定对吗？我们要不要提出问题，这种说法是否合理？

普　我们应当提出这个问题，我至少会这么说。

苏　那么就让我们试着进一步澄清我们关于快乐和判断的说法。有某个我们称之为判断的事情吗？

普　有。

苏　也有得到快乐这种事情吗？

普　是的。

苏　也有和判断有关的事物吗？

普　当然。

苏　也有和快乐有关的事物吗？

普　无疑有。

苏　但是，在下判断的那个事物，无论所下的判断是对还是错，无法说它并非真的是在下判断。

普　【b】怎么能这么说呢？

苏　同理，感到快乐的事物，无论它是否真的快乐，显然也无法说它并非真的感到快乐。

普　是的，这样说也是对的。

苏　但是，我们不得不面对的问题是，为什么意见通常有真有假，而快乐只有真的，尽管在两种情况下，真意见和真快乐是相等的？

普　我们必须面对这个问题。

苏　是否由于判断获得了附加的真和假的性质，因此不再是一个简单的判断，【c】而是具有了这两种性质中的一种？你会说这是我们不得不寻找的答案吗？

普　是的。

苏　再说，某些事物一般说来允许有附加的性质，而快乐与痛苦只是它们本身，不接受其他任何性质。对此，我们是否也必须达成一致的看法？

普　显然如此。

苏　但是，要看到它们也接受性质并不困难。我们前不久说过，它们俩，快乐以及痛苦，可以有大小，也可以有强弱。

普　【d】我们确实说过。

苏　但若坏的陈述本身添加于这两样事物中的任何一个，那么我们会说这个判断变成了一个坏判断，这个快乐变成了一个坏快乐吗，普罗塔库？

普　当然，苏格拉底。

苏　如果把正确或其对立面加于某事物，我们不是也要把这个判断称作正确的，如果它是对的，把这个快乐也称作正确的快乐吗？

普　必然如此。

苏　【e】但若就那个判断的对象犯了错误，我们要说这个犯了错误的判断是不正确的，它没有正确地下判断吗？

普　我们怎能不这么说呢？

苏　但若我们注意到一种痛苦或快乐就其所痛苦或快乐的事情犯了错误，我们还会把它称作是正确的、恰当的，或者给它其他赞扬性的名称吗？

普　这是不可能的，如果快乐确实已经犯了错误。

苏　涉及快乐，它的产生确实好像经常伴随着一个错误的判断，而不是一个正确的判断。

普　【38】当然。但是在这个事例中被我们称作假的东西是判断，苏格拉底；没有人会像做梦一样把快乐本身说成是假的。

苏　你现在的话勇敢地为快乐作了辩护，普罗塔库。

普　完全不是，我只是在重复我听到的话。

苏　伴随着正确判断和知识的快乐，还有经常发生在我们每个人身上的与错误的判断和无知相连的快乐，二者之间没有区别吗？

普　【b】它们之间的区别可能不小。

苏　那就让我们开始考察它们之间的区别。

普　请带路，去你喜欢去的地方。

苏　我带你走这条路。

普　什么路？

苏　关于我们的判断，我们说它有时候是假的，有时候是真的吗？

普　是这样的。

苏　如我们刚才所说，这些东西经常伴随着快乐与痛苦。我说的是真判断和假判断。

普　没错。

苏　记忆和感知总是导致判断，或者试图得出确定的判断吗，如此例所示？

普　【c】确实如此。

苏　我们同意下述情况必定在此发生吗？

普　什么情况？

苏　某个人不能清晰地看到远处的物体，无法判断他看到的这个物体是什么，你不会说这种情况经常发生吗？

普　我会说。

苏　那么他不会向他自己提出另一个问题吗？

普　什么问题？

苏　"那个好像在崖石旁大树下的物体会是什么东西？"【d】——当

他的眼睛看到这样的影像，你认为他这样问自己是合理的吗？

普　当然。

苏　然后，作为对他自己的问题的一个答案，他不会对自己说"那是一个人"吗，假定他猜对了？

普　无疑如此。

苏　但他也可能会弄错，说他看到的东西是一尊雕像，是某个牧人堆出来的人像。

普　很有可能。

苏　【e】如果有人和他在一起，那么他会把对自己说的话说给他的同伴听，这样一来，我们前面称作判断的东西会变成断定吗？

普　当然。

苏　但若只有他一个人，他会继续独自思考那个事物，沿着自己的思路在心里想很长时间吗？

普　无疑如此。

苏　但是，你来看，你想分享我对这件事的看法吗？

普　什么看法？

苏　在这样的情况下，我们的灵魂可以比作一本书，不是吗？

普　为什么？

苏　【39】如果在某个具体的场合记忆和感知伴随着其他印象一起发生，那么在我看来，它们就好像一道在我们的灵魂中写字。如果写下来的东西是真的，我们就形成了一个真判断和一个对这件事情的真解释。但若我们的这个书记员写下来的东西是假的，那么结果就是真的反面。

普　我相当同意你的意见，我接受你的这种解释的方式。

苏　【b】你是否也接受还有另外一位匠人同时在我们的灵魂中进行工作？

普　哪一种匠人？

苏　它是一位画家，继书记员之后，为书记员刻在灵魂中的文字提供图画。

普　我们要说它如何做这项工作，什么时候做这项工作？

苏　当一个人从视觉或其他感觉中直接作出判断和论断的时候，它在做这项工作，然后与这些判断和论断相应，【c】在他自身中形成这些图画。或者说，我们身上发生的不是这种情况？

普　相当确定，是这种情况。

苏　那么，关于真判断和真论断的图画是真的，关于假判断的图画是假的吗？

普　无疑如此。

苏　如果迄今为止我们说得都对，让我们再考虑一个相关的问题？

普　什么问题？

苏　这些经验是否必然只涉及过去和现在，但不延伸到将来？

普　它们应当同等地适用于所有时态：过去、现在和将来。

苏　【d】嗯，我们在前面不是说过，那些只属于灵魂的快乐和痛苦也许先于那些经过身体的快乐与痛苦吗？因此，我们有可能预见到未来的快乐和痛苦。

普　这一点无法否认。

苏　我们心里的这些文字和图画，如我们前述，【e】只涉及过去和现在，而不涉及未来吗？

普　它们显然与未来有关。

苏　你说"显然"的意思是它们真的对未来抱有希望，而我们的一生都充满期盼吗？

普　相当确定。

苏　嗯，好吧，除了已经说过的这些话，你还要回答这个问题。

普　关于什么的问题？

苏　一个在所有方面都正义、虔诚、善良的人，也为众神所钟爱吗？

普　他怎能不被众神所钟爱呢？

苏　但若有人是不正义的，在所有方面都是邪恶的，这个人会怎么样？他不正是我们前面说的那个人的对立面吗？

普　【40】当然。

苏　如我们刚才所说，每个人不总是充满许多希望吗？

普　当然。

苏　那么，我们把我们每个人的论断叫作希望吗？

普　是的。

苏　但还有那些画下来的图画。有个人经常想象自己弄到了大量的黄金，于是作为这件事的后果就感到非常快乐。此外，他也在这幅他心中的图画中看到自己兴高采烈。

普　【b】他还能怎样！

苏　嗯，我们想要说，在好人的心中这些图画通常是真的，因为他们有众神的青睐，而在恶人心中情况正好相反，或者说这不是我们应当说的话？

普　这正是我们应当说的话。

苏　但不管怎么说，恶人拥有画在他们心中的快乐，尽管这些快乐是假的吗？

普　对。

苏　【c】所以，作为一条规则，恶人享有假快乐，而人类中的善者享有真快乐吗？

普　必定如此。

苏　从我们已经说过的话可以推论，人的灵魂中有虚假的快乐，它是对真快乐的一种可笑的模仿，对痛苦来说，情况也是这样。

普　确实如此。

苏　嗯，我们已经同意，无论谁就任何事物下判断，他一定真的是在下判断，哪怕它和现在、过去或未来存在的任何事情无关。

普　对。

苏　【d】我想，这些就是产生假判断和虚假地下判断的条件，不是吗？

普　是的。

苏　我们不也应当以这样的方式给快乐与痛苦做一些相似的规

定吗？

普　以什么方式？

苏　我是在这个意义上说的，无论谁感到有任何快乐，无论有无快乐的依据，他真的感到快乐，哪怕有时候这种快乐与现在和过去的事实无关，或者这种快乐所指的事情经常（也许在大多数情况下）不会成为事实。

普　【e】这也是必然的。

苏　同样的解释也可适用于恐惧、愤怒，以及所有诸如此类的事情，也就是说它们有时候是假的，是吗？

普　当然。

苏　嗯，好吧，除了它们的虚假性，我们还有其他方式来区别判断的好坏吗？

普　我们没有其他方式。

苏　我假定，我们也没有其他任何方式可以用来解释坏的快乐，除非它们是假的。

普　【41】你说的正好是真相的对立面，苏格拉底。根本不是由于快乐和痛苦是假的，我们才把它们当作坏的，而是由于有某些其他范围更广的恶牵扯了进来。

苏　要是我们仍旧感到有必要，让我们稍后再谈这些坏的快乐和它们具有的恶性。而现在，我们必须讨论另一种意义上的假快乐，说明其数量巨大，频繁出现在我们身上。【b】当我们不得不做决定的时候，这个论证也许就会在我们手头出现了。

普　那当然好，至少要是有这样的快乐的话。

苏　确实有，普罗塔库，至少我相信有。但是直至这一点成为我们接受的意见，我们不能不对这种信念进行考察。

普　对。

苏　那就让我们像运动员一样做好准备，围绕这个问题发起进攻。

普　行，我们来吧。

苏　如果记得没错，我们前不久说过，【c】当被称作欲望的那种东西在我们身上时，灵魂与身体是分离的，各自有它们不同的经历。

普　我们记得没错，我们在前面是这么说的。

苏　拥有欲望的灵魂想要拥有一种与身体的真实状态相反的状况，而身体在承受某些感受的痛苦或快乐吗？

普　确实如此。

苏　得出你的结论来，看这时候会发生什么情况。

普　你告诉我吧。

苏　【d】此刻发生的情况是这样的：痛苦与快乐并存，而与它们相关的感知同时又是对立的，这一点我们前面已经弄清楚了。

普　是的，这一点是清楚的。

苏　我们前面不是也讨论过这个要点，并且就如何解决有了一致意见吗？

普　什么要点？

苏　痛苦与快乐，二者都可以承受"较多"或"较少"，属于无限者这个类别？

普　我们是这么说的。那又怎样？

苏　要对这些事情作出正确的决定，我们有什么办法吗？

普　【e】在什么地方，在什么方面？

苏　在我们打算做决定的地方，我们可以拿处在这种状况之下的事物为例，确定它们何者较大或较小，或者它们何者更加强烈；拿痛苦与快乐作比较，或者拿痛苦与痛苦作比较，或者拿快乐与快乐作比较。

普　是的，这些问题确实会产生，这就是我们想要做决定的地方。

苏　嗯，好吧，这种事情只在视觉中发生吗，肉眼观看远处或近处的物体，歪曲了真相，产生假判断？【42】或者说同样的事情也在快乐和痛苦中发生吗？

普　是的，苏格拉底，而且更多。

苏　但是，这与我们前面得出的结果正好相反。

普　你指的是什么？

苏　我们前面讲的是，真判断与假判断分别影响着快乐与痛苦产生的条件。

普 【b】相当正确。

苏 但是现在这样的说法也可以用于快乐与痛苦本身；因为可以从近处观察它们，也可以从远处观察它们，或者同时观察它们，看到快乐与痛苦相比较，快乐似乎比痛苦更大、更强烈，而与此相反，痛苦与快乐相比，痛苦似乎可以克制。

普 在这些情况下，产生这样的状况是不可避免的。

苏 但若你从这两种情况中减去不真实或显得过分，使它们看上去比它们的原样较大或较小的地方，【c】那么你会承认减去的部分是不正确的显现，你既不会承认这种显现是真的，也不会大胆地说与快乐或痛苦的这个部分相关联的东西是对的和真的。

普 确实如此。

苏 接下去，要是我们用这种方式考察动物身上的快乐与痛苦，那么我们可以发现它们甚至比这些情况下的快乐与痛苦更假，无论是形象还是本质。

普 它们是什么，以什么方式？

苏 我们已经反复说过了，它就是通过结合与分离、补充与缺乏，以及某种成长与衰败而形成的那些实在的本性的毁灭，【d】由此产生了痛苦、困顿、受难，以及所有其他诸如此类的事情。

普 是的，人们经常这样说这些事情。

苏 但是当事物自身的本性再次得到复原的时候，这种复原就是快乐，这是我们之间一致同意的看法。

普 正确。

苏 但若这种事情在我们的身体中一样都没有发生，那会怎么样？

普 什么时候能发生这种事情，苏格拉底？

苏 【e】你的反对意见不着边际，普罗塔库。

普 为什么不着边际？

苏 因为你没能阻止我再次向你提出问题。

普 什么问题？

苏　如果这种事情真的一样都没有发生，我会问你，这种情况必定会给我带来什么后果？

普　你的意思是，如果身体没有朝着这两个方向运动，苏格拉底？

苏　这就是我的问题。

普　那么这个问题很清楚，苏格拉底，在这种情况下既不会有什么快乐，也不会有任何痛苦。

苏　【43】你说得很好。但是我猜，你的意思是说我们必然始终经历快乐或痛苦，如哲人所说。因为一切事物总是处于流变之中，向上或向下。

普　他们确实这样说过，他们的说法似乎很重要。

苏　怎么能不重要，因为他们是重要人物？但我确实想要回避这个论证，因为它现在向我们发起进攻。我计划以这种方式逃避它，你最好跟我一起后撤。

普　你就告诉我怎么办。

苏　我们会回答他们说："就算这样吧"。至于你，【b】需要回答我这个问题：是否一切生灵在各处情况下都会注意到自己在任何时候以某种方式受到这种影响，所以当我们成长或经历诸如此类的事情时，我们也能注意到，或者说实际情况与此不同，完全是另外一个样子。

普　确实是另外一个样子。几乎所有这样的过程都没有引起我们的注意。

苏　所以，我们刚才同意的说法说得不太好，"向上和向下"的运动变化确实会激发快乐和痛苦。

普　怎么会呢？

苏　【c】要是以这种方式来陈述，这个说法就会比较好，它会变得不那么容易遭到反对。

普　以什么方式？

苏　大的变化引起我们的快乐和痛苦，而中等程度的变化和小的变化不会引起我们的这两种感觉。

普　这个说法比原先那个说法更加正确，苏格拉底。

苏 如果是这样的话，我们又回到我们前面讨论过的那种生活中去了。

普 哪一种生活？

苏 那种我们说是既无痛苦，也缺乏吸引力的生活。

普 无可否认。

苏 【d】让我们以三种生活来结束：快乐的生活、痛苦的生活、中性的生活。或者说，对这些事情你会怎么说？

普 我会以同样的方式来说，有三种生活。

苏 但是，无痛苦和有快乐不是一回事吧？

普 它们怎么能是一回事？

苏 如果你听某人说，无痛苦地过完一生是最快乐的事情，你会如何理解讲话者的意愿？

普 在我看来，他似乎把快乐等同于无痛苦。

苏 【e】现在，想象有三样东西，你也许喜欢的，因为它们都有响亮的名字，让我们称它们为金子、银子，非金非银。

普 我想定了。

苏 我们有什么办法能把这第三样东西变得与其他两样东西中的某一样，金子或银子，等同吗？

普 这怎么可能？

苏 那么，按照对这种事情的恰当解释，如果有人认为中性的生活能变成快乐的生活或痛苦的生活，那么这样想是错的，如果有人这样说，那么这样的说法是错的，不是吗？

普 无疑是错的。

苏 【44】但我们确实看到有人这样想和这样说，我的朋友。

普 确实。

苏 他们真的相信他们没有痛苦的时候就在感受快乐吗？

普 他们是这么说的，无论如何。

苏 因此他们相信他们在那个时候是快乐的，否则他们就不会说他们是快乐的。

　　普　好像是这样的。

　　苏　但若无痛苦和快乐实际上各自拥有其本性，那么关于快乐他们拥有一个假判断。

　　普　它们确实有它们自己的本性。

　　苏　我们该做什么样的决定呢？我们有三种状态，如我们刚才所说，还是只有两样东西：【b】存在于人的生活中作为一种恶的痛苦和摆脱痛苦，摆脱痛苦也叫作快乐，快乐就是善，等等？

　　普　但是，我们现在为什么要向自己提出这样的问题，苏格拉底？我不明白。

　　苏　这是因为你不明白我们的斐莱布的敌人就在这里。

　　普　你说的敌人是什么意思？

　　苏　我指的是这样一些人，他们在自然科学方面享有盛名，他们说世上根本就没有快乐这回事。

　　普　怎么会这样呢？

　　苏　【c】他们认为，一切被斐莱布的追随者称作快乐的东西只不过是逃避痛苦。

　　普　你建议我们应当相信他们吗，苏格拉底，或者说你想要我们怎么做？

　　苏　不要相信他们，但要利用他们，把他们当作发预言的先知，他们不是凭着技艺发预言，而是出于本性中的某种执拗。这种本性并非不高尚，但出自一种非同寻常的仇恨，他们对快乐恨得咬牙切齿，拒绝承认快乐中有任何健康的成分，甚至认为吸引他们的是一种巫术，而不是快乐。你现在可以把他们用于我们的目的，【d】同时注意他们由于执拗而在其他方面的抱怨。在那以后，你就会听到我把什么当作真正的快乐，这样的话，通过对这两种对立观点的考察，我们可以就快乐的力量得出我们的结论。

　　普　你的建议很好。

　　苏　那么就让我们追随这些同盟军的前进路线，看他们执拗的脚印会把我们引向何方。我想他们会使用这种理性的方法，从某些基本原则开始：【e】如果我们想要知道任何性质的本性，比如坚硬，要是我们观察最坚硬的事物，而不是观察那些不那么坚硬的事物，我们就能得到较好的理解，不是吗？嗯，这是你的任务，普罗塔库，回答这些执拗的人，就像回答我的问题一样。

普　我很乐意，我对他们的回答是这样的，我会观察头等的坚硬。

苏　但是，如果我们想要研究快乐的形式，看它具有什么样的本性，【45】那么我们不应当观察那些低层次的快乐，而应当观察那些据说最强大、最强烈的快乐。

普　每个人都会同意你现在的观点。

苏　嗯，与身体相关的快乐是最直接、最强烈的吗，如我们常说？

普　无疑。

苏　人们患病时的快乐显然比他们健康时更加强烈吗？在这里我们要小心，不要在匆忙之中绊倒。【b】也许我们会倾向于说健康人的快乐更加强烈？

普　很可能会这样。

苏　但是关于这一点怎么样？在那些压倒一切的快乐之前，总有最大的欲望在前行，不是吗？

普　这样说肯定是对的。

苏　发高烧或得了其他诸如此类疾病的人，不是更容易感到口渴或寒冷，以及其他通过身体产生的感觉吗？他们不是感到更大的缺乏，而在得到补充时感到更大的快乐吗？或者说我们要否认这是真的？

普　这似乎无法否认，如你所解释的那样。

苏　【c】很好。那么，要是我们宣称无论谁想要研究最大的快乐应当转向疾病，而不是转向健康，我们这样说合理吗？嗯，你要小心，不要把我的问题理解为生病的人是否比健康的人拥有更多的快乐；倒不如说，我关注的是快乐发生时的规模和强烈程度。我们的任务，如我们所说，是理解它的真正本性是什么，看那些察觉到快乐的人如何根本否认有快乐这样的事情。

普　【d】我对你的意思理解得相当好。

苏　你也可以做它的好向导了，普罗塔库。嗯，请你告诉我。你承认放荡的生活比有节制的生活快乐更大吗——我说的不是更多快乐，而是其力量和强烈程度过度的快乐？在你回答之前要仔细想一想。

普　我相当明白你在找什么，确实看到有巨大差别。有节制的人总是遵循"切勿过度"这句格言的指导，【e】并且服从它。而那些愚蠢和放荡的人则被过度的快乐所驱使，几近疯狂。

苏　好。事情如果是这样的话，那么这种情况显然会在灵魂和身体处于邪恶状态时出现，而最大的快乐和最大的痛苦并非这种状态的根源。

普　显然如此。

苏　所以我们现在必须从它们中间选取一些例子，来发现我们所说的最大的快乐有什么样的特点。

普　【46】我们必须这样做。

苏　嗯，现在来看一下与这些类型的疾病一道产生的快乐，看它们处于什么样的状况。

普　你指的是什么类型？

苏　那些令人相当讨厌的类型的快乐，我们的那些执拗的朋友极为痛恨它们。

普　什么种类的快乐？

苏　举例来说，抓痒，通过挠和抓一类的行为来止痒。当我们发现自己经历诸如此类的事情时，以上苍的名义，我们称之为什么？快乐还是痛苦？

普　这种事情确实是一种混合的经验，有坏的成分在内，苏格拉底。

苏　【b】我没有提出这个问题，用来暗指斐莱布。但是不把这些快乐和培育这些快乐的事情说清楚，我们很难就我们的问题提出任何解决方案。

普　那就让我们来谈谈整个这一群快乐。

苏　你指的是那些具有混合性质的快乐吗？

普　对。

苏　有一些混合物源于身体，受身体的限制；【c】还有一些混合物可在灵魂中发现，受限于灵魂。但是我们也发现快乐与痛苦的混合物与灵魂和身体都有关，在有些时候这二者的结合被称作快乐，在有些时候它被称作痛苦。

普　怎么会这样呢？

苏　当某个人在经历复原或毁灭的时候，他会同时体验到两种对立的状态。他可以在冰冷的时候感到热，或者在酷热中感到冷。我假定，然后他想要获得一种状态而消除另一种状态。【d】但若这种所谓的又苦又甜的条件难以动摇，它首先会引起不适，然后会发展到非常激烈的地步。

普　你的描述很准确。

苏　嗯，这些混合物有些包含着等量的快乐与痛苦，有些则是快乐或痛苦占优势，不是这样吗？

普　对。

苏　以我们刚才提到过的挠痒为例，这是痛苦占上风的事。嗯，如果这种刺激或炎症来自体内，再怎么抓你也抓不着，【e】只能触及皮肤，那么挠痒只是一种表面的缓解。如果把身体感染的部位放在火上烤——那么它们会从一个极端走向另一个极端——有时候会引发巨大的快乐。但有的时候这样做会把这种内在对立的状态导向外部，产生痛苦与快乐的混合，无法达到平衡，因为这种治疗用外力分离了混合或混杂在一起的东西，【47】所以痛苦又伴随着快乐产生。

普　必定如此。

苏　另一方面，当这类事发生，快乐在混杂的经验中占主导地位时，尽管抓和挠一类的行为会引起一点小小的痛苦，但能带来巨大的、强烈得多的快乐，使你激动，使你无法停止，它会产生各种各样的反应，改变你的态度，改变你的呼吸，使你竭尽全力去做，使你精神错乱，像疯子那样狂呼乱叫。

普　【b】确实如此。

苏　还有，我的朋友，这种状况会使人们说自己快乐得要死，我还要添上这样一些话，那些愚蠢、放荡的人会更加全心全意地追求这种快乐，称之为最大的快乐，并认为这是他们生活中最大的幸福。

普　苏格拉底，你的叙述已经把大部分人的想法准确地说了出来。

苏　【c】是的，普罗塔库，到此为止我们说的这些快乐只涉及相互影响着的身体表面和内部。但在有些情况下，灵魂的表现与身体相反，或者是作为与身体的快乐相反的痛苦，或者是作为与身体的痛苦相反的快乐，二者结合在一起成为一个复合体。我们前面的讨论表明，在这种时候我们处于缺乏状态，拥有补充的欲望，我们由于期待补充而感到高兴，由于处于缺乏的过程之中而感到痛苦，但有一件事我们还没有说，【d】我们现在可以断定有无数的例子表明灵魂处于和身体不一致的状态之中，其最终结果就是一种痛苦与快乐的混合。

普　你的说法对不对，我有点怀疑。

苏　还有一类痛苦与快乐的混合，我们留下来没说。

普　告诉我是哪一类。

苏　这一类混合很普遍，它是灵魂自身中的情感的产物，如我们前述。

普　我们是怎么说的？

苏　【e】愤怒、恐惧、期盼、悲哀、热爱、好胜、心怀恶意，等等；你不会把这些情感划入灵魂自身的痛苦这一类吗？

普　我肯定会的。

苏　我们难道看不出它们也充满神奇的快乐吗？我们需要用这些著名的诗句来提醒自己愤怒的特点吗，"愤怒使聪明人陷入暴戾，但它比蜂蜜还甘甜。"①与此相仿，在悲哀和期盼中，快乐不是也和痛苦混合在一起吗？

普　不需要进一步提醒了，在所有情况下，事情都像你说的这样。

苏　【48】同样的事情也发生在那些看悲剧的人身上，既欣喜又流

---

① 荷马：《伊利亚特》18：108—109。

泪，如果你还记得。

普　我怎么会忘记呢？

苏　现在，注意看喜剧时的心灵状态。你不明白其中也有一种痛苦与快乐的混合吗？

普　我还不太看得出来。

苏　【b】在这种情况下要看出来确实不太容易。

普　对我来说肯定不容易！

苏　由于这件事情很模糊，让我们更加小心。这样做有助于我们较为容易理解痛苦与快乐在其他事例中的混合。

普　请你告诉我。

苏　由于我们刚才提到过心怀恶意这个词：你把心怀恶意当作灵魂的痛苦，还是当作什么？

普　我把它当作灵魂的痛苦。

苏　另一方面，心怀恶意的人会因他邻居的不幸而感到快乐吗？

普　【c】无疑如此。

苏　嗯，无知是一种恶，我们所说的愚蠢也是一种恶吗？

普　当然是。

苏　从中你能对可笑者的性质得出什么结论？

普　你告诉我吧。

苏　总的说来，它是一种恶，其名字源于某种特殊的性情；在所有邪恶中，这种恶的意思正好与德尔斐神庙的那句著名的铭文相反。

普　你指的是"认识你自己"吗，苏格拉底？

苏　【d】是的。它的意思显然与这句话相反，就是"不认识自己"。

普　是这样的。

苏　继续，把这种性情分成三部分，普罗塔库。

普　你这是什么意思？我担心我不知道怎么分。

苏　你这么说是要由我来作这种划分吗？

普　我确实是这么说的，另外，我请求你这样做。

苏　不是必然有三种方式人有可能不认识自己吗？

普　这些方式是什么？

苏　【e】第一种方式和钱有关，要是有人以为自己比他的实际情况还要富有。

普　有许多人确实是这样的。

苏　甚至还有更多的人以为自己比他们的实际情况更高大、更英俊，相信自己拥有其他诸如此类的身体方面的优势。

普　确实如此。

苏　以第三种方式不认识自己的人比比皆是，在灵魂方面，亦即德性方面，相信自己德性卓越，而其实并非如此。

普　确实是这样的。

苏　【49】还有，在德性方面，尤其是关于智慧，许多人声称自己拥有冒充的知识，不断地争吵，虚假地冒领吗？

普　无可否认，是这样的。

苏　因此，把所有诸如此类的状况称作恶是相当合理的。

普　相当合理。

苏　如果我们想要发现这种喜剧般的心怀恶意是一种什么样的快乐与痛苦的奇异混合，我们必须继续对无知进行划分，普罗塔库。你会建议我们如何进一步对它进行划分？【b】所有对他们自己拥有错误看法的人，不是毫无例外，必定会与力量或权力结合在一起吗，或者正好相反，不与力量或权力结合在一起？

普　必定如此。

苏　那就以此为划分的要点。那些弱小而又虚张声势的人受到耻笑时没有能力进行报复，你可以正确地称之为"可笑的"；而那些有能力进行报复的人你最好恰当地称之为"可怕的"或"可恨的"。【c】强者的无知是可怕的和可恨的，因为它会给周围的人带来灾难，即使在戏台上也是这样，但弱者的无知是可笑的，事实上亦如此。

普　你的划分是对的，但我对这些事例中的快乐与痛苦的混合还是不太清楚。

苏　那就先来看心怀恶意的性质。

普　请解释。

苏　【d】它包含一种不公正的痛苦和快乐。

普　必然如此。

苏　嗯，如果你对你的敌人遭到不幸感到高兴，这里面有什么不公正或心怀恶意吗？

普　怎么会呢？

苏　看到你的朋友遭遇不幸而感到高兴，而不是感到痛苦，这是公正的吗？

普　显然是不公正的。

苏　我们刚才同意无知对每个人来说都是一种恶吗？

普　对。

苏　【e】现在让我们对我们说的这种朋友的无知作三重划分，冒充的智慧、冒充的美貌，以及我们刚才提到的其他类别，如果它是弱小的，那么它是可笑的，如果它是强大的，那么它是可恨的。嗯，我们现在打算确认我们刚才说的我们的朋友的状况吗，如果它对其他人无害，那么它是可笑的吗？

普　非常可笑。

苏　那么我们不同意无知是一种恶吗？

普　我们肯定同意。

苏　但若我们嘲笑它，我们是快乐的还是痛苦的？

普　【50】我们显然是快乐的。

苏　但是这种快乐在朋友的不幸面前，不就是我们说的心怀恶意的产物吗？

普　必定如此。

苏　我们的论证导向这个结论，如果我们嘲笑我们朋友的那些可笑的事情，把快乐与心怀恶意混杂在一起，由此我们的快乐混杂着痛苦。因为我们前面同意过，心怀恶意是灵魂的痛苦，嘲笑是一种快乐，在这些情况下二者一起出现了。

普　对。

苏　【b】那么，我们的讨论得出的这个要点是：痛苦与快乐在悲伤中混合在一起，不仅在戏台上，而且也在整个人生的悲剧和喜剧中，以及在其他无数场合。

普　不同意这种看法是不可能的，哪怕是站在相反立场上的最坚定的辩护者，苏格拉底。

苏　嗯，我们有了一个清单，包括愤怒、期待、【c】悲哀、恐惧、心怀恶意，等等，我们说在所有这些事例中都可以察觉我们已经重复多遍的这种混合，对吗？

普　对。

苏　所以，我们明白我们的整个解释也可运用于期待、心怀恶意和愤怒的吗？

普　我们怎么能不明白？

苏　其他许多事例也能用它来解释吗？

普　许多。

苏　嗯，我向你指出快乐与痛苦在喜剧中的混合，你对我这样做的目的到底是怎么想的？不就是为了给你提供一个根据，【d】使你比较容易相信在恐惧和热爱，以及其他事情也有这样的混合吗？我希望，一旦你接受了这一点，你就会把我从其余冗长的讨论中解放出来——一旦掌握了要点，那么就可以明白其他可能的存在，无灵魂的身体、无身体的灵魂、灵魂和身体共有的情感，也都包含着快乐与痛苦的混合。

嗯，告诉我，你会让我现在走呢，还是让我们一直待到下半夜？我希望，我再表达一些看法能使你们今天就饶了我。【e】我很乐意明天再来充分解释其余的问题，而现在我想要推进一下剩余的几个要点，它们是斐莱布要求我们做决定的。

普　讲得好，苏格拉底。就按你的想法讨论剩下的问题吧。

苏　在讨论了混合的快乐以后，我们要转向不混合的快乐，这样做是必须的，非常自然。

普　【51】说得好。

苏　我现在试着轮流解释它们。尽管我并非真的同意那些人的观点，他们认为所有快乐都只不过是痛苦的消除，但无论如何，我还是把它们当作证据来用，如我前述，来证明有某些种类的事物只是显得像是快乐，而实际上并非快乐，进一步说，还有其他数量庞大种类繁多的快乐，实际上与痛苦混杂在一起，或者说是身体和灵魂所遭受的严重痛苦的缓解。

普 【b】但是，苏格拉底，哪些种类的快乐可以正确地当作真快乐呢？

苏 那些与所谓纯粹的颜色、形状、大多数气味、声音相关的快乐是真快乐，还有一般说来不可感、无痛苦的缺乏，它们的满足是可感的，令人愉快的。

普 不过，真的，苏格拉底，你到底在说什么？

苏 我在说的也许不那么清楚和直截了当，【c】但我会试着澄清我的意思。我说的形状的美不是大多数人所以为的生灵之美或图画之美。我指的是，这个论证所需要的，倒不如说是直线和圆，以及用木匠的尺、规、矩来制作的平面图形和立体图形。我认为这样的事物不具有那种相对意义上的美，像其他事物那样，而是凭其本性具有永久的美。它们提供的快乐是它们自身特有的，与搔痒所产生的快乐完全不可比！【d】相比而言，颜色也是美的，能输出它们自己的那种快乐。我们现在理解得好些了吗，或者说你感到怎么样？

普 我真的是在试图理解你的意思，苏格拉底，不过，你能设法说得更清楚一些吗？

苏 我在说的是，那些柔和清晰的声音可以产生纯粹的音调，与其他任何事物相连，它们是不美的，但就其自身而言，在其自身中，它们有自己的快乐相伴，这些快乐是其自身固有的。

普 确实是这么回事。

苏 【e】与气味相连的快乐不那么崇高。但由于它们并不一定与痛苦混合在一起，以任何形式，或者我们不管以什么方式接触到它们，由于这个原因，我把这些快乐当作其他种类的快乐的对应物。所以，要是你抓住了我的要点，我们就可以来处理这两种快乐，这是我们正在寻找的。

普　我确实抓住你的要点了。

苏　【52】然而，要是我们确实同意没有与快乐相连的如饥似渴的学习者这种事，在如饥似渴的学习者那里也没有任何痛苦的源泉，那就让我们这些快乐之上再加上学习的快乐。

普　在这一点上，我同意你的观点。

苏　嗯，好吧，要是在补充了知识以后，人们由于遗忘而再一次失去知识，你注意到有任何种类的痛苦吗？

普　没有什么东西可以说是凭本性固有的，但若我们需要对这种损失进行反思，【b】我们会体验到这种损失的痛苦。

苏　但是，我亲爱的，我们在这里只涉及自然的感受本身，与对它们的反思无关。

普　那么你说得对，丧失知识不会引起我们的痛苦。

苏　所以我们可以说学习的快乐不与痛苦混杂，这种快乐不属于大众，只属于极少数人。

普　我怎能不同意你的观点？

苏　【c】我们现在已经恰当地区分了纯粹的快乐和那些可以公正地称为不纯粹的快乐，让我们给那些强烈快乐的不节制属性添上我们的解释，与此相反，那些不强烈的快乐则有节制的属性。也就是说，我们要把那些表现得极为强烈的快乐归入无限者这一类，无论这种情况经常发生，还是十分罕见，这样的快乐或多或少影响着身体和灵魂。【d】而其他类型的快乐我们可以归诸有限度的事物。

普　你说得很对，苏格拉底。

苏　但是我们也还不得不考察和它们有关的下一个问题。

普　什么问题？

苏　它们与真相的关系问题。哪一种说法更接近它们的真相：纯粹的、清晰的、充分的，或者是强烈的、多重的、庞大的？

普　你问这个问题的目的是什么，苏格拉底？

苏　【e】在我们对快乐和知识的考察中，我不想省略任何东西。我想问的是，如果它们中有一部分是纯粹的，而其他部分是不纯粹的，那么我们就能考察它们的纯粹形式，这样一来对你、我，以及所有在场的人就比较容易进行这种尝试了。

普　你说得很对。

苏　那就让我们继续考察，看所有这些东西是否属于展示下列性质的纯粹的种类。不过，让我们首先在它们中间挑选一样东西来研究。

普　我们挑选什么好呢？

苏　【53】如果你不反对，让我们首先选择白。

普　我没问题。

苏　我们如何才能得到纯粹的白？白是什么？是数量尽可能大的白的事物，还是极少混杂其他颜色的白的事物，在其构成中没有或几乎没有其他颜色？

普　显然应当是最完全、最清晰的白的颜色。

苏　对。但我们不也应当同意，这是一切白的事物中最真实、最美好的，【b】而不是数量和性质上最大的吗？

普　当然。

苏　所以，如果我们说纯粹的白的一小部分比数量庞大的不纯粹的白更白，同时更美、更真，这样说不也完全合理吗？

普　完全合理。

苏　嗯，好吧，我们不需要通过大量的例子来证明我们对快乐的解释是合理的，而是仅用这个例子就足以证明，【c】每一微小的、无足轻重的、不和痛苦混杂的快乐比庞大的、不纯粹的快乐更快乐、更真实、更美好。

普　这一点不容置疑，这个例子就够了。

苏　下面这个要点怎么样？不是有人告诉我们，快乐总是处于变化过程中，没有什么快乐是稳定的？某些思维精巧的思想家试图把这种学说告诉我们，为此我们要向他们表示感谢。

普　你这样说是什么意思？

苏　我确实会努力为你解释的，我的朋友普罗塔库，【d】通过重新提问。

　　普　你尽管问好了。

　　苏　假定有两类事物，一类是自足的，另一类需要其他事物。

　　普　你这是什么意思？哪些种类的事物？

　　苏　一类事物凭其本性拥有至高的尊严，另一类事物居于其下。

　　普　请你说的更清楚一些。

　　苏　我们肯定碰到过一些英俊、高贵的年轻人，和他们那些勇敢的情人在一起。

　　普　当然。

　　苏　【e】嗯，你试着想一想，看有没有另外一对事物具有我们刚才提到过的所有相关的特点。

　　普　我不得不第三次提出我的要求吗？请你说得更加清楚些，苏格拉底！

　　苏　这其实一点儿也不深奥，普罗塔库；只是我们讲话的方式有点滑稽。我的真实意思是，一切事物要么以其他某些事物为目的，要么是在每一情况下，它就是其他种类事物的目的。

　　普　我终于有点明白了，谢谢你的重复。

　　苏　【54】也许吧，我的孩子，随着论证的展开，我们会理解得比较好。

　　普　无疑如此。

　　苏　所以，让我们来掌握另外一个对子。

　　普　它是什么种类的？

　　苏　一方面是一切事物的生成，另一方面是它们的存在。

　　普　我接受你的这个对子：存在与生成。

　　苏　很好。嗯，在这个对子中你认为哪一方是另一方的目的？我们要说生成以存在为目的，还是存在以生成为目的？

　　普　被你称作存在的东西是否就是所谓生成的目的，这是你想知道的吗？

　　苏　显然如此。

普 【b】天哪，你向我提出了一个什么问题！你倒不如说："告诉我，普罗塔库，造船以船为目的，还是船以造船为目的"，或者说出这样的话来。

苏 这确实是我的意思，普罗塔库。

普 那你为什么不自己来回答这个问题，苏格拉底？

苏 没有其他原因，只是想要你参与论证。

普 我当然会参与。

苏 【c】我认为，所有材料，以及所有工具，总的说来，一切物体总是某些生成过程的目的。我进一步认为，每个生成过程的发生总是以某些具体存在物为目的，所有生成的发生加在一起，以整个存在为目的。

普 没有比这更清楚的东西了。

苏 嗯，快乐，由于它是一个生成过程，必定要以某个存在者为目的。

普 当然。

苏 但是，作为生成的目的的事物必定要在每个具体事例中生成，应当被归入自身为善的事物，而以其他事物为目的的生成属于另一类别，我的朋友。

普 无可否认。

苏 【d】但若快乐真的是生成过程，如果我们把它归入与善者这个类别不同的类别，我们这样做对吗？

普 这也是无可否认的。

苏 所以，如我在这个论证开始时所说，我们应当感谢那个把这个观点告诉我们的人，快乐总是处于生成之中，而非某种存在。他显然会嘲笑那些宣称快乐是善的人。

普 确实。

苏 不过，这同一个人也会嘲笑那些在生成过程中寻求满足的人。

普 【e】怎么会这样，你指的是哪一类人？

苏 我指的是这样一些人，他们在生成过程中治疗它们的饥饿、口渴，或其他麻烦。他们把生成中的兴奋当作快乐，还宣称他们不想过一种没有饥渴，没有与此相似经历的生活。

普　【55】你的描述确实适合他们。

苏　那么好，我们全都要承认毁灭是生成的对立面吗？

普　必然如此。

苏　所以，无论谁作出这种选择，都会选择生成和毁灭来指称那种既不快乐又不痛苦的第三种生活，但这种生活是一种极为纯粹的思想活动。

普　所以，在这里好像会出现一个巨大的谬论，苏格拉底，要是我们把快乐当作善。

苏　确实是一个谬论，尤其是，如果我们继续以这种方式来看。

普　什么方式？

苏　【b】这一点怎能不荒唐：除了在灵魂中，在身体中或其他任何地方不会有任何东西是好的或高尚的，而在灵魂中，快乐是唯一的善物，所以勇敢、节制、理性，或其他任何属于灵魂的善物既不是善的，又不是高贵的？此外，我们不得不把那个没有经历快乐而经历了痛苦的人称作恶的，当他处于痛苦之中时，哪怕他是所有人中最优秀的。与此相反，我们也不得不说，无论哪个快乐的人，【c】他感受到的快乐越大，他的美德就更杰出！

普　所有这些想法都是很荒唐的，苏格拉底。

苏　那么好，让我们不要再对快乐进行各种详尽的考察，而对理性和知识却一带而过。倒不如，让我们勇敢地对它们进行全面地敲打，看它们在什么地方是否有什么错误。这样的话，我们就能了解它们的纯粹本性是什么。明白了这一点，我们就可以使用它们最真实的部分，以及快乐的最纯粹的部分，一道作出我们的决断。

普　这样做相当公平。

苏　【d】在这些与知识有关的科目中，一部分是生产性的，其他部分则涉及教育和教养吗？

普　是这样的。

苏 首先，让我们来看，在那些手工技艺中是否有一些与知识本身的关系比较密切，有些则不那么密切；其次，我们是否应当把有些当作相当纯粹的，有些当作不那么纯粹的。

普 我们应当这样做。

苏 那就让我们在它们中间梳理出主导性的科目。

普 哪些科目，我们该怎么办？

苏 【e】如果某人要从技艺和手艺中去掉计算、度量和称重，那么剩余的东西可以说是无足轻重的。

普 毫无价值，确实如此！

苏 因为这样做了以后，剩下的就全都是一些猜测和通过经验与常规对我们的感官进行训练。我们不得不依赖我们幸运的猜测能力对这些许多人称之为技艺的东西进行猜测，通过实践和艰苦的工作，它能达到精通的地步。

普 【56】无可否认，是这样的。

苏 这一点是清楚的，让我们以音乐为例。不按照尺度来调整和声，而是用缺乏训练的手指头拨弦，更一般的音乐则试图通过观察颤抖的琴弦来发现尺度。所以，其中有大量不准确的混合，极不可靠。

普 你说得非常对。

苏 【b】在医疗、农业、航海、军事中不也会发现同样的情况吗？

普 确实如此。

苏 至于建造术，我相信这门技艺的优越性高于其他技艺，因为它频繁使用度量和工具，从而使它具有高度的精确性。

普 在什么方面？

苏 在造船和造房子中，但也在其他许多木作技艺中。【c】因为它要使用直尺和圆规，以及砌石工的丈量杆和线，还有被称作木工三角板的小工具。

普 你说得很对，苏格拉底。

苏 所以，让我们把所谓的技艺分成两部分：一部分像音乐，在实践中不那么精确；一部分像建造，精确性较高。

普　同意。

苏　让我们把刚才称作最基本的技艺当作最精确的。

普　我想你指的是算术的技艺和你在它之后提到的其他科目。

苏　【d】确实如此。但是你难道不认为，我们不得不承认它们也分成两类吗，普罗塔库？

普　你指的是哪两类？

苏　我们难道不是必须承认，首先，许多人的算术是一回事，哲学家的算术是另外一回事吗？

普　那么该如何区分这两类算术呢？

苏　这里面的区别决不是微小的，普罗塔库。首先，有些人计算不同单位的事物的总量，比如两支军队、【e】两群牛，而无论它们是微小的还是巨大的。然而，有其他人不会以他们为榜样，除非它能保证这些无限多样的单位相互之间没有什么差别。

普　你很好地解释了这些关心数的人有什么显著的差别，由此可以作为一个理由来说明有两类不同的算术。

苏　【57】嗯，好吧，建造者或商人使用的计算和度量怎么样，哲学家使用的计算怎么样，我们要说有一类计算，还是两类计算？

普　根据我们前面已经说过的话，我应当赞同有两类计算这种选择。

苏　对。但你明白我们为什么要在这里提出这个问题来吗？

普　可能，但若你能自己来回答这个问题，我会感激不尽。

苏　我们讨论的目的现在似乎是，如我们刚开始讨论时那样，寻找一个可与我们提出来的有关快乐的观点相类似的问题。【b】所以，我们现在要考察不同种类的知识在纯粹性方面的差别是否与不同种类的快乐在纯粹性方面的差别是一样的。

普　这显然就是我们当前提出这个问题的目的。

苏　但是下一步是什么？我们难道看不出处理不同的事物需要不同的技艺，这些技艺有不同程度的确定性吗？

普　是的，我们看出来了。

苏　那么，这是可疑的，一门技艺是否拥有一个名称，并且一般被当作一门技艺来处理，而非当作两门技艺来处理，取决于确定性和纯粹性方面的差别。【c】如果事情是这样的，我们还必须问，这门技艺在哲学家手中是否比这门技艺在非哲学家手中更精确？

普　这确实就是问题所在。

苏　所以，我们对这个问题该如何回答呢，普罗塔库？

普　苏格拉底，就精确性而言，我们已经发现科学之间有着惊人的差异。

苏　这个发现有助于我们回答这个问题吗？

普　显然有帮助。可以说，这些科学比其他科学要优越得多，【d】但那些渗透着真正哲学家精神的科学由于使用尺度和数量而在精确性和真实性方面更是无比优越。

苏　相信你，让我们来解决这种学说，我们将充满自信地回答那些强大的语词陷阱的制造者①。

普　我们要对他们作出什么样的回答？

苏　有两种算术、两种几何，还有许多两种其他科学，它们同样具有两重性质而共享一个名称。

普　【e】让我们抱着最好的愿望，对那些强大的人作出回答，苏格拉底，你是这么叫他们的。

苏　我们要坚持认为这些种类的科学是最精确的吗？

普　当然。

苏　但是，辩证法的力量会呵斥我们，如果我们把其他科学置于辩证法之前，普罗塔库。

普　【58】我们指的又是什么科学呢？

苏　每个人都清楚我现在指的是什么科学！我认为，任何人只要享有一点儿理性，就会用各种最真实的知识来考虑存在者、真实存在的事物、以各种方式保持自身同一的永存的事物。不过，你的立场是什么？

---

①　参阅本篇 15a—16a，16c 以下。

你对这个问题如何决断，普罗塔库？

普　在许多场合，苏格拉底，我听高尔吉亚①坚持说，说服的技艺远远优于其他一切技艺，【b】因为这门技艺统治其他所有技艺，依靠它们自身的赞同，而非依靠暴力，由此这门技艺也就成为最优秀的技艺。嗯，我现在犹豫不决，不知是否要采取一种反对他或反对你的立场。

苏　我怀疑，你起初想说的是"拿起武器"，但后来又窘迫地没说出口。②

普　只要你喜欢，你爱怎么说就怎么说。

苏　我要对你的误解加以指责吗？

普　哪方面的误解？

苏　我亲爱的朋友普罗塔库，我在这里想要发现的不是哪一种技艺或科学凭着它的宏伟、【c】高尚，或者凭着它对我们有用，而超过其他所有技艺或科学。倒不如说，我们在这里关心的是发现哪一种技艺或科学旨在清晰、准确、最大程度的真实，哪怕它是一门很小的学问，对我们用处也不大。请你这样看：只要你让高尔吉亚的技艺获胜，让它为人类生活起到实际作用，你就可以避免给高尔吉亚制造一个敌人了。

至于我现在谈论的这门学问，我在前面说过的那个关于白的事例也可以适用：哪怕数量很小，【d】它也能在纯粹和真实方面优于数量极大，但却不纯粹、不真实的学问。我们一定要寻找这门科学，而不要涉及它的实际用途或它的声望，而要看它的本性是否是一种在我们的灵魂中热爱真理的能力，要为了它自身的缘故而去做一切事情。如果通过反思和充分的讨论为我们的技艺确认了这一点，那么我们可以说，它最像是拥有心灵和理性的纯洁。否则的话，我们就只好去寻找一种更高的知识，而不是这种知识。

普　【e】好吧，我已经想过了，我同意，要发现另外一种更加接近

---

① 高尔吉亚（Γοργίας），希腊著名智者，《高尔吉亚篇》对话人。

② 普罗塔库前面刚说过智者的技艺依靠说服，不依靠武力，所以苏格拉底说他窘迫地没说出口。

真理的技艺或科学是困难的。

苏 在作出这种回答的时候,你明白大多数技艺或科学,以及那些从事技艺或科学的人,【59】首先只和意见打交道,并且使这些意见成为他们研究的中心吗?哪怕他们认为自己是在研究自然,你必须明白他们耗费毕生精力研究的只是这个世界的秩序、它如何生成、它如何受影响、它如何运作吗?这是不是我们的立场?

普 是这样的。

苏 所以这样的一个人假定他要承担的任务不是处理那些永恒的事物,而是处理那些正在产生、将要产生,或已经产生的事物。

普 无可否认。

苏 那么,如果这些事物过去从来不曾拥有、将来不会拥有、现在也不拥有任何种类的同一性,【b】我们怎能对它下任何确定的判断呢?

普 当然不能。

苏 那么,我们怎能抱着这样的希望,在这些自身不拥有任何确定性的对象中获得任何确定的东西呢?

普 我看不到有任何希望。

苏 那么对于这些事物,没有任何理性或知识能获得有关它们的最高真理!

普 至少,看起来不像。

苏 因此,我们必须把你和我,还有高尔吉亚和斐莱布,全都打发了,但是关于我们的考察,我们必须作出下列声明。

普 【c】什么声明?

苏 我们要么将在那些不混杂的、永远处于相同状态的事物之中发现确定性、纯洁性、真理,以及我们可以称之为整全性的东西,我们要么将会在那些与之尽可能接近的事物中发现它。其他一切事物都必须称作次要的、低劣的。

普 你说的非常正确。

苏 我们要用最高贵的名称来称呼这些最高尚的事物,这岂不是极为公正的要求吗?

普　只有这样才是公平的。

苏　【d】理性和知识不就是配得上最高荣耀的名称吗？

普　是的。

苏　所以，在最准确的含义和最恰当的用法上，它们是可用于真正实在的洞察。

普　确实如此。

苏　但是，这些名称就是我们开始下结论时我提出来的名称。

普　就是这些名称，苏格拉底。

苏　好。至于理智和快乐的混合，要是有人把我们的处境比作建造师，【e】有各种成分或材料用于我们的建造，这会是一个恰当的比较。

普　非常合适。

苏　所以，下面我们应当试着来处理混合物吗？

普　当然。

苏　但是，有些要点我们先重复和提醒一下我们自己，不是更好吗？

普　什么要点？

苏　我们以前提醒过我们自己的要点。有句箴言很适合用在这个地方，【60】好东西值得"一而再，再而三"地重复。

普　当然。

苏　好吧，苍天在上！我想，这就是我们已经说过的一般要点。

普　什么要点。

苏　斐莱布说，一切生灵以快乐为正确的目标，一切生灵都会努力追求这个目标，它同时又是一切生灵的善，所以善和快乐虽是两个名称，但实际上它们属于同一事物，它们是同一的。【b】与此相反，我苏格拉底认为它们不是同一事物，而是两样事物，正如它们是两样名称不同的事物，所以善者和快乐者有不同的本性，理智拥有的善物超过快乐。这些事情，和前面说的一样，不就是我们在讨论的问题吗，普罗塔库？

普　确实就是这些。

苏 还有一个要点我们也应当表示同意吗，和我们前面说的一样？

普 什么要点？

苏 善者的本性和其他一切事物的本性之间的差别不就在这个方面吗？

普 【c】在什么方面？

苏 任何以各种方式完整地永久拥有善的生灵，决不会需要其他任何事物，而是过着一种完全自足的生活。这样说对吗？

普 对。

苏 但是在我们的讨论中，我们不是试图对它们分别进行考察，给它们各自指定一种它自己的生活，所以快乐可以不与理智混杂，理智也不会混有任何一丝快乐吗？

普 我们是这么做的。

苏 【d】这两种生活在那个时候，对任何人，哪一种在我们看来是自足的？

普 它怎么能是自足的？

苏 如果说我们当时犯了某些错误，那么任何人现在都有重新表达他的看法，纠正错误。让他把记忆、理智、知识和真意见归为一类，问他自己若无这些东西，他能否得到或拥有他想要的任何东西。【e】尤其是，无论他是否想要快乐，无论他想要多少快乐，要多么强烈的快乐，或者说，若无真意见，若不能察觉他的感受，若无瞬间对其感受的记忆，他就不可能得到快乐。让他对理智进行同样的考察，看是否有人宁愿选择理智而不选择任何快乐，哪怕是稍纵即逝的快乐，除非他确实不想要任何无理智的快乐，而想要伴随某些理智的快乐。

普 这两方面的考察都不需要，苏格拉底，同样的问题没有必要经常提出。

苏 【61】所以快乐和理智这两样东西都不是完善的，不值得所有人选择，不是至善吗？

普 它们怎么能是呢？

苏 因此，我们必须对善进行准确地把握，或者至少要粗略地把握，这样的话，如前所述，我们就能知道该把亚军的奖励授予谁。

普　你说得对。

苏　至少，我们已经发现了一条通向善者的道路，是吗？

普　什么道路？

苏　是这样的，如果你正在找人，你首先要发现他住在什么地方。【b】这是发现他的一个重要步骤。

普　当然。

苏　与此同理。这个论证在我们讨论开始时给我们指出了道路，现在又在给我们指路，我们不应当在不混合的生活中寻找善者，而应当在混合的生活中寻找善者。

普　是这样的。

苏　在那些混合得很好的生活中寻找，比在那些混合得很糟的生活中寻找，更有希望找到吗？

普　希望要大得多。

苏　所以在我们进行混合的时候，让我们祈求众神的帮助，【c】普罗塔库，无论是狄奥尼修斯①、赫淮斯托斯②，或者其他神祇，他们掌管这样的混合。

普　务必如此。

苏　我们就好像站在泉眼旁的斟水人——快乐的泉眼，可与蜂蜜相比，理智的泉眼，它的泉水没有酒，喝了令人头脑清醒，有益健康——我们必须看如何能把二者完美地调和起来。

普　当然。

苏　【d】但是首先让我们来看这一点：要是我们把各种快乐和各种理智都混合在一起，结果会很好吗？

普　也许吧。

苏　这样做并非没有危险。嗯，如何进行一种比较安全的混合，我

---

① 狄奥尼修斯（Διονυσίῳς），希腊酒神。
② 赫淮斯托斯（Ἡφαίστος），希腊冶炼之神。

有一个主意。

普　请你告诉我们。

苏　我们刚才不是发现一种快乐会比另一种快乐更真实，一种技艺会比另一种技艺更精确吗？

普　确实。

苏　不同的科学之间也有差别，因为一种科学处理的对象是有生灭的，【e】另一种科学涉及的是没有生灭、永恒而又自我同一的事物。由于我们以真为我们的标准，后一种科学似乎更为真实。

普　肯定是这样的。

苏　如果我们从各种未混合的事物中取来最真实的部分，把它们混合在一起，这种混合不会给我们提供最符合我们期望的生活吗，或者说我们还需要那些不太真实的部分？

普　【62】在我看来，我们应当按照你说的去做。

苏　那么，让我们假定，有一个人懂得什么是正义本身，能够给出恰当的定义，他对其他所有存在的事物也都拥有同等的理解。

普　让这个假定成立。

苏　如果他懂得神圣的圆和球体本身，却不认识人造的球体和我们画的圆形，【b】甚至不知道造房子用的其他尺度和圆形，他能在科学中得心应手吗？

普　要是我们把自己完全局限在神圣知识的范围内，苏格拉底，我们会发现自己落入相当可笑的境地！

苏　你在说什么？我们同时应当把那些不准确的、不纯粹的科学，以及虚假的尺度和圆形，包括在内，并在混合中添加吗？

普　对，必定如此，要是我们中任何一个人想要找到他自己回家的路。

苏　【c】音乐怎么样：我们也应当在混合中混入某种我们前不久说过的那些依赖运气和模仿、缺乏纯洁性的成分吗？

普　在我看来这好像是必然的，要是我们设定的生活至少算得上某种生活。

苏　那么，你想要我像一个看门人那样，被众人推搡着把门打开，让各种各样的知识涌进来，让低劣者和纯洁者混合在一起吗？

普　【d】要是我们拥有最高种类的知识，我看不出，接受其他所有各种知识会带来什么害处。

苏　那么，我会让它们全都流进船里来，就像荷马诗意地说："河水从山上流入峡谷，混合在一起"①。

普　当然要这样做。

苏　让它们流吧！但是现在我们必须返回快乐的源泉。我们不再能实现我们最初的意愿，只让它们各自最真实的部分混合在一起。我们对各种知识的热爱使知识在与任何快乐混合之前就已经混合在一起了。

普　【e】你说得对。

苏　对我们来说，现在也是该对快乐作决断的时候了，我们是否应当接受所有快乐，或者我们是否应当在最初的时候只接受真实的快乐。

普　如果我们让真实的快乐先进来，那么会安全得多！

苏　那就让它们进来。但是，下一步该怎么办呢？要是有些快乐是必要的，我们也要像我们在其他事例中那样，不让它们混合吗？

普　我们没有理由不让它们混合进来，至少，要是它们真的是必要的话。

苏　【63】确定了这样做无伤大雅，甚至有益于我们终生追求所有技艺，所以我们现在可以对快乐作出同样的结论了。如果终生享有所有快乐有益无害，那么我们应当把所有快乐都混合在一起。

普　那么，对它们我们该怎么说，我们该怎么做？

苏　我们不应该向我们自己提出这个问题，普罗塔库，而应当向快乐本身提出，也应当向不同种类的知识提出，发现它们各自对以这种方式向它们提出的问题有什么感受。

普　【b】以什么方式？

---

① 荷马：《伊利亚特》4：452。

苏 "我的朋友，你们是否应当被称作'快乐'，或者其他名称①，你们是否宁可与其他各种知识生活在一起，或者宁可完全不和知识生活在一起？"——对这个问题，我想它们肯定会作出这样的回答。

普 什么样的回答？

苏 它们会说出这些已经说过的话："对一个部落来说，独居、孤立和分离既不可能，又无益处。【c】我们宁可与那些最优秀种类的知识共同生活，这种知识不仅理解一切事物，而且也尽可能理解我们。"

普 我们会对它们说："你们的回答好极了。"

苏 这样说很公正。但在那之后，我们不得不向理智和理性提出问题。"你们有什么和快乐联系的需要吗？"这是我们会对理性和知识说的话。它们会问："什么样的快乐？"

普 它们很像会这样说。

苏 【d】我们的讨论会这样延续下去。我们会问："除了那些真正的快乐，你们还需要和最强大、最强烈的快乐相联系吗？"它们会回答："我们为什么需要它们，苏格拉底？它们就像巨大的障碍在压迫我们，因为它们疯狂地影响着它们居于其中的灵魂，甚至完全阻碍我们自身的发展。再说，【e】它们完全摧毁了我们的产物，使我们变得健忘。至于你提到的真实的和纯粹的快乐，我们把它们当作我们的亲戚。除此之外，也还要添上那些与健康和节制相伴的快乐，以及所有那些与美德相关的快乐，这些快乐把美德当作它们的神，到处追随。但是，要建立理性和那些永远包含愚蠢和其他邪恶的快乐之间的联系，这对任何想要建立一种最优秀、最稳定的混合状态的人来说，都是完全不合理的。【64】如果他想要在这种混合中发现什么是人身上的善和宇宙中的善，并对差距本身的性质得到某些看法，那么这样说尤其是对的。"当理性为它自己，以及为记忆和真意见作出这种辩护的时候，我们难道不承认它说的很有理，与它自身标准是一致的吗？

普 确实如此。

---

① 参阅本篇11b。

苏　但是你来看，是否下面这样东西也是必要的，没有它，世上就没有任何事物可以产生？

普　【b】什么东西？

苏　我们在任何混合中要是不混入真实，那么就不会有任何事物产生，即使产生了它也不会继续存在。

普　它怎么能存在呢？

苏　确实不能。不过，要是说在我们的混合中现在还有什么缺失，那是你和斐莱布会说的话。而在我看来，我们的讨论已经抵达一个可以称作无形秩序的设计，它和谐地统治着被灵魂拥有的形体。

普　把我也算作一个具有这种看法的人吧，苏格拉底。

苏　【c】那么，我们也许可以或多或少正确地说，我们现在已经站在善的门槛上了，那里居住着善这个家族①的每一个成员，是吗？

普　至少，我是这么想的。

苏　在我们的混合中，我们应当把什么成分当作最有价值的，同时把它当作对全人类的生活最宝贵的因素？一旦我们发现了它，我们就要考察在本性上，作为一个整体，它与快乐还是与理性关系更加密切，更具有亲缘性。

普　【d】你说得对。这样做对于进一步接近我们的最终决断肯定很有用。

苏　但是要看到在各种混合中什么因素使混合最有价值，或者使混合毫无价值，肯定不难。

普　你这是什么意思？

苏　世上没有任何人会不知道它。

普　知道什么？

苏　任何不以某种方式拥有尺度或比例的混合，必定会使其成分和自身的大部分毁坏。【e】因为在这样的事例中没有真正的混合，而只是一大堆东西杂乱地堆放在一起，也就会发生各种各样的毁灭。

---

①　善的家族，参阅本篇61b。

普　非常正确。

苏　但是我们现在注意到，善的力量已经在它的盟友美的本性中找到避难所。尺度和比例在所有领域将其自身显现为美和美德。

普　不可否认。

苏　但是我们确实说过，真理也和它们一道被包含在我们的混合中。

普　确实如此。

苏　【65】那么，好吧，如果我们不能捕获单一形式的善，我们就不得不借助美、比例、真理三者的联合。让我们确认，把三者视为一个统一体是对的，它应当对混合负责，因为正是它的善使混合本身成为善的混合。

普　说的很好。

苏　现在任何人都应当能够在快乐和理智之间下判断，【b】看它们哪一个更接近至善，对众神和凡人更有价值。

普　尽管答案是明显的，但我们在讨论中还是要准确地说出来更好。

苏　那就让我们对这三样东西各自与快乐和理性的关系下判断。因为我们不得不弄清这三样东西与快乐和理性的关系，何者更为接近。

普　你指的是美、真理和尺度这三样东西吗？

苏　是的。首先来说真理，普罗塔库，你就拿着真理，来观察这三样东西：理性、真理、快乐。【c】然后，长时间考虑一下，再作出回答，你认为是快乐还是理性更接近真理。

普　有什么必要长时间考虑？我认为有巨大差别。因为，快乐是最大的骗子，按照一般的解释，要是快乐与爱情有关，那么爱情的快乐似乎就是最大的快乐，哪怕为了爱情作伪誓都能得到众神的宽恕。倒不如说，快乐也许就像儿童，完全缺乏理性。【d】而与此相反，理性要么和真理相同，要么和一切事物的真相等同，它是最像事物的，是最真实的。

苏　下面以同样方式来看一下尺度，看快乐是否比理智更有尺度，还是理智比快乐更有尺度。

普　我要再一次说，你赋予我的这个任务我有了充分的准备。我认为你不能发现任何比快乐和过分的喜乐更无尺度的事物，也不能发现任何比理性和知识更有尺度的事物。

苏　【e】说得好。不过，现在来看第三个标准。在我们的估量中，理性比快乐一族拥有更多的美，所以理性比快乐更美，或是正好相反？

普　噢，苏格拉底，无论是醒着还是在做梦，没有人会看到理智和理性是丑陋的；也没有人会有可能察觉到它们是变易的，或者正在变得丑陋，或者将要变得丑陋。

苏　对。

普　与此相反，讲到快乐，当我们看到任何人主动经历着快乐，【66】尤其是经历最强烈的快乐的人，我们注意到它们的效果是十分可笑的，如果不是极为丑陋；我们变的为自己感到羞耻，想要尽力掩盖或隐匿快乐，把这类事情留到黑夜再做，认为这种事不应当暴露在光天化日之下。

苏　所以，你要向全世界宣布，要么是派出使者，要么是直接对在场者说，快乐不是头等的财富，也不是第二等的财富，或者倒不如说，头等的财富要与尺度相连，它是有尺度的，有时间的，还有其他类似的性质。

普　至少就我们当前的讨论来看是这样的。

苏　【b】第二等的财富是比例适中的，是美丽的、完善的、自足的，还有其他类似的性质。

普　这样说好像是对的。

苏　如我所预见的那样，要是你把理性和理智列为第三等，那么你离开真理不算太远。

普　也许吧。

苏　不远，因为在这些第三等的事物的旁边，你放上那些第四等的事物，【c】我们把它们定为灵魂自身的性质，即科学与技艺，以及被我们称作真意见的东西，因为它们至少比快乐更加接近善。

普　也许是这样的。

苏　第五类就是那些被我们辨认和区分出来的无痛苦的快乐；我们称之为灵魂自身的纯粹的快乐，因为它们依附于知识，有些甚至依附于感知。

普　也许。

苏　"在有序歌声的第六次降调处可以发现它的终点"，如奥菲斯^①所说。所以，我们的讨论看起来也像唱歌一样，在确定第六个等级时走向终点。【d】现在，除了要对已经说过的话添上精彩的最后一笔，没有其他什么事要做了。

普　这是我们必须做的事。

苏　那么，来吧，"第三杯奠酒献给拯救者宙斯"，让我们第三次传唤相同的论证来做见证。

普　哪一个论证？

苏　斐莱布宣布，任何种类的每一个快乐都是善。

普　你的"第三杯奠酒"的意思好像是，如你刚才所说，我们不得不从头开始重复所有论证！

苏　【e】是的，但是也让我们听听下面的话。鉴于我们在这里已经提出来的种种考虑，为了摆脱斐莱布在许多场合多次宣称的立场所带来的灾难，我坚持认为，理性远比快乐优越，对人类生活更有价值。

普　这是对的。

苏　考虑到还有其他许多善，我说过，如果有某些东西比理性和快乐更好，那么我会站在理性这一边反对快乐，为理性争得亚军的桂冠，而快乐的亚军地位应当被剥夺。

普　【67】你确实说过这些话。

苏　后来事情变得非常清楚，拥有这两样事物中的某一样，都不能满足我们的需要。

普　非常正确。

————————

① 　奥菲斯（Ὀρφεύς），希腊神话传说中的诗人。

苏　在我们的讨论中，这个要点不也变得清楚了，理性和快乐都不能声称自己就是善本身，因为它们都缺乏自主性，缺乏自足的能力，缺乏自我完善的力量？

普　确实如此。

苏　然后，当优于它们的第三位竞争者露面的时候，事情变得很清楚，理性确实与胜利者有着更加亲密的联系，它的性质与胜利者的特点同缘。

普　无可否认。

苏　按照我们在讨论中所抵达的最后的决断，快乐不是变成处于第五的位置吗？

普　显然如此。

苏　【b】快乐不是第一位的，哪怕所有牛和马，以及其他各种动物都用它们对快乐的追随来提供见证。嗯，许多人接受了它们的证言，就好像占卜者依赖鸟类作出预言，断定快乐最能确保幸福的生活；他们甚至相信，以动物的情欲作为证言比论证更加权威，对论证的热爱在哲学缪斯的指引下在不断地显示它的力量。

普　我们现在全都同意你所说的是最为可能的，是最正确的，苏格拉底。

苏　所以，你们现在会让我走吗？

普　还有一点儿缺憾，苏格拉底。你肯定不会比我们更早放弃。不过，我以后会提醒你还有什么事剩下来没做。

蒂迈欧篇

提　要

　　本篇是柏拉图仅有的一篇专门讨论自然哲学的对话。古代很早就有思想家为这篇对话撰写注释。学者们大多同意本篇属于柏拉图的后期对话，写作时间可能略早于《法篇》。公元1世纪的塞拉绪罗在编定柏拉图作品篇目时，将本篇列为第八组四联剧的第二篇，称其性质是"自然学的"，称其主题是"论自然"。① 谈话篇幅较长，译成中文约5万8千字。

　　本篇对话人共有四位。苏格拉底在对话开始时进行引导，但没有表达更多的观点。克里底亚讲述了一则故事，追溯雅典的远古历史。天文学家蒂迈欧是本篇主要对话人，在对话中系统讲述了宇宙的生成及其结构，提出了一个庞大的自然哲学体系。学者们认为，《蒂迈欧篇》反映了柏拉图的自然哲学和神学思想，对后世西方思想的发展产生着广泛而又深刻的影响。

　　引言部分（17a—27b），对话人克里底亚应苏格拉底的要求，讲述"大西岛"的故事。故事说，雅典著名政治家梭伦去埃及游历，与一名老祭司交谈。老祭司说雅典人对古代历史像儿童一样无知。雅典人只知道最后一次大洪水之后的事情，而实际上早在大洪水之前，雅典人曾经领导全体希腊人战胜"大西岛人"的侵略。后来发生了地震和洪水，"大西岛"沉入海底，而雅典则在废墟中重建。

　　蒂迈欧的讲话内容可分为三个部分：

---

① 　参阅第欧根尼·拉尔修：《名哲言行录》3：60。

　　第一部分（27c—42e），造物主用理智创造宇宙、宇宙灵魂和众神。蒂迈欧指出，讨论宇宙的生成问题必须从下述区别开始：什么是永久存在而没有变易，什么是变易而决无存在？凡有生成的事物必定由某种原因的力量方才产生，若无原因，任何事物的生成都是不可能的。我们的这个宇宙有生成。因为它既是可见的，又有身体。因此，它是有生成的事物，是被造出来的事物。造物主创造出来的这个宇宙是唯一的。他首先创造了宇宙灵魂，让它成为宇宙身体的主人，统治它的下属。造物主按照数量、比例创造宇宙。一旦整个灵魂获得令神愉悦的形式，神就在它内部构造全部有身体的东西，并使二者匹配。灵魂与身体交织在一起，从宇宙中心朝着各个方向扩散，直抵宇宙边缘，又从宇宙的外缘包裹宇宙。造物主创造了太阳、月亮等神圣的天体，使时间和宇宙同时生成。造物主决定他创造的这个宇宙要包含四种生灵。这些种类有四种：第一种，神圣的族类，亦即天体和众神；第二种，有翅膀，在天上飞翔的鸟类；第三种，生活在水中的族类；第四种，有腿，在陆地上生活的族类。造物主创造了宇宙灵魂和众神，并把给其他灵魂种子配上身体的任务交给众神。

　　第二部分（42e—69a），众神创造有朽的万物。造物主休息以后，众神受造物主指派，向宇宙借取一部分火、土、水、气，创造了有生灭的万物。四种元素有其基本性质，有其生成转化的过程。存在者、空间和变易早在宇宙生成之前就已经有了。众神创造物就以三者为前提和基础来展开。任何物体都有体积，三角形可以说明各种物体的结构，立体几何可以说明各种物体的生成过程。物体因形态、组合、变化而形成多种多样的类别。物体的特性引发不同的感觉。各种感觉的产生均有具体原因。

　　第三部分（69a—92c），众神造人。众神首先创造了可朽的灵魂，这种灵魂会受到各种情感的影响。他们把可朽的灵魂安放在身体内。解释灵魂在什么范围内是可朽的、在什么范围内是神圣的、灵魂的各个部分位于身体何处、它们与哪些器官相连、为什么要分别放置它们。解释身体其他部分是怎样创造出来的，身体的构造，身体健康与疾病的原因，灵魂健康与疾病的原因。最后作简要的总结：我们的这个宇宙接受和滋养了各种各样可朽的和不可朽的生灵。它是一个可见的生灵，包含着众多可见的小生灵，它也是一位可见的神，是那位活生生的理智者的形象，它是宏伟的、良善的、美丽的、圆满和无与伦比的。我们的宇宙是有生成的，是唯一的。

正 文

谈话人：苏格拉底、蒂迈欧、赫谟克拉底、克里底亚

苏 【17】一，二，三……第四位在哪里，蒂迈欧①？你们四个人昨天是我的客人，今天我是你们的客人。

蒂 他碰上什么事情了，苏格拉底。他肯定不会故意错过我们的会面。

苏 好吧，你和你的同伴可以代替你们缺席的这位朋友吗？

蒂 【b】你说的很对。无论如何，我们会尽力而为，不让你失望。你昨天盛情款待了我们这些客人，要是我们三个不能很好地回报你，那是不对的。

苏 你们还记得我要你们谈论的那些议题吗？

蒂 我们有些还记得。要是有些我们不记得了，嗯，你可以提醒我们。当然了，更好的办法是，要是你不嫌麻烦，你能简要回顾一下全部议题吗？这样的话，这些议题就能更加牢固地记在我们心中。

苏 【c】很好。我昨天的主要议题是政治，我想，我的主要论点涉及城邦应当有什么样的政治结构，应当有什么样的人，从而使城邦有可能成为最好的。

蒂 是的，苏格拉底，你是这么做的，对你的描述，我们全都非常满意。

苏 我们不是一开始就把农夫阶层和城邦里的所有其他匠人，与代

---

① 蒂迈欧（Τίμαιος），人名，本篇和《克里底亚篇》对话人。

表城邦去打仗的那个阶层分开了吗？

蒂　是的。

苏　【d】然后我们依循本性，给每个人只指派一项工作，让他从事最适合的技艺。所以我们说，只有那些代表所有人去打仗的人应当成为城邦的卫士。要是某些外国人，或者某个城邦公民，反对城邦，给城邦找麻烦，【18】那么这些卫士可以温和地处理他们，因为他们是这些公民天然的朋友。我们说过，要是他们在战场上与敌人相遇，那么他们是凶狠的。

蒂　对，绝对如此。

苏　这是因为——我想我们说过这样的话——卫士的灵魂拥有这样的本性，既充满激情，又在最大程度上掌握哲学，从而使他们能够根据实际情况恰当地表现得温和与凶狠。

蒂　是的。

苏　他们的训练怎么样？我们不是说要对他们进行体育和文化训练，以及其他所有适合他们的知识领域的训练吗？

蒂　我们肯定说过。

苏　【b】对，我想，我们说过，那些接受了这种训练的人不会再把金银财宝或其他任何东西当作自己的私人财产。他们就像是职业家，从受他们保护的人那里取得报酬，维持他们有节制的生活方式。我们说过，他们应当共同分担他们的开支，居住在一起，相互陪伴，专注于践行美德，不再从事其他任何职业。

蒂　对，我们也说过这些话。

苏　【c】实际上，我们甚至还提到了妇女。我们说，应当使妇女的本性与男人的本性相对称，所有职业，无论是打仗还是生活的其他方面，都应当由男人和妇女共同承担。

蒂　我们也讨论过这个问题。

苏　我们也说过生孩子的事吧？我们不可能忘记这个议题，因为我们说的话非同寻常。我们决定，他们应当共同拥有配偶和子女，应当设计出一种制度来防止他们中的任何人认出他或她自己的孩子。【d】他们中的每个人都会相信，他们所有人组成了一个大家庭，每个人都把自己这个年龄段的人当作自己的兄弟姐妹，把比自己年长的人当作自己的父母和祖父母，把那些比自己年轻的人当作自己的子女和孙儿。

蒂　你说得对。这些话确实很难忘怀。

苏　我们肯定也还记得，不是吗，要使他们的本性从一开始就很卓越，统治者，无论男女，【e】应当秘密地用抽签的方法安排婚配，使优劣不同的男子分别与本性相应的女子结合？我们说过，这样做就不会引起争吵，因为他们会认为这种结合乃是出于机缘，是拈阄的结果，是吗？

蒂　是的，我们记得。

苏　【19】我们也还记得我们说优秀父母的子女应当加以培养，而拙劣父母所生的子女应当秘密地送往另一个城邦？这些儿童成长之际应当随时受到监视，凡有值得培养的就把他们再领回来，而把那些不值得培养的送出去替换，是吗？

蒂　我们是这么说过。

苏　所以，现在，蒂迈欧，我们昨天谈话时表达的看法都说过了吗——至少，就其中的主要观点——或者说我们有什么遗漏的地方？我们有什么重要观点还没说吗？

蒂　【b】没有了，苏格拉底。这些正是我们昨天所谈的。

苏　行，现在我想把我自己对我们所描述的这种政治结构的感觉告诉你们。我的感觉就像这样一个人的感觉，他凝视着美丽而又高贵的生灵，无论是画家画出来的，还是站在那里不动的活的生灵，这个时候他心中就产生一种愿望，想要看到它活动起来，甚至会在心里有某些挣扎或冲突，想要说明它们独特的身体属性。【c】我对我们已经描述过的城邦就有同样的感觉。我乐意听到有人能够发表一篇讲话，描述一下处在与其他城邦竞争之中的我们的城邦，看它如何为了那些城邦通常竞争的奖品而展开竞争。我乐意看到我们的城邦如何以它自己独特的方式参战，如何以相应的方式出征，如何逐一对付其他的城邦，一个接一个，这些方式都反映出它自身的教育和训练，既在言语方面，又在行动方面——也就是说，看它如何对待其他城邦，如何与其他城邦谈判。【d】关于这些事务，克里底亚①和赫谟克拉底②，我断定自己是相当无能的，不能适当地赞美我们的城邦和公民。我自己在这方面的无能一点儿也不值得惊讶。但是我对这些事情的看法与诗人们是相同的，我们古代的诗人，以及今天的诗人。一般说来，我对诗人并无不敬，但是每个人都知道模仿者最擅长的事情和模仿得最好的事物是那些他们曾经接受过训练进行模仿的东西。要在表演中进行体面的模仿，对他们中的任何一个人来说都是相当困难的，【e】更不必说要他们在叙述中进行模仿，这样做已经超出了他们训练的范围。还有，我总是在想，智者作为一个阶层擅长发表长篇大论，还做其他许多好事。但由于他们浪迹各个城邦，居无定所，所以我担心要他们再现那些哲学—政治家不可能成功。智者要再现那些领袖的所作所为必定不能成功，无论是在战场上与他们的敌人实际交战，还是与他们的敌人进行谈判。

所以，我们只好把你们这一类人撇开了。凭借天性和教养，你们同时从事哲学和政治。【20】以在这里的蒂迈欧为例。他来自罗克里③，这个意大利城邦处于卓越的法律统治之下。在财产和出身两方面，他的同胞无人能够超过他，他在他的城邦里担任过最重要的职务，拥有极大的荣耀。还有，据我的判断，他在整个哲学领域都有很深的造诣。至于克里底亚，在场的每一位雅典人都知道他在我们所谈论的这些领域都不是外行。还有赫谟克拉底，许多人提供的证词使我们相信，他的天性和教养使他完全有资格处理这些事务。【b】昨天，当你们想要我讨论政府问题的时候，我就已经明白了这些情况，所以我对你们的建议欣然照办。我知道，如果你们同意发表一篇后续的讲话，没人能比你们做得更好。除了你们，当今时代没有人能比你们更好地讲述我们的城邦从事的战

---

① 克里底亚（Κριτίας），本篇和《卡尔米德篇》《克里底亚篇》《厄里西亚篇》《普罗泰戈拉篇》对话人。

② 赫谟克拉底（Ἑρμοκράτης），人名，本篇和《克里底亚篇》对话人。

③ 罗克里（Λοκρούς），地名。

争，把它真正的性质反映出来。只有你们才能提供城邦的全部需要。你们已经作为一个小组思考了这件事，【c】你们已经同意今天回馈我一番宏论。你们的讲话就是对我的盛情款待和馈赠，所以我已经做好了充分准备，等待这一时刻的到来。没有人能比我更好地做了准备，接受你们的礼物。

赫 是的，确实如此，苏格拉底，你不会发现我们有缺乏热情的表现，如蒂迈欧所说的那样。我们也没有丝毫理由不按你说的去做。嗯，昨天，就在离开这里回到克里底亚府上的客房以后，也就是我们的下榻之处——不，甚至更早些，就在返回的路上——我们已经在考虑这件事情了。然后，克里底亚给我们讲了一个非常古老的故事。【d】现在，克里底亚，把这个故事告诉他，这样他就能帮我们来确定这故事是否有助于实现我们讨论的目的。

克 是的，如果我们的第三位合作者蒂迈欧也同意，我们确实会这样做。

蒂 我当然同意。

克 好吧，现在就让我来把这个故事告诉你，苏格拉底。这个故事非常怪诞，但即便如此，它的每一个词都是真的。这是因为七贤① 中最聪明的梭伦② 曾经为这个故事的真实性作了担保。【e】梭伦是我同族人，与我的曾祖父德洛庇达③ 是亲密朋友。梭伦在他的诗歌中多次提到过这一点。嗯，德洛庇达把这个故事告诉我的祖父克里底亚④，而他老人家又讲给我们听。故事说的是，我们的城邦在古时候完成过许多伟大而又神奇的业绩，但由于年代久远和人类遭受浩劫而湮灭无存。在所有业绩中，有一项业绩尤为重要。【21】我们现在就来讲述它，借此表达我们

---

① 柏拉图在《普罗泰戈拉篇》343a 处提到希腊七贤。他们是米利都的泰勒斯、米提利尼的庇塔库斯、普里耶涅的彼亚斯、雅典的梭伦、林杜斯的克莱俄布卢斯、泽恩的密松、斯巴达的喀隆。

② 梭伦（Σόλωνος），人名。

③ 德洛庇达（Δρωπίδος），人名。

④ 祖父与孙子同名。

对你的谢意。在这样做的时候，我们也可以向女神① 献上我们的颂辞，在她的节日庆典上奉上公正和真诚的赞扬。

苏　好极了！告诉我，由梭伦讲述、由老克里底亚告诉你的我们的城邦在古代创下的这桩业绩到底是什么？我从来没有听说过。他们说的是真的吗？

克　我会告诉你的。这是一个古老的故事，把故事讲给我听的人本人决不年轻。【b】事实上，老克里底亚在讲这个故事的时候已经快要九十岁了——所以他才这样说——而我当时才十岁左右。那一天是阿帕图利亚节② 的青年登记日。按照习俗，我们的父母举行诗歌朗诵比赛，而我们这些孩子也能参加宴会。大人们朗诵了好多不同诗人的许多作品，我们这些孩子也有许多人朗诵了梭伦的诗歌，因为这些诗歌在当时还是新颖的。嗯，我们部落的一位成员说，【c】他认为梭伦不仅是最聪明的人，而且他的诗歌表明他也是最高尚的诗人。这个人讲的也许是他的心里话，或者他这样说只是为了讨好老克里底亚。老人听了此话大为高兴，当时的情景我记得很清楚。他笑着说道："是的，阿密南德③，你说得对，假如梭伦也像别的诗人那样，把诗歌当作一生的职业，写完他从埃及带回来的故事，而不是由于回国以后陷入党争和其他许多麻烦事而被迫搁置这项工作，去处理其他事情，【d】那么他一定会像荷马、赫西俄德，或其他任何诗人一样出名。无论如何，我就是这么想的。""嗯，克里底亚，你说的是什么故事？"那个人问道。"这个故事讲的是雅典人有史以来最伟大的业绩"，克里底亚答道，"确实值得彪炳史册。但由于年代久远和建功立业者的逝去，这个故事没有能够流传下来。""请你从头开始讲给我们听"，那个人说，"梭伦听到的这个故事是怎么样的？他是怎么听来的？谁把这个故事告诉他的？"

---

① 此处的女神指雅典城邦保护神雅典娜。

② 阿帕图利亚节（Απατουρία），雅典人的一个节日，在朴安诺批司翁月举行，持续三天，在节期中雅典人把他们成年的儿子注册为公民。

③ 阿密南德（Ἀμύνανδεϱ），人名。

【e】"在埃及，"克里底亚开始说道，"三角洲地区的前端，在尼罗河分岔处，有一个地区叫作赛提克①。这个地区最重要的城市叫作赛斯。事实上，阿玛西斯②国王就是那里人。这座城市是由一位女神创建的，她的名字用埃及话来讲是奈斯③，按照当地人的说法，她就是希腊人的雅典娜。那里的人对雅典人很友好，宣称与我们有这样那样的关系。【22】梭伦说，他到达那里以后，受到高度尊敬。还有，他说，当他向当地的祭司请教、问谁最精通古代事务时，他发现自己以及其他希腊人在这方面可以说是一无所知。有一次，为了引导他们谈论古代的事情，他开始讲述我们自己的古代历史。他从福洛涅乌④——据说他是人类始祖——开始说起，也讲到尼俄柏⑤，然后他讲了大洪水以后幸存的丢卡利翁⑥和皮拉⑦的故事。【b】然后，他继续追溯他们后裔的谱系，试图计算年代，算出这些事情发生距今已有多少年。这个时候，有一位年迈的老祭司说，'啊，梭伦呀梭伦，你们希腊人都是儿童，你们中间一位老人都没有。'听了此话，梭伦当即问道，'什么？你这样说是什么意思？''说你们年轻，'老祭司答道，'是说你们的灵魂是年轻的，你们每个人的灵魂是年轻的。你们的灵魂没有从古老传统中沿袭下来的有关古代的观念。你们的灵魂没有任何由于年代久远而变得陈旧的知识。【c】之所以如此，其原因在于：过去和将来都有无数的灾难以各种方式毁灭人类。其中最重要的灾难与火和水有关，其他较小的原因则不胜枚

---

①　赛提克（Σαϊτικος），地区名。

②　阿玛西斯（Ἀμσις），人名。

③　奈斯（Νηίθ），神名。

④　福洛涅乌（Φορωνέως），希腊神话中的第一个人。

⑤　尼俄柏（Νιόβη），底比斯王后。

⑥　丢卡利翁（Δευκαλίων），希腊神话说宙斯被青铜时代的人类做的坏事所激怒，发洪水消灭人类，结果世上仅存丢卡利翁和皮拉。

⑦　皮拉（Πύρρας），丢卡利翁之妻。大洪水过后他们奉神祇之命，捡起地里的石头掷往身后，丢卡利翁投掷的石头变成男人，皮拉投掷的石头变成女人，由此重建人类。

举。所以，在你们的人中间也流传着这样的故事，太阳之子法厄同①驾着他父亲的神车出游，但不能按照他父亲所取的轨道行驶。结果，他烧坏了大地上的一切，自己也被霹雳打死。这个故事被人们当作神话在讲述，【d】但其背后的真相是环绕大地运转的天体会发生偏离，由此引发大火，大面积地摧毁大地上的事物。在这种时候，所有居住在山区和干燥地区的人比居住在河边或海滨的人更容易遭到毁灭。尼罗河使我们免受这种劫难，它是我们的救星，永远不会出错。另一方面，每当众神发洪水冲刷大地的时候，你们国家里居住在山区的牧人都得以幸存，而那些像你们一样住在城里的人却被山洪冲到大海里去了。【e】而在这块土地上，无论是当时还是在其他任何时候，从来不曾有过水从高处冲下田地的事。事情正好相反，在我们这里水总是从低处往高处涨。② 由于这个原因，在我们这里保存下来的东西乃是最古老的。事实上，无论在什么地方，只要没有极端严寒与酷暑的阻碍，就会有人存在，有时候多一些，有时候少一些。【23】无论什么事情发生在你们国家或我们国家，或者发生在我们所知道的任何地区，只要这些事件是高尚的、重大的、惊人的，都会被我们的前辈记载下来，保存在我们的神庙里。而你们和其他民族的人此时才刚刚开始拥有文字和其他一些文明生活所需要的东西，在经历了一段常规岁月以后，那从天而降的洪水又像瘟疫一般对你们进行扫荡，【b】剩下的只是一些不懂文字、缺乏教化的人，于是你们又全都变得像儿童一样幼稚，对古时候发生的事情一无所知，无论是在你们那里发生的还是在我们这里发生的。所以，梭伦啊，你刚才讲述的你们希腊人的谱系，顶多只能算作童话故事。首先，你只记得一次大洪水，可在此之前有过多次大洪水；其次，你也不知道在你们现在所居住的这块土地上曾经居住过人类中最优秀、最高贵的种族，【c】你和你的整个城邦都源于这个种族的少数幸存者的后代。这一点你是不知道的，

---

① 法厄同（Φαέθων），太阳神赫利俄斯之子，不善驾驭，离大地太近而几乎把大地烧毁，被主神宙斯用霹雳击死。

② 此处讲的是尼罗河三角洲的情况，河水因潮汐而上涨。

因为那些浩劫的幸存者死后，许多个世代都没有能力写下一些文字传给后人。梭伦啊，在最大的一次洪水之前有过一个时期，在现今雅典城邦这个地方确实有过一个在战争和其他各方面组织得最完美的城邦，据说它表现出来的行为是天下最高尚的，【d】它具有的政治制度也是天下最卓越的。'

"梭伦对他说的这番话感到惊讶，热切地请求这位祭司把有关古代公民的事情原原本本地、有序地讲一遍。'我不会让你失望的，梭伦'，祭司答道，'我会把这个故事讲给你听，既为了你，也为了你们的城邦，更重要的是为了这位我们两个城市共同的女神，她是我们双方的保护神，也是我们双方的养育者和教育者。早在建立我们这个城邦之前一千年，【e】她就从地母神和赫淮斯托斯①那里取来了你们这个种族的种子。这件事在我们的神庙中有记载，我们的社会建制迄今为止已有八千年了。关于生活在九千年以前的你们的公民，我会向你简要叙述一下他们的法律和最著名的业绩，【24】而那些细节我们可以在今后空闲时再去阅读神圣的记载。

"'让我们来比较一下你们的古代法律和我们今天的法律。你会发现曾经存在于你们中间的许多事情至今仍旧存在于我们中间。首先，你会发现有一个祭司阶层，与其他所有阶层分离。其次，就劳工阶层而言，你会发现各个群体——牧人、猎人和农夫——独立地工作，不与其他群体混合。【b】尤其是，你一定会注意到，我们的武士阶层与其他所有阶层分离开来。这是法律规定的，要他们全心全意地献身于战争事务。还有，他们使用的武器是长矛和盾牌，女神在亚细亚人②中间首先教会我们使用这些武器，而在你们那个世界中女神首先教会了你们。还有，关于智慧，我肯定你会注意到我们这里的生活方式从一开始就极大地献身于发现智慧。在我们研究世界秩序的时候，我们已经追溯了我们所有的发明，包括预言和提供健康的医药，【c】从那些神圣的实在到人间的各

---

① 赫淮斯托斯（Hephaestus），希腊火神和冶炼神。

② 当时把埃及视为亚细亚的一部分。

种事务，我们还在所有其他相关的学科中获得了所有知识。事实上，我们城邦的建制一点儿都不比你们的社会建制少，女神在创建你们的城邦时，给你们安排了这种社会秩序，她选择了这个地区让你们的人出生在这个地方，她察觉到这个地方气候适宜，可以产生许多拥有卓越智慧的人。【d】这位女神既爱战争又爱智慧，所以她最先选择了这个地方创建城邦，而这个地方最能产生像她那样的人。所以，你们的祖先就居住在那里，遵守诸如此类的法律。事实上，你们的法律有过许多改进，所以你们能够在各方面表现卓越，超过所有其他民族，从你们的出生和成长是神圣的这一点来看，这些都是可以期待的。

　　"'嗯，我们的史籍中记载着你们城邦众多伟大业绩，确实令人敬佩，【e】但有一项业绩比其他所有业绩更加伟大，更加卓越。据史书记载，曾有一支强大的人马从远方悍然前来侵袭，想要征服整个欧罗巴和亚细亚，而你们的城邦挫败了他们的进攻——这支人马来自远方，来自大西洋①。在那个时候，大西洋是可以通航的，在你们希腊人称作"赫拉克勒斯之柱"的那个海峡②前面原来有一座岛屿。它的面积比利比亚和亚细亚两块土地合在一起还要大，是去其他岛屿的必经之地。经过这些岛屿，【25】才能抵达对面那个被真正的大海围绕的整个大陆。相对于那个大海来说，位于赫拉克勒斯海峡以内的这个海③只是一个具有狭窄入口的港湾，那个大海才是真正的海洋，而被这个大海环绕的陆地才是真正意义上的无边无际的大陆。且说在这座大西岛④上，当时有一个强盛的帝国，统治着全岛和其他许多岛屿，还有这个大陆的某些部分。更有甚者，【b】他们的统治延伸至海峡以内的利比亚、埃及，以及远至第勒尼安⑤的一些地区。有一天，这支人马全部聚集在一起，试图一劳

---

① 大西洋（Ἀτλαντικὸς πέλαγος）。

② 即直布罗陀海峡。

③ 指地中海。

④ 大西岛（Ἀτλαντίδος νήσου），岛名。

⑤ 第勒尼安（Τυρρηνίας），地名。

永逸地征服海峡以内的全部地区，包括你们的区域和我们的区域。在那个时候，梭伦啊，你们的城邦挺身而出，向全人类显示出她高尚的美德和力量。在勇猛善战和军事技术方面，【c】她是出类拔萃的，是希腊人的领袖。当时其他城邦与之离散，而她被迫单独作战，处于极度危险之中，但她打败了侵略者，取得了胜利，拯救了许多未被征服的人，使他们免受奴役，并且慷慨地解放了生活在赫拉克勒斯的疆域内的所有其他人。又过了一段时间，发生了可怕的大地震和大洪水，【d】在一个不幸的夜晚，你们所有的勇士被大地吞没，那个大西岛也同样沉入海底不见了。就是由于这个原因，大洋中的这个区域既不能航行也无法探测，因为那座岛屿下沉后变成了阻塞航道的淤泥浅滩。'"

　　【e】我刚才讲的这些事情，苏格拉底，是老克里底亚讲的故事的简化版，最先讲这个故事的人是梭伦。昨天听你谈到你们的城邦和公民，使我想起刚才对你说的这些事情，我心中禁不住诧异，觉得你所描绘的情况大部分都和梭伦的故事相吻合，实在是一桩巧事，但我当时还不愿意说出来。【26】因为时间相隔已久，我遗忘得太多。我想，我一定要先在心里把这个故事仔细温习一遍，然后再讲。所以，我昨天毫不犹豫地同意了你的要求，因为我想所有讨论最大的难处是找一个与我们的目的相适应的故事，而提供了这样一个故事我们就可以很好地进行讨论了。因此，就像赫谟克拉底告诉你的那样，昨天在回家的路上，【b】我一离开这里，就和我的同伴交谈，把我所能记得起来的故事讲给他们听，和他们分手以后，我在夜里又细细回想，把整个故事几乎全都想起来了。常言说得没错，童年时学的功课会牢记在心，我不敢肯定自己能否记得昨天谈话的全部内容，但对很久以前听说过的事情我相信决不会漏掉一个细节。【c】我当时带着儿童的好奇心聆听那位老人的叙述，反复向他询问，而他也很热心，不厌其烦地教诲我，所以，这个故事就像一幅永不褪色的图画牢牢地铭记在我心中。天亮以后，我又把这个故事向我的同伴们背诵了一遍，使他们也和我一样能有话说。

　　为了讲述梭伦讲的故事，苏格拉底，我作了这些准备。我不想只告诉你一些要点，而想把全部细节逐一告诉你，就像我听到的那样。昨天你对我们描述的城邦和公民是虚幻的，今天我们要把它转化为现实。【d】你说的城邦应当就是雅典古时候的城邦，我们要把你想象的公民假定为就是那位祭司所说的我们的祖先，这样说不会有什么不和谐之处，说你的城邦公民就是那些古雅典人也不会出现什么矛盾之处。让我们来分一下工，按照我们的能力，各自努力完成你要我们承担的任务。你认为怎么样，苏格拉底？我们的这番演讲合适吗，【e】或者说我们还要寻找其他演讲来取代它？

苏　嗯，克里底亚，还有其他什么演讲我们会更喜欢？我们正在庆祝这位女神的节日，这篇演讲真的非常适合这个场合。所以，不会有更恰当的演讲了。当然了，它不是一个虚构的故事，而是事实，这一点也非同小可。要是我们就这样让这些人走了，我们该如何或者到哪里去庆祝呢？我们没得选择。所以，请继续你的演讲，祝你好运！【27】现在该轮到我缄口静听了，因为我昨天已经讲了许多。

克　行，苏格拉底，为了把我们的客人带来的礼物送给你，你认为我们已经安排的计划怎么样？我们认为，蒂迈欧是我们的天文学专家，专门研究宇宙的本性，所以他应该第一个发言，从宇宙的起源开始讲起，包括讲人的本性。然后，由我来接着讲，等我掌握了蒂迈欧有关人的起源的解释，【b】以及你对有些人如何拥有卓越教育的解释。我会和他们进行讨论，不仅把他们当作梭伦解释的人，而且也当作梭伦的法律要求的人，把他们置于法庭上，让他们成为我们古老城邦的公民——那些古时候的雅典人，由于神圣的记载而得以重现——到了那个时候，我会把他们当作真正的雅典公民来谈论。

苏　显然我将得到回报，享受一席丰盛的宏论。① 那么，很好，蒂迈欧，下一位发表演讲的任务好像落在你头上。你为什么不向众神祈祷一下，如我们所习惯的那样？

蒂　【c】我会的，苏格拉底。任何人，只要稍微有一点头脑，在每件事情开始时总要求助于神，无论这件事情是否重要。所以，就我们的

----

① 参阅本篇20c。

情况来说，要就宇宙问题发表演说——它有起源，或者没有起源——要是我们不想完全迷失方向，我们没有别的选择，只能向男女众神求助，祈求我们所说的话都能得到他们的首肯，【d】然后我们自己也都能接受。我说的这些话就算是我们向众神的祈祷吧；而对我们自己，我们必须确定你们的学习要尽可能容易，而我就此主题对你们进行的指导也能以最能表达我的意愿的方式进行。

在我看来，我们必须从下述区别开始：什么是永久存在而没有变易，什么是变易而决无存在？①【28】前者要用理智来把握，包含一个合理的解释。它是没有变易的。后者要用意见来把握，包含非理性的感性知觉。它有生成和消失，但决无真正的存在。凡有生成的事物必定由某种原因的力量方才产生，因为若无原因，任何事物的生成都是不可能的。所以，当造物主②用他的眼光注视那永恒不变的事物，并且以它为模型，构造出事物的外形和性质，【b】那么，这样创造出来的作品必定是完美的。但若他注视的事物有生成，也以有生成的事物作模型，那么他的作品就不完美。

关于整个天，或者宇宙秩序——让我们用最适合某个具体场景的名称来称呼它，无论这个名称是什么——有一个问题需要首先考虑。这个问题是一个人考察任何主题的起点。它始终存在吗？它的生成没有起源吗？或者说，它的生成有某个起源？它有生成。因为它既是可见的，又有身体——这一类事物都是可感的。【c】如我们已经说过的那样，可感的事物要用意见来把握，包含感性知觉。因此，它们是有生成的事物，是被生出来的事物。再说，我们认为凡是有生成的事物必定要通过某些原因的力量而生成。现在，要发现这个宇宙的创造者和父亲相当困难，即使我能获得成功，也不可能把他告诉所有人。所以，我们必须返回，

---

① "什么是永久存在而没有变易，什么是变易而决无存在？"（τί τὸ ὂν ἀεί, γένεσιν δὲ οὐκ ἔχον, καὶ τί τὸ γιγνόμενον μὲν ἀεί, ὂν δὲ οὐδέποτε ;）

② 造物主（δημιουργὸς），原义"工匠"，音译"得穆革"，亦译造物者，创造主。柏拉图在本篇中专门使用这个术语。

提出这个关于宇宙的问题：这位创造者在创造宇宙时用的是两个模型中的哪一个模型？【29】是那个没有变易，保持同一的模型，还是那个有生成的模型？嗯，如果我们的这个宇宙是美的，它的创造者是善的，那么很清楚，他注视的模型是永恒不变的。倘若不是这样（哪怕这样说也是对神明的亵渎），那么他注视的模型是有生成的。现在，事情确实清楚了，他注视的模型是永恒的，因为，在有生成的所有事物中，我们的宇宙是最美丽的，而在一切原因中，造物主是最卓越的。所以，宇宙就是这样生成的：它是一种技艺的产物，它以不变的东西为模型，要用理性的解释来把握，也就是说，要用智慧来把握。

【b】由于这些事情就是这样的，所以必然可以推论，这个宇宙是某个事物的形像。这一点在每一个主题中都是最重要的，是一个最自然的起点，所以，涉及一个形像和它的模型，我们必须作出下列详细说明：我们对这些被提出来当作主题的事物的解释与这些事物具有同样的性质。所以，对于稳固确定的事物和对理智容易理解的事物的解释，其本身也应当是稳定的，不变的。我们必须使这些解释无可争议和无法辩驳，使之成为一个真正的解释。【c】另一方面，我们对那些已经形成的实在作出的解释，由于它们是对相似的事物的解释，它们本身也是相似的，它们要与先前的解释相对应，也就是说，存在要与变易相对应，真理要与令人信服相对应。所以，苏格拉底，要是我们不能反复对大量主题——关于众神的，或者关于宇宙生成的——提供完整的、在各方面都非常精确的、相互一致的解释，请你别见怪。只要我们的解释也像其他解释那样是可能的，我们也就应当满意了，我们必须记住，我这个发言者和你们这些评判者都只不过是凡夫俗子。【d】所以我们应当接受这个有关这些事情的似乎有理的故事。我们没有必要去进一步追究它的真实性。

苏　妙极了，蒂迈欧！无论如何我们一定会按你的要求办事。你的开场白是神奇的。请你继续吧，让我们聆听你的演讲本身。

蒂　很好。嗯，这位创造者为什么要塑造整个有生成的宇宙？【e】让我们来说一下理由：他是善的，善者不会妒忌任何事物。所以，没有妒忌，他就希望一切事物尽可能地变得像他自身。事实上，智慧之人会告诉你们（你们最好接受他们的说法），【30】这一点，而不是由于其他原因，就是宇宙生成的第一位的原因。神①想要万物皆善，尽可能没有恶，所以他取来一切可见的事物——不是静止的，而是处于紊乱无序的运动之中的——将它从无序状态变为有序状态。至善者做的事情应当是最好的，他不应当作其他任何事情，哪怕是现在也不允许。【b】于是，神进行推理，得出结论，在本性可见的事物的范围内，作为整体的无理智的事物不可能比作为整体的拥有理智的事物更好；他进一步得出结论，除了灵魂，任何有生成的事物要想拥有理智都是不可能的。在这一推理的指导下，他把理智放进灵魂，把灵魂放进身体，就这样构建了宇宙。他想要创造一件尽善尽美的作品，只要它的本性能允许。为了与我们的其他解释相一致，我们必须说，由于这个原因，【c】神圣的天命使我们的宇宙成为一个真正的活的生灵，赋予它灵魂和理智。

　　事情既然如此，我们不得不继续谈论下一步到来的事物。当造物主创造我们的世界时，他把它造的像什么生灵？让我们不要认为它的某个部分会屈尊具有它天然的性质，因为任何与不完全者相似的事物决不会变成美的。倒不如说，让我们确定，这个宇宙比其他任何事物都要更像那个以其他一切生灵为其组成部分的这个"生灵"②，从个体来看是这样，按种类来看也是这样。因为这个"生灵"把一切有理智的生灵包含于自身之中，就好像我们这个宇宙把我们和其他所有可见的生灵包含于自身中。由于神想要做的事情无非就是把这个宇宙造得最像最优秀的有理智的事物，它在各个方面都是完善的，所以他把它造成一个可见的生灵，【31】这个生灵把一切本性与之相同的生灵包含于自身中。

　　我们说有一个宇宙，对吗，或者说有多个宇宙，实际上有无穷多个宇宙，更加正确？如果说这个宇宙是按照它的模型被造出来的，那么只有一个宇宙。因为包含一切有理智的生灵的事物不可能是一对事物之

---

① 此处的神是单数，指作为创造者的神。

② 指宇宙生灵。

一，若是这样的话，那就还需要有另一个"生灵"，把这两个事物包含在内，这两个事物是它的组成部分，这样的话说我们的宇宙是按相似性造成的才会更加正确，不是按照这两个事物造成的，而是按照那个包含它们于自身的事物造成的。【b】所以，为了使这个生灵与那个在唯一性方面完善的"生灵"相似，创造者没有创造两个宇宙，也没有创造无数个宇宙。正好相反，我们这个宇宙作为唯一的宇宙到来，它是该类事物的唯一者，它现在是唯一的，未来也将继续是唯一的。

　　凡是有生成的事物必然是有身体的，也是可见的和可触摸的；但若没有火，那就什么也看不见，没有固体，则无从触知，而要有固体则非要有土不可。就是由于这个原因，神在开始构成宇宙身体的时候，就用火和土制造宇宙的身体。不过，要把两种东西本身都很好地结合起来，【c】不能没有第三者；必须要有某种东西能把它们结合在一起。最好的结合物乃是能够将它自身与它所结合之物最完全地融为一体的东西，而要达到这个目的，比例极为重要。因为任意三个数，无论是立方数还是平方数，都有中项，倘使其中项同末项的关系，【32】正如首项同中项的关系一样，或者颠倒过来，其中项同首项的关系，正如末项同中项的关系一样，那么中项轮流成为首项和末项，而首项和末项轮流成为中项，结果必然是三者可以互换位置；既然可以互换位置，那么三者就是相同的。

　　所以，要是宇宙的身体生成为只有两个维度的平面，【b】那么只要有一个中项就足以将它本身结合起来了。然而，这个宇宙是立体的，能把立体结合在一起的中项决不是只有一个，而必须要有两个。① 因此，神把水与气放置于火与土之间作为中项，尽可能使它们拥有恰当的比例，气与水的比例有如火与气，水与土的比例有如气与水。就这样，他把各种元素结合起来，造就一个既可以看见又可以触知的宇宙。【c】由

---

① 这里讲的平方数的比例是：$a^2 : ab/ab : b^2$；颠倒过来是 $b^2 : ab/ab : a^2$；换位成为 $ab : a^2/b^2 : ab$。立方数在连续比例中必须有两个中项，例如，$a^3 : a^2b/a^2b : ab^2/ab^2 : b^3$。

于这个原因，宇宙的身体在生成时使用了这四种具体的成分，它们在比例上是和谐的。它们把友谊赐给宇宙，所以它内部融洽，形成一个整体，除了建造它的造物主以外，没有任何力量可以使它解体。

嗯，在创造这个宇宙的过程中，四种元素的每一种全都用上了。造物主在创造宇宙时使用了所有的火、水、气、土，不留下任何一部分元素或能量。他这样做的用意是：首先，作为一个活物①，它应当是一个整体，应当尽可能完整，应当由所有部分组成。【33】其次，它应当就是唯一的，因为没有任何东西留下来，可以用来创造另一个像它的东西。第三，它应当不会衰老，也不会生病。造物主明白，如果炎热和寒冷，还有其他一切强大的力量，包围着这个合成的物体，并且由外向它进攻，结果就会使它提前分解，加诸于它的疾病和衰老也会使它销蚀。出于这样的考虑，造物主把宇宙造成一个整体，完全拥有每个部分，从而使宇宙完善，既不会衰老，也无病痛。【b】他赋予宇宙适当而又自然的身体。对于这个要在其内部包容一切生灵的生灵来说，适当的身体应当是可以把其他一切身体包容于自身的身体。因此，他把宇宙造成圆形的，就像出自镟床一样圆，从中心到任何方向的边距都相等。在一切形状中，这种形状是最完美的，又是所有形状中彼此最相似的，因为造物主认为相似比不像要卓越得多。【c】他给了宇宙一个平滑的外表，这有好些个理由。它不需要眼睛，因为在它之外没有什么可见的东西；它不需要耳朵，因为在它之外也没有什么东西要听。在它之外没有供它呼吸的气环绕，它也不需要任何器官来接受食物和排泄消化了的东西。因为在它之外没有其他任何东西，没有任何东西从它那里出来，也没有任何东西从其他地方进到它里面去。它自身排泄的东西就为它自己提供了食物。它所做的一切或承受的一切都发生在它内部，是它自身的行为。【d】因为造物主明白，自给自足的事物胜过需要其他东西的事物。

由于宇宙既不需要获取任何东西，也不需要防卫，所以神认为没有必要给它安上双手。它也不需要脚或其他支撑物来站立。【34】实际

---

① 指宇宙。

上，神赋予它适合其身体的运动——七种运动之一，特别与理智和理性相连。① 所以神把宇宙安放在同一个地方，不停地围绕它自身旋转。其他六种运动都从它那里被拿走了，使它的运动不会漫游。由于它不需要脚来追随这种圆形的途径，这种旋转运动不需要脚，所以神生下它来就没有腿或脚。

【b】把这一整串推理用于这位尚未生成的神②，永恒之神把它造得表面平滑，从中心到各个边缘距离相等，使其本身成为一个完整的身体，也是一个由所有物体构成的物体。他在宇宙中心安放了一颗灵魂，并使之延至整个身体，然后他用物体包裹了宇宙的外表。他使它旋转，使它成为一个固体的宇宙，它的卓越能力使它能够独立自存，而无需其他任何事物。因为它对自身的知识和与其自身的友情是足够的。所有这些，解释了为什么他为自己生下的这个宇宙是一位有福的神。

至于这个宇宙的灵魂，尽管我们刚才在解释了宇宙的身体以后才提到它，但神并非在创造宇宙的身体之后才创造灵魂，让灵魂比身体年轻。【c】因为神不会把它们联系在一起，然后允许幼者去统治长者。以这样的方式谈论物体和灵魂，表明我们的说话方式很随意，因为我们自己也以某种方式经常处于机缘的控制之下。然而，这位神把优先性和年长赋予灵魂，就灵魂的生成而言，又就灵魂的卓越程度而言，让它成为身体的主人，统治它的下属。

【35】神创造灵魂所用的部件和创造灵魂的方式如下：在不可分、不变化的存在者和位于有身体领域中的可分的、有生成的事物之间，他混入了第三者，亦即存在者的居中形式，由二者派生而来。以同样的方式，他在不可分的存在者和有身体的可分者之间，制造了相同者的混合，然后，又制造了相异者的混合。他取来这三种混合物，把它们全都混合在一起，制造出一种统一的混合，迫使很难相混的

① 关于"七种运动"，参阅本篇36d。
② 指宇宙。

相异者与相同者统一。【b】当他把这两样东西与存在者混合起来，并且从这三者制造出一种混合物以后，他按照他的任务的需要，把整个混合物重新划分为许多部分，让每一部分都保持着是相同者、相异者、存在者的混合体。他的划分是这样开始的：第一次，他从这个整体中取出一部分（1）；第二次，取出第一部分的两倍（2）；第三次，他取出的部分是第二部分的二分之三倍、第一部分的三倍（3）；第四次，取出第二部分的两倍（4）；第五次，取出第三部分的三倍（9）；【c】第六次，取出第一部分的八倍（8）；第七次，取出第一部分的二十七倍（27）。①

【36】在此之后，他对上述二倍数（1，2，4，8）和三倍数（1，3，9，27）这两个系列中的间隔进行填补，从原初混合体中分割一些部分，并将其置于这些间隔之中，这样一来每一间隔之间均有两个中项：一个中项是按照同样的比例或分数超过其中一个端项，同时被另一个端项超过②；另一中项则按照同样的整数超过其中一个端项，同时被另一个端项超过。由于插入了这些中项，就在原来的间隔3：2和4：3和9：8之上又形成了新的间隔，于是他就用9：8的间隔填补所有4：3的间隔。【b】可是每填一次，仍然留下一个分数，这个分数的间隔可以用256：243的比例式来表示。所以，他就从这个混合物中划分出这些部分，逐渐将其完全用尽。

再往后，他又把整个混合体分割成为两个长条，使这两个长条在中点交叠，形成一个大"十"字，【c】然后使每个长条形成圆圈，在交叠

---

① 这七个数字可以排列为左右两行，以表明下文所说的两个系列：

1（第一次）

2（第二次）　　3（第三次）

4（第四次）　　9（第五次）

8（第六次）　　27（第七次）

　左行所列包括"二倍数的系列"；右行所列包括"三倍数的系列"。

② 例如1，4/3，2，在这个间隔中，中项4/3比1大1/3，比2小2的1/3。

点的对面自相连结，同时与另一长条互相结合。① 他给这两个圆圈配上运动，使其沿着一条中轴线不停地自转，一个圆圈为外圈，另一个圆圈为内圈。外圈的运动他称之为相同者的运动，内圈的运动则表示相异者的运动。他使相同者的运动循着外缘向右运转，而相异者的运动则依循前者的对角线向左运转。【d】他支配着相同者的运动，因为他使这种运动保持完整，不作分割，而对内圈的运动，他将之分割为六部分，按照"二倍数"和"三倍数"的间隔，即三个二倍数和三个三倍数的间隔，将它分成为七个大小不同的圈，然后他指定内外两圈按照相反方向运行。对于那由内圈分裂而成的七个圈，他指定三个② 以同等速度运行，其余四个的运行速度各异，也不和上述三个相同，但彼此之间却保持着既定的比例。

　　一旦整个灵魂获得令神愉悦的形式，神就在它内部构造全部有身体的东西，并使二者匹配，中心对中心。【e】灵魂与身体交织在一起，从宇宙中心朝着各个方向扩散，直抵宇宙边缘，又从宇宙的外缘包裹宇宙。灵魂自身不断运转，一个神圣的开端就从这里开始，这种有理性的生命永不休止，永世长存。【37】宇宙的身体生成为一个可见的事物，灵魂则是不可见的。但即便如此，由于灵魂分有理性与和谐，灵魂成为

---

①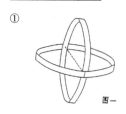

图一：表示两个长条互相结合的形状。图中内面以黑点标明的是两个长条原来的交叠点；外面以短线标明的则为各个长条自相结合以及和另一长条互相结合的结合点。这一结合点与原来的交叠点居于正相反对的方向，如虚线所示。按照蒂迈欧在下文所说，外圈表示相同者的运动，外圈表示相异者的运动。将内圈推斜，使之与处于水平状态的外圈形成斜角，由此看到的相同者的运动就是在水平面上向右运转（由东向西）的天球赤道，而相异者的运动则是与天球赤道作相反方向运转（由西向东）的黄道，并与天球赤道形成一个角度。将黄道分为七份，亦即七个行星的轨道。

② "三个"指太阳、金星、水星的轨道，"四个"指月亮、火星、木星、土星的轨道。

被造物中最卓越的，而神自身则是一切有理智的、永恒的事物中最卓越的。

　　鉴于灵魂乃是相同者、相异者和存在者三样事物的混合（我们已经描述过这三种成分），又经过按照特定比例进行的分割与聚合，处于围绕自身的旋转之中，所以它一接触到任何存在者，无论是散乱的还是不可分割的，灵魂都会贯通整个存在者本身。然后灵魂宣告该存在者与什么事物相同，与什么事物相异，【b】它们在哪些方面、以什么样的方式，以及在什么时候相同或相异，具有这样的性质。这样做既适用于有生成的事物，也适用于那些永恒不变的事物。当这种接触产生一种同样真实的解释，比如它是否存在，它是相异还是相同，它是否生下来就不能发声，或者自转的事物没有声音，然后，每当这种解释涉及任何可察觉事物，那个相异者的圈也把感知的真实情况传达给整个灵魂。这就是确定的真意见和信念的产生。【c】另一方面，每当这种解释涉及理性的对象，那平稳运转的相同者的圈也会作出宣告，其必然结果就是理智与知识。如果有人把理智与知识的生成者不叫作灵魂，而叫作别的什么东西，那么他的话可以是任何东西，唯独不是真理。

　　嗯，当生成了这个宇宙的这位父亲看到它活生生地运动，成为一座为永恒众神建造的神龛，他十分喜悦，并且在兴奋之时思忖着把它造得更像它的模型。由于模型本身是一个永恒的生灵，【d】神就以这种方式使宇宙趋于完善，让它也尽可能拥有这样的性质。这个生灵的本性是永恒的，但是不可能把永恒完全赋予任何被造物。所以他开始思考制造一个永恒者的运动的形像，在他把秩序带给这个宇宙的时候，他要制造一个永恒者的形像，让它按照数来运动，在永恒中保持统一。当然了，这个数，就是我们现在所谓的"时间"。

　　【e】因为在天生成之前，日、夜、月、年并不存在。就在神塑造天的同时，神把它们也给造了出来。它们全都是时间的部分，过去和将来也是有生成的时间的形式。我们会不经意地把这样的观念不正确地用于永恒的存在者。因为我们说它过去是、【38】现在是、将来是，等等，不过，按照正确的解释，只有说它"是"才是恰当的。而过去是和将来是只能用来谈论在时间中流逝的变化，因为过去和将来都是运动。但是在时间的进程中，永远存在、无变化、无运动的事物不会变老或者变少——既不会一直变得这样，也不会现在变得这样，更不会将来变得这样。总之，这些属于感知领域的、有生成的事物的性质没有一样适用于永恒者。倒不如说，它们都是有生成的时间的形式——它是对永恒性的模仿，也是依照数的法则旋转的圆圈。【b】还有，我们也使用这样一些说法：已经生成者"是"已经生成者，现在生成者"是"现在生成者，将来生成者"是"将来生成者，不存在者"是"不存在者。我们这些表达法没有一个是准确的。不过要想完整地讨论这些事情，可能放到其他场合更加合适。

那么，时间和宇宙同时生成，正如它们同时被造，它们也会一起毁灭，如果它们有毁灭的话。宇宙是按照一个永久的模型生成的，【c】所以它也会尽可能与它的模型相似。这个模型在某些方面是永久的，而另一方面，被造的宇宙过去、现在、将来都是永久的。由于这个原因，由于神在创造时间时的这个想法，神创造了太阳、月亮，以及被称作行星的那五颗星辰，用于时间的生成。它们被称作"漫游者"，它们之所以产生是为了确立限度，对时间的数量进行限制。把它们的身体造出来以后，神就把它们安放在相异者的运动轨道上——【d】七个星辰有七条轨道。首先是距离大地最近的月亮的轨道；其次是太阳，位于大地之上的第二条轨道；然后是启明星①和献给赫耳墨斯的那颗星②，它们的轨道速度与太阳相同，但运行方向与太阳相反，因此太阳、水星、金星有规律地你追我赶，互相超越。至于其他星辰，如果我们要详细说明神给它们安排的位置以及为何要如此安排，【e】这些问题虽然是次要的，但是讲起来比主要问题还要麻烦。所以还是等我们将来有空时再来对它们作相应的说明。

为创造时间而合作的这些天体中的每一个，在灵魂的约束下，在生

---

① 金星。

② 指水星，赫耳墨斯是希腊众神使者，亡灵的接引神。

成的时候就已经是有生命的，也了解自己承担的任务，它们开始沿着相异者的圈子旋转运动，【39】横切并且穿越相同者的圈子，同时也受相同者的圈子约束。有些天体的运行轨道较大，有些天体的运行轨道较小，后者的运行速度较快，前者的运行速度较慢。确实，由于相同者的运动，运行最快的星辰似乎被运行最慢的星辰所超越，尽管实际上是前者超越后者。【b】相同者的运动使它们全都按照螺旋形自转，它们同时朝着两个相反的方向运动。其结果就是，那些离开速度最慢的天体——它是运动速度最快的——显得最近。

　　为了使这些星辰在八条轨道①上的运行速度有某些清晰可见的度量，神在大地之上的第二条轨道上点燃了一堆大火，我们称之为太阳。它的主要工作就是照亮整个宇宙，并赋予世上所有生灵以恰当的禀赋，让它们能受教于相同者的运行和统一，分享数。【c】以此方式，并由于这些原因，黑夜和白天这个最聪明的旋转周期生成了。月亮循轨道运行一周并赶上太阳，这就是"月"；而太阳走完了它自己的轨道，这就是"年"。

　　至于其他星辰的运行周期，这方面的记载全都是散乱的。没有人曾给它们命名，或者考察它们相对于其他星辰的距离。【d】所以，人们对于这些星辰的漫游时间实际上是无知的，它们数量庞大，形态复杂，令人敬畏。但是不难看到，当所有八个星辰以其不同的相对速度运行时，它们可以同时完成循环，用相同者的旋转和相同的运动来测量，时间的完全数就成全在这个"完全年"上。②以这种方式，亦由于这些原因，星辰生成以后就在宇宙中循环运动。【e】这就是这个生灵被创造出来的目的，通过对永恒者的模仿，它成为一个尽可能完善和有理智的生灵。

---

① 此处讲的八条轨道有一条指地球的轨道。按照当时希腊人的理解，大地是宇宙的中心，下文说它随着宇宙的枢轴旋转，所以在轨道上运行的只有七个星辰。

② "完全年"又称"世界大年"，以全部行星从同一地点出发最后同时回到出发点为一周年。其时间长度有不同算法，柏拉图估计为 36000 年。

　　先于时间的生成，这个宇宙已经被造得在各个方面与其模型相似，与创造它的神相似，但它仍有不相似之处，因为它还没有包含所有生灵在内，这些生灵还没有在其中生成。于是，造物主就开始按照模型完成剩余的工作。按照理智①的察觉，他决定他创造的这个活物也应当拥有真的活物内包含的相同种类和数量的生灵。这些种类有四种：第一种，天上众神的族类；第二种，有翅膀，在天上飞翔的鸟类；【40】第三种，生活在水中的族类；第四种，有腿，在陆地上生活的族类。他创造的众神②大部分出自火，在眼睛看来是最明亮、最美丽的。他把它们造成浑圆的形状，和宇宙相似，把它们安放在主圈（亦即相同者的圈）的智慧中，让它们追随宇宙的进程。他把众神散布在天穹上，使整个天空闪闪发光，成为真正灿烂的宇宙。他赋予每个天体两种运动：一种是旋转，在同一地点进行的原地运动，由此神对相同的事物就会持有相同的思想；【b】另一种是运行，即受相同者和统一性支配而进行的向前的运动。对于其他五种运动③来说，众神是不动的、静止的，为的是使它们中间的每一成员都可能达到圆满。

　　所以，就是由于这个原因，所有那些永恒的、不漫游的星辰——它们是神圣的生灵，通过自转而固定在一个地方，没有偏离——生成了。那些往来漫游、方向不一的星辰的生成方式我们在前面已经说过了。

　　他创造大地作为我们的保姆，大地围绕那条纵贯宇宙的枢轴旋转，【c】他也是白天与黑夜的创造者和卫士。在从宇宙中生成的众神中间，大地最先产生，最年长。

　　描述众神舞蹈般的运动，它们如何在轨道上循环往复、相互穿插、交会相遇，何时处于相反的位置，何时遮掩其他神祇、【d】何时隐而复现，给那些无理性之人送来有关未来事物的凶兆——讲述所有这些事情而不使用可见的模型，那么这样的劳动是徒劳无益的。我们要做这样的

---

① 指神的理智。

② 指恒星。

③ 参阅下文阐述各种运动的段落。

解释，所以就让这一点成为我们讨论可见的、有生成的众神的一个结论吧。

至于其他灵性的存在者，要知道和谈论它们如何生成，超过了我们的任务范围。我们应当接受那些古人的论断，他们说自己是众神的后裔。他们肯定很了解他们自己的祖先。所以我们无法不相信这些人的话，【e】尽管他们的解释缺乏说服力和确定的论据。倒不如说，我们应当追随习俗，相信他们，因为他们声称这些事情是他们关注的。因此，让我们接受他们的解释，说一下众神如何生成，说一下众神到底是什么。

大地(该亚①) 和天空(乌拉诺斯②) 生育了俄刻阿诺③ 和忒堤斯④，俄刻阿诺和忒堤斯又生育了福耳库斯⑤、克洛诺斯⑥、瑞亚⑦，以及所有和他们同辈的神。克洛诺斯和瑞亚生育了宙斯⑧ 和赫拉⑨，【41】以及他们全部兄弟姐妹，人们用我们知道的一些名字来称呼他们。这些神又生育了下一代神。无论如何，当众神都已生成的时候，无论是那些在旋转中显示可见形像的神，还是那些只在他们愿意时才呈现的神，这位宇宙的生育者对他们讲话。他对他们说：

"众神啊，我是你们这些神圣作品的制造者和父亲，未经我的许可，我亲手创造的作品不容毁坏。【b】确实，所有组合而成的事物都可以分解，但只有邪恶者才会同意分解那些和谐、幸福的结合物。正是由于这个原因，作为有生成的生灵，你们既不是完全不朽的，又不是完全不可

---

① 该亚 (Γῆ)，大地女神。

② 乌拉诺斯 (Οὐρανός)，第一代天神。

③ 俄刻阿诺 (Ὠκεανός)，大洋神。

④ 忒堤斯 (Τηθὺς)，海洋女神。

⑤ 福耳库斯 (Φόρκυς)，海神。

⑥ 克洛诺斯 (Κρόνος)，第二代天神。

⑦ 瑞亚 (Ῥέαν)，土地女神。

⑧ 宙斯 (Διὸς)，第三代天神。

⑨ 赫拉 (Ἥραν)，天后。

分解的。但你们确实不会解体，也不会遭受死亡的命运，因为你们得到了符合我的意愿的保障——这种保障比你们在生成时得到的保障更加伟大，更加庄严。因此，你们现在要聆听我的吩咐。还有三个有生灭的族类①尚未生成；只要他们还没有生成，这个宇宙就是不完整的，因为它还没有把所有种类的活物包含在内，【c】若它想要达到足够完善的地步。但若这些生灵经过我手生成和享有生命，他们就会与众神竞争。所以，该轮到你们来完成塑造这些活物的任务了，这是你们的本性允许你们做的事。这样做可以确保它们的可朽，整个宇宙也将成为一个真正的整体。你们可以模仿我在使你们生成时使用的力量。在适合它们的范围内，它们中间有些事物可以分有我们'不朽者'的名称，可以被称作神圣的，由它们来统领那些始终追随正义和你们的人，我会亲自播下种子，给这件事开个头，【d】然后再移交给你们。其他事情就都是你们的事了。把不朽的和可朽的因素结合起来，塑造和生育活物。供给它们食物，使它们成长，到它们死的时候，再由你们把它们收回。"

讲完这番话，他又拿来原先使用过的调制混合物的大碗，他曾在这个碗中调制过宇宙的灵魂。他把先前剩余的成分倒进大碗，以同样的方式加以调和，尽管这些成分不如以前那么纯净，而是次一等和第三等的纯净。调制完毕以后，他把全部调制好的东西分成若干个灵魂，与星辰数量相等，再把灵魂指派给星辰，每个星辰上都有一个。【e】他让每个灵魂登上马车，把宇宙的本性告诉它们。他向它们宣布命定的法则：所有灵魂第一次出生的方式都是一样的，一视同仁，没有一个灵魂会受到轻视。灵魂被播撒到与之相适应的时间工具②上去，生成为最虔敬的生灵。还有，由于人的性质有两种，具有如此这般较为优秀性质的人以后就被称作男人。【42】灵魂必然要被植入生物体，而生物体总是在获取和排斥某些生物体的成分，因此就产生下列结果：第一，灵魂必然全都拥有一种相同的感知能力；第二，灵魂必然拥有爱，其中混合着快乐与

---

① 指生活在空中、水中和陆上的族类。

② 指星辰。

痛苦，【b】此外还混有恐惧和愤怒，以及与此相联或相对立的情感。如果灵魂能够克服这些情感，就可以过一种公义的生活；如果反过来被情感所支配，那么它们的生活就是不公义的。一个人如果在他的寿限内善良地生活，那么死后会回到他原先生活过的星辰上去居住，幸福、惬意地生活在那里。如果不能做到这一点，那么他在第二次降生时就会变成女人。如果在做女人期间他仍旧怙恶不悛，【c】那么就会在转世时不断地变成与他恶性相近的野兽，他的劳苦和转化不会停止，直到他服从体内相同和相似的旋转运动，摆脱那些由火、水、土、气四种元素合成的混乱而又累赘的东西，【d】乃至于用理性克服非理性，回复原初较好的状态。这些法则都已经详尽地交代给了众神，将来如果有谁犯了罪，那就不是神的过错了。

把这些法则向它们宣布以后——神没有豁免他自己对它们以后有可能犯下的任何罪恶要承担的责任——神把有些灵魂播散在大地上，有些播撒在月亮上，有些播撒在其他时间工具上。播完之后，他把给灵魂裹上可朽的身体的任务交给年轻的众神。他要他们给人的灵魂提供各种需要，【e】再加上与这些需要有关的东西。他把统治这些可朽活物的任务交给他们，要众神以最优秀、最聪明的方式保护这些可朽的生灵，而无需对这些生灵有可能施加于他们自身的任何邪恶负责。

把所有这些任务分配完了以后，他就按照惯常的方式休息了。而他的孩子们马上照着他们父亲指派的任务开始工作。嗯，他们已经得到了有关可朽生灵的这条不朽的原则，开始模仿创造了他们自身的这位大工匠。他们从宇宙中借取一定部分的火、土、水、气，【43】打算以后再归还，然后他们把借来的这些部分结合在一起，形成一个整体，但不是依靠运用于他们自身、使他们不能分离的纽带，而是使用许多微小得看不见的钉子，把不朽的灵魂钉在身体上。然后他们继续制造这个身体——处于不断吸收和排泄状态中——使用不朽灵魂的通道。【b】这些通道全部与一条大河相连，它们汇入大河，既不支配大河，也不受大河支配，而是一味剧烈地冲撞流转。结果，作为一个整体的这个活物确实运动起来了。不过，它开始运动的时候是无序的、任意的、不合理的，包含所有六种运动：前进和后退，向右和向左，向上和向下，朝着六个方向任意运行。① 它就像潮汐引发的巨浪，为生灵提供营养，而由那些毁灭生灵的事物引发的动荡则更加庞大。【c】当物体与外界的火（亦即身体自身的火以外的火）、土块、流水相撞，或者被激荡的气流吹刮时，这样的动荡就会发生。由所有这些碰撞产生的运动都会经过身体传导到灵魂，对灵魂产生撞击。（毫无疑问，这一类运动后来都被称作感知，直到今天还在使用这个名称。）就在那个时候，就在那一刻，它们产生了巨大的、连续的骚动。【d】它们和那条永久流淌的河流结合在一起，猛烈地震撼着灵魂的运行。它们像开始时那样，从相反方向快速流入相同者的路径，并把持了这条通道。它们进一步震撼着相异者的路径，扭曲了那个二倍数系列的间隔（即 1，2，4，8 之间的间隔）和三倍数系列的间隔（即 1，3，9，27 之间的间隔），以及用 3∶2，4∶3，9∶8 这些比例来表示的中项和联结用的环节。然而，这些骚动不能毁灭它们，因为只有把它们结合在一起的造物主才能分解它们。但是骚动在这里造成了各种各样的扭曲，【e】打破了循环运动，产生各种可能的无序，因此它在运动时会发生颤抖，会有不合理的行为，有时逆转，有时歪斜，有时上下颠倒——就像一个人颠倒站立，头顶大地，两脚向上抵住什么东西。处于这样的位置，他的右方乃是旁观者的左方，他的左方则是旁观者的右方，而旁观者的左右方在他看来也是左右错位的。如果灵魂深刻地感受到诸如此类的影响，【44】那么每当它们旋转着与外部事物接触时，无论这些事物是同类的还是异类的，它们总是违背事实把同说成异，把异说成同，它们的看法成为虚妄的、愚昧的，到了这个地步，灵魂的运动或旋转就不再具有统领能力了。还有，如果受外界影响的感知与灵魂发生暴力冲突，并席卷整个灵魂，那么灵魂的运动表面上是征服者，而实际上已经被征服了。由于受到上述种种影响，居于可朽的身体内的灵魂最初是没有理智的，【b】但当营养物的吸收和灵魂的发育趋于缓和，灵魂的运动平静下来而纳入正轨，并且随着时间的推移趋向稳

---

① 第七种运动是自转。

定，几种循环运动回归灵魂的天然形式，使它们的旋转得到矫正，到了
这个时候灵魂就能用正确的名字称呼相同者和相异者，并使灵魂的拥有
者成为理性的存在物。如果在此过程中伴有正确的教养或教育，【c】那
么这个理性的存在物就成为健康的、完善的人，免受一切疾病中最大的
病患①。但若他拒绝教育，那么他将终生瘸腿走路，最后还将带着不完
善的无用之身返归冥土。

　　但是这种事情后来没有发生。另一方面，我们当前的主题需要更加
具体的处理。我们必须继续处理前面的那些问题——身体是如何一部分
一部分生成的，以及灵魂。什么是众神的理智？当他们使这些事物生成
的时候，他们的计划是什么？【d】在讨论这些问题的时候，我们要尽快
把握那些最为可能的解释，让我们照此进行。

　　模仿宇宙旋转的形状，众神把两种神圣的轨道运行结合在一个球形
的物体中，这个部分也就是我们现在所说的头。这是我们最神圣的部
分，也是我们其他所有部分的主宰。然后众神把身体的其他部分拼装起
来，把整个身子连接到头部，让它事奉头部。为了让头部不至于在高低
不平的地面上一路翻滚，或在向高处攀援和从低处爬出来时发生困难，
【e】所以众神把躯干赋予头，作为头的运载工具，躯体有长度，同时又
长出可以伸展和弯曲的四肢。众神发明了这样一个物体作为运载工具，
依靠四肢可以攀援和支撑，到处行走，【45】使我们最圣洁的头高高在
上。这就是腿和手的起源，由于这个原因，每个人都有了手和腿。众神
认为正面比背面更荣耀，更有利于发布命令，所以就使我们在大部分时
间里向前运动。由于这个原因，人体的正面必定要与其他部分很不一
样。因此在安排头部的时候，众神首先在人头上安放一张面孔，并在面
孔上设置一些能够按照灵魂的意愿管理各种事物的器官。【b】他们确定
这个具有权威的部分是天然的正面。

　　眼睛是众神最先塑造的器官，它能放射光芒。他们把眼睛安放在头
部的原因是这样的。他们想到，这样的火不用来引起燃烧，而要能提供

————————

① "最大的病患"指愚昧。

温柔的光芒，所以要有眼睛这样一种物体，适合每日里使用。内在于我们身体的纯火，与外在的火同缘，众神使之通过眼睛流射出来；所以众神把眼睛造得——眼睛是一个整体，但尤其是它的中央部分——密实、【c】平滑、厚实，使它们能够抵挡其他一切杂质，只让这种纯洁的火通过。每逢日光包围视觉之流，那就是同类相遇①，二者互相结合之后，凡是体内所发之火同外界某一物体相接触的地方，就在视觉中由于性质相似而形成物体的影像。【d】整个视觉之流由于性质上的相似而有相似的感受，视觉把它触及的以及触及到它的物体的运动传播到全身，直抵灵魂，引起我们称之为视觉的感知。但是到了夜晚，外界同类性质的火消失了，视觉之流被截断，身体中的火发射到不相似的事物上发生了变化，并且熄灭，这是因为周围的空气已经失去了火，因此不再具有与火相似的性质，眼睛不能再起到看的作用，我们也就感到昏昏欲睡。【e】众神发明出来保护视觉的眼睑一合上，就挡住了体内的火，而这种火的力量也就消散并遏止了体内的运动，随着运动平息下来，就出现了安宁，随着安静的加深，【46】几乎无梦的睡眠也就到来了。但若体内仍有某些较大的运动，那么这些运动会按照它们的性质和位置，在我们心中产生相应的梦幻，等我们醒来后还能记得清清楚楚。

　　所以，要了解镜子和其他各种光滑平面如何产生影像，已经不会有什么困难了。人体内的火与外界的火交会，二者的结合每次都会在光滑的平面上留下无数的影像。所以每当那出自脸部的火在光滑平面上与视觉之火相结合的时候，就必然产生这种影像。②【b】在这种影像中，左边成了右边，右边成了左边，因为此时视线与视觉对象之火相接触的方式与通常的接触方式相反。但若视线之火在接触对象时与之互换一个方向，那么在其影像中右边仍为右边，左边仍为左边，只要使镜子光滑的

---

① 此处用"同类相知"的原理来解释视觉，即从眼睛里发出来的火与视觉对象发出来的火的流射相遇。

② 比如一个人对镜自照。

平面两边翘起①，【c】迫使右边的视觉之流移向左面，左边的视觉之流移向右边，就会出现这种现象。如果将这面镜子垂直转动，那么镜子的凹面就会使整个影像上下颠倒，因为底下的光线被移到上面，上面的光线被移到底下。

　　嗯，上述所有事情都属于辅助性的原因，【d】众神使用它们，以便使那至善的模型尽可能付诸实现。由于众神制造的事物有冷有热、会凝固和分解，以及产生诸如此类的效果，因此大多数人不把它们当作辅助性的原因，而当作万物的真实原因。然而，像这样的事物完全不可能拥有理性或理解任何事物。我们必须宣布，灵魂是唯一能够恰当地拥有理智的事物。灵魂是不可见的，而火、水、土、气全都生成有可见的形态。【e】理智与知识的热爱者首先必须探索那些理智性的原因，然后再去探索那些被动或被迫施动的事物的原因。我们也必须这样做。我们应当承认上述两种原因，但也应当把两种原因区分开来：一种原因拥有理智，塑造美的和善的事物；另一种原因缺乏理智，每次只产生混乱无序的结果。

　　所以，让我们得出结论，我们所讨论的这种辅助性的原因赋予我们的眼睛以它们现在拥有的力量。下面，我们必须谈论众神把眼睛赋予我们有什么极为有益的功能。【47】在我看来，视觉乃是我们最大利益的源泉，因为我们若是从来不曾见过星辰、太阳、月亮，那么我们谈论宇宙就一句话也说不出来。而现在我们看到了白天与黑夜，看到了月份和年岁的流转，这种运动创造了数，给了我们时间观念和研究宇宙性质的能力。【b】从这一源泉中，我们又获得了哲学，众神已赐予或将赐予凡人的恩惠中没有比这更大的了。我认为这就是视觉给我们带来的最大好处，至于其他那些较小的好处，我还有必要谈论吗？即使是普通人，哪怕失去视觉，也会为他的损失痛哭不已。然而，我还是要这样说，神发明了视觉并且将它赐予我们，其目的在于让我们能够看到天上的理智运动，并把它应用到我们自身的理智运动上来，这两种运动的性质是相似

----

① 即凹镜。

的，【c】不过前者稳定有序而后者则易受干扰，我们通过学习也分有了天然的理智，可以模仿神的绝对无误的运动，对我们自身变化多端的运动进行规范。言语和听力也一样。众神出于同样的目的和原因把言语和听力赋予我们。这就是言语的主要目的，而言语对这一目的贡献也最大。还有，为了和谐，神把适合我们嗓音和听觉的音乐赋予我们。【d】和谐的运动和我们灵魂的运动具有相似性质，缪斯将和谐赐给艺术的爱好者，不像人们现在所想象的那样为了获得非理性的快乐，而是为了用它来矫正灵魂内在运动的无序，帮助我们进入和谐一致的状态。她们把节奏赐给我们的原因也一样，【e】一般说来人的行为总是不守规矩的，不光彩的，而节奏可以帮助我们克服这些缺点。

到此为止，我所说的内容，除了一小部分以外，都是在讲神圣理智的运作。但是，与这些解释相匹配，我需要另一个解释，涉及通过必然性生成的事物。因为这个宇宙的生成是混合的，是必然性与理智结合的产物。【48】理智是主导性的力量，它通过对必然性的劝说把大部分被造的事物引向至善，使必然性服从理智。所以，如果我要以这种方式讲完宇宙生成的整个故事，我也不得不讨论这种变化的原因——它的本性如何使事物变易。【b】所以，我不得不回顾一下我的步伐，拾起也可运用于这些相同事物的第二个起点，再次返回我们开始的地方，从那里起步，开始我当前的考察，正如我在前面所做的那样。

当然，我们不得不考虑这个宇宙尚未生成之前火、水、气、土的性质，考虑它们原先的状态。迄今为止，还没有人解释过这四种元素是怎么生成的。我们打算把它们确定为构成宇宙的要素或"字母"，告诉人们它们是宇宙的始基，假定他们知道什么是火和其他三种元素。然而，实际上，它们甚至不应当被比作音节。【c】只有非常不开化的人才会期待作这样的比较。所以，让我就用我的处理方式来开始吧：我现在不能讲述这一个本原或者多个本原，或讲述我是怎么想的，这是因为，如果继续使用我们现在的讨论方式，我很难讲清我的看法。你们别以为我应当承担这个重大而又困难的任务，【d】我自己也不这么想。请你们记住我一开始就说过的可能性，我会尽力像其他人一样提出一个可能的解释，或者说提出一个比较可能的解释。让我从头开始，一样一样地说。还有，在开始解释之前我要向神祈祷，恳求他把我们从这种怪异的、不寻常的讨论中拯救出来，【e】把我们带往可能性的天堂。所以，现在就让我重新开始。

在我对宇宙的解释中，这个新起点的需要比前面那个起点的需要更加复杂。我们在前面区分了两个类别，而现在我们必须区分第三个不同的类别。前两个类别对于我们先前的解释足够了：一个类别被建议为模型，它是有理智的、始终不变的；【49】第二个类别是对模型的模仿，它有生成变化，并且是可见的。当时我们没有区分第三个类别，因为考虑到有前面两个类别就已经够了。然而，我们的解释现在好像迫使我们用话语说明另一个类别，而这样做是非常困难的，不容易说清楚。我们为什么必须这么做呢？主要原因是，它是一切变化的容器——就好像是它的奶妈。

无论这个说法有多么真实，我们必须更加清楚地描述它。【b】这是一个困难的任务，尤其是它需要我们先就火和其他三种元素提出一个前提性的问题：

要谈论它们中的每一个是困难的——使用一个可靠的、稳固的解释——它们中的哪一个是我们真的称之为水而不是火的元素，或者说，哪一种元素我们应当称之为某元素，而不把其他元素称之为某元素。那么，通过相似性的塑造，它们向我们呈现的是什么问题？然后，我们将如何和以什么方式谈论这第三个类别？

首先，我们看到（或者以为我们看到），我们刚才称之为水的事物，凝聚而转变成石头和土。【c】其次，我们看到同一种事物经过熔化和消散，转变成风和气，气因燃烧而转变成火。然后我们看到，火因压缩和熄灭又回复到气的形态，气再经过汇集和凝聚，变成云和雾。再进一步压缩，则成为流水，而水又会再次转变成土和石头。【d】因此事物的生成似乎就是不同元素的循环转化。既然这些元素没有一样在形态上始终不变，那么，我们又怎么能够肯定地说某种元素确实是某元素而不是其他元素呢？无人可以这样说。但是按照下面这种说法来谈论元素可能是最稳妥的：看到任何一种不断变化的事物，比如火，我们一定不要称之为"这"或"那"，而要说它具有"这样的性质"，在谈论水的时候也一定不要说"这"，而一定要说它具有"这样的性质"。【e】假定我们自己要用"这"和"那"这些语词来指称这些东西，我们一定不要认为这样的说法蕴涵着这些事物具有稳定性的意思，因为它们变化无常，很难适用于"这"或"那"这样的表达法。"这""那""与这相关的"，或其他类似的表达方式，指的都是永久性的东西。我们一定不要对任何元素使用"这"，而应当使用"这样的"，这个词可以表示同一种元素的循环变化，例如我们说被称作"火"的事物应当永远具有这样的性质，对其他任何生成的事物也都可以这样说。只有若干元素在其中成长、显现、衰亡的事物才可以被称作"这"和"那"，【50】而对那些具有热或白这样性质的事物，对那些同时承受相互对立性质的事物，对那些由对立的性质组合而成的事物，我们一定不要这样指称。

我必须再次努力地描述它，把它说得更加清楚一些。假定你在塑造各种形状的金块，并且不停地将每一金块又重塑成其他各种形状，这时有人指着其中之一问你："它是什么？"【b】迄今为止最稳妥、最真实的回答是"金子"。我们不能称之为三角形或用金子铸成的其他形状，尽管这些形状曾经存在过，但它们甚至在被提及的瞬间就已经发生了变化。然而，只要这些形状会发生诸如此类的变化，愿意接受"什么是这样的东西"这样的指称，那么提问者也应当会感到满意。这样说有一定程度的安全性。

嗯，实际上，同样的解释也适用于接受一切物体的自然。我们必须始终用同样的名称去指称它，因为它决不会改变自身的性质。它不仅永远接纳一切事物，而且也不会在任何地方、以任何方式，擅取任何类似于进入其中的任何事物的性质。【c】它是一切形状的天然接受者，随着各种有形体的进入而变化和变形，并因此而在不同时间里呈现出不同的状态。但是进出于其中的所有物体都是按照那永恒的实体以一种奇妙的方式仿照其模型塑造出来的，关于这一点，我们以后再来研究。因为当前我们只需要弄懂三样东西：第一，生成者，处于生成过程中的东西；

第二，接受者，生成过程发生于其中的东西；【d】第三，被模仿者，被生成的事物天然地模仿的东西。我们可以恰当地把接受者比作母亲，把被模仿者比作父亲，把生成者比作子女。另外我们还可以注意到，如果模型有各种各样的形状，那么置于其中塑造的质料不可能已经准备妥当，除非被塑的质料没有形状，没有任何形状的印记，这样它才能在塑造中接受形状。【e】如果质料已经具有某种意外获得的形状，那么要在它上面打上相反的或完全不同的印记就很难，这个印记会非常模糊，与原先的形状混在一起。因此，要接纳一切形状的事物应当没有形状，就好比调制香膏，人们首先要设法使那准备溶解香料的液体尽可能不含一点气味。又比如，用某些柔软的材料来塑造各种形状的人，总是坚决不允许那些材料留有任何形状，而会在动手塑造之前先将那材料的表面弄得尽可能平整光滑。【51】同理，要使接受一切形状的东西适宜全面地、不断地接受永恒存在的相似物，那么它本身一定不能有任何具体形状。因此，我们不可以把一切可见的被造物之母和接受者称作土、气、火、水，或称作它们的复合物，或称作从它们那里派生出来的元素，而应说它是一种不可见的、无形状的存在，它接受一切事物，【b】以某种神秘的方式分有理智，是最难以理解的。如果我们这样说，那么我们不至于犯下大错，然而由于我们前面的考察所获得的关于它的知识，我们确实可以说，不断燃烧的火和滋润万物的水是它的部分性质，而当它接受土和气的印记时，这种作为生成者之母的基质就变成了土和气。

　　【c】不过，我们必须借助理性论证来进行我们的考察。因此我们应当作出下列区别：有无"火本身"这样的事物？所有那些我们一直在说的"某个事物本身"这样的事物是否真的存在？或者说，只有那些能被我们看到或以某种方式通过身体感受到的东西才是真正存在的，此外不存在其他任何东西？我们不断地宣称每个事物都有一个可知的型相只不过是一个空洞的猜测，它最终什么都不是，只是一个空名吗？这个问题我们一定不能未经考察和判断就加以搁置，也一定不能过于自信地说对这个问题无法进行判断。【d】我们一定不要因为讨论这个枝节问题而使我们本来就很漫长的讨论变得更为冗长，但若有可能用简短的话语提出一个重大区别，那倒正是我们所企求的。所以，我的观点可以表述如下：如果理智和真意见是有区别的，那么这些"事物自身"确实存在——这些型相不是我们感性知觉的对象，而只是我们理智的对象。但若如某些人所认为的那样，真意见和理智没有什么不同，【e】那么我们通过身体所感受到的一切事物都可以当作最真实、最确定的。但我们必须认定理智和真意见是有区别的，因为它们来源不同，性质也不同。通过教导我们拥有了理智，通过说服我们拥有了真意见。理智总是包含真正的解释，而真意见缺乏任何解释。理智在说服面前保持不动摇，真意见在说服面前就放弃。还有，必须说所有人都拥有各种真意见，但只有众神和少数人拥有理智。

【52】由于这些事情就是这样的，所以我们必须同意，有一类存在者是始终同一的、非被造的、不可毁灭的，它们既不从其他任何地方接受任何他者于其自身，其自身也不进入其他任何地方，任何感官都不能感知它们，唯有理智可以通过沉思来确认它们的存在。另一类存在者与前一类存在者拥有同样的名称并且与之相似，但它们可以被感官所感知，是被造的，总是处于运动之中，在某处生成而且又在那里消逝，可以被结合着感知的意见所把握。【b】第三类存在者永久存在于不毁灭的空间，它为一切被造物提供了存在的场所，当一切感知均不在场时，它可以被一种虚假的推理所把握，这种推理很难说是真实的。我们看着它，就好像我们在做梦一样，因为我们说过任何存在的事物必定处于某个地方并且占有一定的空间，而那既不在天上又不在地下的东西根本就不存在。

我们证明我们自己无法得出所有这些区别，以及与这些区别相连的其他事情——哪怕不是在梦中，面对真正存在的实体——因为我们的梦境使我们无法清醒过来陈述真理。【c】这个真理是这样的：由于影像并不包括其所据以形成的实体，影像的存在总像是事物瞥然而过的影子，所以我们一定会推断它肯定有处所，以某种方式维系其存在，否则它就无从存在了。但是，真正的存在得到了精确性和真解释的支持——只要二者是有区别的，它们决不会以这样的方式发生变化，【d】生成为同一事物，而同时又还是两样东西。

所以，让这些话成为我想要提供的这种解释的一个小结，我的这个解释是我凭着我的意愿推断出来的。有三样东西：*存在者、空间和变易*，这三样有区别的东西早在宇宙生成之前就已经有了。

变易的奶妈转变为富含水的和富含火的东西，接受了土和气的性质，它在获取所有这些性质时也就经受了随之而来的各种影响，呈现出奇特的多样性，【e】并充盈着既不相似又不均衡的力量，不能在任何部分达到均衡。这些事物朝着各个方向不均衡地摇摆，既受这些运动的影响而晃动，又在被晃动时反过来影响这些事物。各种元素在晃动中分离，并持续不断地朝着不同的方向离散。就好像那些被簸谷器和其他扬谷工具所晃动和簸扬的谷粒，【53】实的重的落在一边，瘪的轻的则飞散到其他地方。

以这种方式，四种元素也在接受器中摇晃，接受器像簸谷器一样运动，最不相似的元素彼此离散得最远，最相似元素相互拥挤得最紧。由此，不同的元素在被用于建构宇宙之前就已经有了不同的处所。【b】诚然，它们最初还全然没有理性与尺度。但当这个宇宙开始进入有序状态时，火、水、土、气，确实显示出某些它们自身拥有的性质，但它们完全处在这样一种状态中，这是我们可以期待的那种神不在场时可能发生的状况。我要说，这就是它们当时的性质，而神用型与数来塑造它们。

我们要始终认定，神在尽一切可能从不美不善的东西中造出尽善尽美的东西来。现在我要尽力向你们说明它们的性质和生成，【c】我要使用一种不常见的论证方法，但我不得不这样做。我相信你们跟得上我的论证，因为你们所受的教育已经使你们熟悉了科学的方法。

首先，每个人都明白，火、土、水、气都是物体。任何物体都有体积，每一有体积之物必定都被外表所包裹，每一由直线构成的平面则由若干三角形组成，一切三角形从根本上来说只有两种，【d】各有一个直角和两个锐角，① 其中一种三角形连接底边两端，构成其半个直角的两

---

① 两种三角形即有两条等边的直角三角形和不等边的直角三角形；其他一切三角形都可以用这两种三角形来构成。

条边是相等的，另一种三角形则可分成不相等的部分，有不相等的边。综合可能的解释与证明的方法，我们假定这些结构就是火和其他物体的原初成分，但先于二者的始基是什么则只有神和亲近神的人才知道。

【e】我们现在应当说一说有生成的四种物体中最杰出的是哪一种。它们相互之间很不相同，尽管它们中有些能够分解，转变成其他物体，反之亦然。如果我们的解释是恰当的，那么我们将拥有真理，知道土和火，以及它们之间有比例的居间者（水和气）如何生成。因为我们决不承认有任何可见的物体比这些物体更加卓越，它们各自构成一类事物。所以我们必须尽全力构造这四种绝美的物体，并且宣称我们已经相当充分把握了它们的性质。

【54】且说有两种三角形，其中等边三角形仅有一种形态，等腰三角形或不等边三角形则有无限多的形态。如果我们按照特定的秩序办事，那么我们必须从无限多的三角形的形态中再次选择一种最美的形态，如果有人能够为这些物体的构成指出一个比我们选择的形态更美的形态，那么他可以拿走棕榈枝①，并且不是我们的敌人而是我们的朋友。现在我们认为最美的三角形乃是同样的两个三角形相合后可以构成一个等边三角形的三角形②，而其他形状的三角形都不用谈了。【b】其理由何在，细说起来就太长了。如果有人不同意这种说法，并能指出我们的错误，那我们甘拜下风。所以，让我们选定两种三角形作为构成火和其他元素的东西：一种是等边三角形，另一种三角形的长边的平方等于其短边平方的三倍。

在这一点上，我们需要更加准确地叙述一下前面没说清楚的地方。我们原先想象所有四种物体都是相互生成的，这样的假设是错误的，

————————

① 胜利的象征。

②
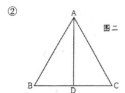

指等边三角形的一半，见插图二，图中的三角形 aBc 若以 ad 线等分之，则得 adB 和 adc 两个三角形。

【c】因为四种物体都由我们所选择的基本三角形中生成，其中有三种物体来自不等边三角形，只有第四种物体由等边三角形构成。因此，它们不会全都相互化解成其他物体，大量小物体结合成少量大物体，或者与之相反，少量大物体分解成大量小物体。但是有三种物体可以这样分解与结合，因为它们都由一种基本三角形构成，因此在大物体分解时，就会从中产生许多小物体，【d】各自采取适当的形状。或者反过来说，当许多小物体分解成构成它们的那种基本三角形，那么一经结合，也可以构成另一类巨大的物体。

　　关于这些物体如何相互生成，我们就说到这里。下面让我们讨论它们各自生成的形式，以及它们各自在被造的时候所用到的各种数。

　　最先的当然是最简单、最小的构造，其成分乃是斜边二倍长于较短一边的三角形。【e】当两个这样的三角形沿其斜边相邻接，如此重复三次，诸斜边与短边均以同一个点为中心，那么一个等边三角形就从这六个三角形里产生出来了。① 如果将四个等边三角形放在一起，并且使其平面角相交于一点，就形成一个立体角，在最钝的平面角之后产生。【55】当四个这样的立体角被造出来时，第一种立体② 就构成了，它将整个表面分成相等和相似的各个部分。

　　第二种立体③ 出于同样的三角形，却由八个等边三角形构成，它从四个平面造出一个立体角，而当六个这样的立体角形成时，第二种立体也就完成了。

---

①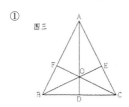
见插图三，图中等边三角形 aBc 以 a、B、c 三个顶点与其对边的中点即 d、e、F 构成之线分割，可以形成六个不等边三角形。每个三角形的斜边为最短边的两倍。同时，∠FaO=1/3 直角；而∠FOa=2/3 直角。因此"三个平面角"每一个为 60°，共为 180°，即"最钝的"平面角；而立体角则少一度，即 179°。

② 即四面体或棱锥形，火的分子。

③ 即八面体，气的分子。

第三种立体[①]用一百二十个基本三角形相互连接而成，【b】有十二个立体角，每个立体角都被五个等边三角形的平面所包含，还生有二十个等边三角形的底面。现在，两种基本三角形之一，在生成这三种立体后就不再产生新的立体，而由直角等腰三角形来生成第四种立体[②]：四个直角等腰三角形放在一起，它们的直角交汇成中心，形成一个等边的四边形；【c】六个这样的四边形，邻接在一起，形成八个立体角，每个立体角又由三个直角平面组合而成；这样构成的立体是正立方体，有六个等边四边形底面。

此外还有第五种复合而成的立体[③]，被神用于整个宇宙，把各种天体装饰在它上面。

追随这一整条推理路线的任何人很可能会感到困惑，不知我们说的是无限多的宇宙，还是某个确定数量的宇宙。[④]【d】如果是这样的话，他必然会作出回答，"有无限多的宇宙"，也就是接受了那个本应完成他的解释、但实际上没有完成他的解释的那个人的观点。他最好停止提出这样的问题，我们说的到底是一个宇宙还是五个宇宙。嗯，我们的"可能的解释"声称只有一个宇宙，一个神——尽管其他有些人，考虑到其他事情，会提出不同的看法。不过，我们必须把他撂在一边。

让我们现在来确定火、土、水、气的结构，刚才我们已经提到了它们的构成。让我们把立体指定给土，因为在四种形体中土是最不活动的，【e】又是最富有粘性的，而具有最稳定基础的东西必定要具有这样的性质。在我们一开始所设定的三角形中，有两条等边的三角形比不拥有等边的三角形具有更加稳定的基础；在用不同三角形所组成的复合图形中，等边四边形，无论就整体来说还是就部分来说，其基础都比等边三角形更加稳定。【56】因此，在把这种形状指定给土的时候，我们坚

---

① 即二十面体，水的分子。

② 即含有 24 个直角等边三角形的立方体，土的分子。

③ 即十二面体，神如何使用十二面体含义不明，可能是指黄道十二宫而言。

④ 古希腊原子论者认为有无限多个宇宙。

持这种看法是可能的，我们还在其余形状中把最不活动的形体指定给水，把最容易活动的形体指定给火，而把活动性适中的形体指定给气。我们还把最小的形体指定给火，把最大的形体指定给水，把中等的形体指定给气；还有，我们把最尖锐的形体指定给火，尖锐程度其次的指定给气，尖锐程度再其次的指定给水。在这些基本形体中，其底面最少的【b】必然是最容易活动的，因为它在任何情况下都是最锐利的、最有渗透力的；又由于它由最少数量的同等微粒构成，因此它的分量又必然是最轻的；次一等的形体所拥有的这些性质就较差，再次一等的形体所拥有的性质就更差了。如果我们同意这些说法，那么按照严格的推理和可能性的解释，棱锥形的立体乃是火的原始成分和种子，而我们把按照生成秩序第二个产生的形体指定给气，把按照生成秩序第三个产生的形体指定给水。

现在我们必须认为所有这些物体的体积都非常微小，【c】没有一种物体，无论是哪一种，能被我们个人看见。然而，当许多微粒聚集成块，我们就能看见了。尤其是，关于它们在数量上所占的比例、它们的运动，以及它们的其他属性，我们必须认为神把它们制造得非常完全和圆满（在必然性允许或同意的范围内），按照既定的比例把它们安排在一起。

根据我们迄今为止有关元素性的物体的解释，下面有关它们的转变的解释最有可能是这样的：【d】土与火相遇，并且被锐利的火分解，这种分解无论发生在火自身还是发生在一定量的气或水中，都将继续运动，直至其微粒和谐地聚集，互相结合，重新变为土，因为土决不会变成另一种元素。但水就不一样了，当水被火或气所分解，【e】就可以变成一份火的微粒和两份气的微粒，一个单位体积的气可以分解为两个单位体积的火。还有，当很小的火的形体被包含在很大的气、水、土的形体中，并且双方都在运动时，火就在斗争中被征服和分解，这时两个单位体积的火就会合并成一个单位体积的气，如果气被征服和分解，那么两个半单位体积的气会浓缩成一个单位体积的水。

有关这些转变，让我们重述如下：【57】当其他元素之一与火相结合，由于火的角和边都很锐利，所以就被火分割，并与火聚集在一起，这个时候就不再被火分割了。因为没有一个自身同一的元素能在相同的状况下被另一相同的元素改变，它也不能改变这个与其相同的元素。①但由于在转化的过程中，弱者要与强者搏斗，所以分解会继续下去。还有，当一些微小的粒子被包含在较大的粒子中时，【b】就会被分解和消灭，此时它们若能融合于某些具有征服性的元素，就可以免于灭绝，并由火变成气，由气变成水。但若另一种元素的形体发起进攻，它们微小的粒子就会继续分解，直到完全后退四散，它们会在同种元素中寻找避难所，或者被具有征服性的力量战胜和吸收，【c】它们或是与胜利者待在一起，或是由多个变成一个。由于有这样一些运动，所以所有粒子都在改变它们的位置，因为借助接受器的运动，大量的各种元素的粒子被散布到它恰当的地方，②而那些已经变得与自身不同而与他物相同的粒子又在向着那与之相同的粒子所居之地转移。

一切未经混合的、原初的物体都是由于上述原因而产生的。至于包括在这些种类之中的次一级的属类，其成因都可归于由两种基本三角形所组成的多种多样的结构。【d】每一个这样的结构并非只产生一种大小的三角形，而是有大有小，有多少四种元素的属类，就有多少大小不同的构造。因此，当它们既与自己的同类结合，又与异类结合时，其构造就有了无限多样性，凡想要对事物的真理提出有可能成立的解释的人必须考虑到这一点。

只有理解静止与运动的性质和条件的人，才能跟得上我们下面的讨论，否则就会遇到极大的障碍。【e】关于这个问题，尽管我们已经有所阐述，但有一点尚未说明，运动决不会存在于同质性的状态中。因为难以想象没有推动者而有被推动者，或者没有被推动者而有推动者，这样的想象确实是不可能的。没有二者的存在就没有运动，而这两者决不可

① "同类相亲"是古希腊思想中的一条公理。
② 此处认为各种元素在空间围绕一个中心，分圈聚居，土居中，其次为水，火则居于球形宇宙的外缘。

能是同质的，【58】因此我们必须将静止置于同质性中，将运动置于同质性的缺乏之中。不均等是缺乏同质性的原因，而我们在前面已经描述了不均等的起源。①

然而，还有一个问题我们尚未论及：事物为什么在依其种类划分之后仍旧不停地相互转化和运动。对此我们现在就要做解释。所有四种元素都被包含在宇宙的旋转运动之中，而且这种运动是环状的，具有一种聚集的倾向，② 其中的一切都会压缩聚拢，不留任何空隙。【b】因此，火渗入万物最甚，其次是气，因为就稀缺性来说它在元素中列第二位，其他两种元素亦按照它们的稀缺性程度进行渗透。那些由最大的粒子构成的事物其结构中留下的空隙最大，而那些由最小的粒子构成的事物其结构中留下的空隙最小。经过压缩而产生的聚集使较小的粒子进入较大粒子的空隙。就这样，当小粒子被置于大粒子一旁，小粒子就分割大粒子，大粒子就合并小粒子，所有粒子都在上下攒动，【c】偏离它们原来的位置，因为每一体积方面的变化又会引起空间位置的变化。由于这些原因而产生的不均等性总是存在的，导致这些元素在任何时间中持续不断地运动。

接下去，我们应当注意，有生成的火会有许多不同的种类。比如，第一种火是燃烧着的火焰，第二种火是火焰发射出来的东西，它并不燃烧，仅为眼睛提供光明，第三种是火的残余，火焰熄灭之后可以在炽热的灰烬中看到这种火。【d】气也一样。最明亮的那部分气称作以太，最混浊、最昏暗的那种气就是雾和黄昏，其他还有因三角形的不均等而产生的没有名称的气。还有，水首先可以分成两种，一种是液体，另一种是熔质。③ 液体的水由细小的不均等的水的微粒组成，由于缺乏同质性和粒子的尖锐性，因此它自身流动并且易受外力的推动；【e】而熔质的水由较大的、统一的粒子组成，比前一种水稳定，并且由于其粒子具有

---

① 参阅上文，基本三角形变化多端的形状和体积是造成不均等的原因。

② 即具有向心力。

③ 金属被当作一种水。

同质性而分量很重。但若火进入这种水，使其粒子化解，摧毁了它们的同质性，就会使其流动性增大，变成流质并受相邻气的挤压而散布在大地上，这种固体的分解称作熔化，而它们散布到大地上称作流动。【59】还有，火离开熔质以后并不进入真空，而是进入相邻的气，这些气反过来将那尚能流动的熔质挤压到原来由火占据的位置，并使之结合。就这样，通过挤压，这团物体恢复了均等，再次联合起来，因为造成不均等的火已经退却，这种退火过程就称作冷却，退火后所发生的结合称为凝固。【b】在所有各种被称为熔质的事物中，最宝贵的是由最精细、最具有同质性的粒子构成的黄金，从岩石中提炼出来以后使之凝固，这种东西非常独特，闪闪发光，是黄色的。黄金有一个支族，密度很大，所以它非常坚硬，呈黑色，被称作金刚石。另有一类东西，其微粒形状与黄金很相似。这类东西又可分成几种，【c】它的密度大于黄金，并含有少量的细土，因此比黄金还要坚硬，不过由于其内部空隙较大，所以比黄金轻，这种明亮而又浓稠的水在凝固以后被称为铜。有一种土中混有铜，随着岁月的流逝，两相分离，又变成独立存在的东西，被称作锈。

依据可能性的方法进行推论，不难说明其余同类现象。有时候，一个人可以为了消遣而搁置对永恒事物的沉思，【d】转而思考有关生成的真理，这种道理只具有可能性。他将因此而得到无悔的快乐，为他自己在有生之年找到一种聪明而且适度的消遣方法。现在就让我们来尽情消遣一下，对下列问题作出可能的解释。

与火混合的水是稀薄的液体，它之所以被称作液体乃是由于它的运动和在地面流淌的状态。它也是柔软的，因为它给土让路。水的基础不如土那么稳定，但当火和气从混合物中分离而只留下水，因而变得较具同质性时，它就因火与气的离去而自行收缩。【e】如果这种水凝固得非常厉害，那么位于大地上方的这种水就变成冰雹，在地面上的这种水就成为冰；但若其凝固程度较小而仅仅处于半固体状态，那么这种水飘扬在空中就是雪，由露水凝结在地面上就是霜。

还有，无限多样的水相互混合，通过地上生长的植物过滤出来，这类水的总称是汁液。【60】这些流汁不同比例的混合又产生许多种类，大多数没有名称，但其中四种具有强烈的性质，并且很容易区分，有专门的名称。第一种是酒，对灵魂和肉体都有温暖作用；第二种是油，滑润而且耀眼，看上去闪闪发光，包括沥青、蓖麻油、橄榄油，以及其他具有同类性质的东西；【b】第三种流汁的总称是蜜，能使嘴巴的收缩部分尽量放松，回归自然状态，并产生甜味；最后一种是与所有汁液都不同的植物的汁，具有发泡的性质，还有燃烧的性质，有助于肉类的分解，被称作果酸。

至于土的种类以下列方式形成，从水中分离出来的土变成类似石头的东西。与土混合的水在变化过程中分解而成为气，以这种形式向气原有的位置上升。【c】但由于它的周围并没有什么真空地带，于是就挤压相邻的气；周围的气较重，在被置换以后这种气就向土的四周挤压，在强力作用下形成真空，而那些土则被挤压到新气上升后所留下的空隙中去。土经过气的挤压而成为不能被水溶解的东西，这就是石头。石头中较好的种类由同质成分构成，并且是透明的，具有相反性质的石头则品质低劣。但若在火的作用下，水的成分迅速离去，那么就可以形成一种比石头更加脆的东西，我们给它起的名字叫作陶。【d】有的时候水分仍旧可以保留，土经过火的熔化，再加冷却，就成为黑颜色的石头。在水从水土混合物中分离出来的过程中还可以产生两种由土的精细颗粒构成的东西，具有咸的性质，用它们构成的半固体又可再溶于水。一种是碱，可以用来清除油和土的污渍；另一种是盐，【e】可以用来调味，为味觉所喜爱，是众神喜爱之物。①

水土复合物不会被水化解，而只能被火化解，其原因有如下述。火与气都不能使土熔解，因为火与气的粒子小于土的结构中的空隙，它们可以不用一点强力就穿越土粒子，不会造成土的熔解和分裂。但是水粒子较大，必须用强力才可穿越土，结果土就溶解了。【61】因此，土若是没有被强力压缩得很结实，那么只有水可以化解它；若是压缩得很结

---

① 有关献祭的法律规定用盐作供品。

实，那就只有火能加以分解，因为这时候只有火能进入土的内部。再说水，如果凝合得十分坚固，便只有火能分解它，但若凝合稍松，则火与气都能加以分解，后者进入它的空隙，前者则钻入它的三角形。但若气凝聚得很坚固，那就没有任何东西能够将它分解，除非这东西能够钻进它的基本三角形；若是气凝聚得不很坚固，那么也只有火能将它熔解。

至于土和水组合而成的各种物体，【b】由于有水占据受强力压缩的土的空隙，外面的水的微粒就无法进入，只能漫淌在物体的周围而不能使物体分解；但若火的微粒进入到水的空隙，那就对水产生如同水对于土那样的作用。这样的粒子是土水复合物液化而成为流体的唯一原因。这样的物体有两种：【c】一种是玻璃和类似石头的熔液，其中土的成分多于水的成分；另一种是蜡和乳香一类东西的基质，在其构造中含有较多的水。

以上我们已经说明了物体因形态、组合、变化而形成多种多样的类别，但我还要努力指出它们的特性和原因。首先，我已经描述过的物体必定是感觉的对象。但我们还不曾考虑过肉体、属于肉体的东西，或灵魂的可朽部分，是如何产生的。【d】要是不解释与感觉有关的特性，这些问题就不能得到恰当的解释，而对后者的解释同样也不能离开前者；然而要想同时对二者进行解释几乎是不可能的，因为我们必须对其中之一进行假设，然后再对我们假设的性质进行考察。为了能够按常规在说明了元素之后再解释感觉的特性，让我们先假设肉体和灵魂的存在。

首先让我们来考察，火是热的，这样说是什么意思，我们可以根据对我们的身体起切割作用的力量来对此进行推论。【e】我们大家全都感到火具有锐利的特性，还可以进一步考虑到火的边缘之薄、棱角之锐、微粒之小和运动之快。【62】所有这些特性使得火的运动锐不可当，无论遇到什么物体都加以切割。我们千万别忘了火的原始形状①比其他任何形状更具有把我们的身体切割成碎片的力量，这样就自然而然地产生被我们称作热的感觉，热这个名称就是这么来的。

————————

① 棱锥体。

与此相反的感觉则非常明显，我们的描述无论如何不会有误。处于人体周围的较大的水的微粒进入人体，驱逐了较小的微粒，【b】可是由于较大的微粒不能占据较小微粒的位置，所以挤压我们体内的水，我们体内的水原来是不平衡、不宁静的，由于受到挤压而进入静止状态，而静止的原因在于平衡和收缩。但是这种挤压是违反本性的，受到挤压的东西会起来抗争，迫使侵入者离开，颤抖和哆嗦这些名称指的就是这种抗争和震动，而整个感觉和引起这种感觉的原因都叫作冷。

我们用硬这个词来指称一切使我们的肉体退让的东西；用软这个词来指称一切对我们的肉体退让的东西，事物亦因其相对的硬和软而被称作硬的或软的。凡退让的事物基础都比较小，【c】但那些以四角形的底面为基础的事物很稳固，可以抵抗很强的外力，其他那些结构紧密的事物也具有顽强的性质。

关于轻与重的性质若能与我们关于上与下的观念联系起来考察，就能得到最好的理解。有人假定这个宇宙分成相互分离和对立的两个区域，凡有体积的东西都朝着下面这个区域移动，而位于上面这个区域的事物之上升都是违背其意愿的。这种假设是错误的，【d】因为既然整个宇宙是球形的，那么它的所有端点到中心的距离都相等，它的中心到所有端点的距离也相等，因此可以认为中心与端点的位置是相对的。这就是宇宙的性质，要是有人把其中的任何一点说成上或下，他怎么能不被公正地指责为表述不当呢？把宇宙的中心称为上或下都是不恰当的，只能称作中；宇宙的边缘不在中间，边缘上的某个部分及其相对部分与中心的关系也没有什么不同。【e】确实，如果一个事物所处的位置相对于各个方向来说都是一样的，那么我们怎么能够把包含相反关系的名称赋予它而不犯错误呢？【63】如果宇宙中心有个完全处于均衡状态的物体，那么就没有任何力量能够把它拉到这个端点而不是那个端点上，因为每个端点都一样，没有丝毫差异。再假定有人环绕宇宙旅行，当他站在与先前相反的端点上，就不免会把同一地点既称为上又称为下。① 如

————————

① 上和下是相对而言的。

我刚才所说，谈论这个球状的东西，如果有人说它有一部分是上，另一部分是下，那么他不像是个理智清醒的人。人们为什么会使用这些名称，人们最初处于什么环境下用这些名称划分天穹，这些问题可以按照下列假设来进行解释。【b】假定宇宙中有某个部分是火元素聚集的地方，这里积聚着大量的火；再假定某人有能力把火分割成若干块，称它们的重量。为了保持平衡，他一面将天平高高举起，一面用力把一些火去掉，投向不熔于火的气，这时显然可见小块的火比大块的火更容易拉开，【c】因为当两个物体由同一力量同时举起的时候，由于抗力的作用，体积小的必然比体积大的更容易屈服于对它施加的力，这时我们就说体积大的物体重，容易下坠；体积小的物体轻，容易上升。我们在地面上也可以准确地发现相同的情况。我们经常把土制的东西破开，有时候就把土块破开，用强力违反其本性地把它们投向性质与其不同的气，而这两种元素都倾向于其同类。【d】我们在这样做的时候，体积较小的物体比较容易屈服，听从我们的摆布，因此我们称它是轻的，称它被迫前往的地方为上面；体积较大的物体则与此相反，被称为重的和下面。可见，这些名称的相互关系必然有变化，因为大量聚集的各种元素占据相对的位置，我们可以看到有些物体在一个地方是轻的、重的、上面的、下面的，【e】但在另一个地方可能正好相反，双方的关系在各方面都表现为相反的，互相转换的。在这些情况中有一点必须加以考虑：在某些情况下各种元素向着同类物体运动的过程使得运动着的物体变重，使得那物体所趋向的地方成为下面；但对那些具有相反倾向的事物，我们就用相反的名字来称呼它们。以上就是我们对产生这些现象的原因所做的说明。

　　至于光滑和粗糙，任何人都能向别人解释其成因。【64】因为粗糙就是坚硬与不规则的混合，而同质性和密度的联合作用造成光滑。

　　与整个身体有关的那些感觉中最重要的感觉仍需考虑，这就是我在谈论感觉时已经讲过的快乐与痛苦的原因，一切事物通过身体的各个部分被感知，与此相伴的则有快乐与痛苦。无论感觉是否出自感官，要记住我们刚才已经区分了两种性质，【b】一种是易动的，一种是不动的，让我们想象各种感觉的原因具有这两种性质，我们必须朝着这个方向去追索，寻找我们想要获取的猎物。一个具有易动性质的物体得到一个印象，无论这个印象多么轻微，都会在体内将此感受环状传递，在身体各部分传送，直至最后抵达心灵的始基，向它表明动因的性质。可是具有相反性质的物体，即不动的、不向周边地区延伸的物体，只能接受印象，【c】但不会将此印象传送到相邻的部分，不会对整个生灵产生影响，因此印象的承受者虽受触动却无感觉。对于骨头、毛发以及人体其他以土元素为主要成分的部分来说是这样的，但上面所说的这种特性主要与视觉和听觉相关，因为这两种感官中所包含的火和气最多。

关于快乐，我们应当这样来理解：【d】一种印象如果违反自然，非常强烈，骤然加于我们，那就是痛苦，但若从这种状态突然回归自然，那就是快乐，温和而渐进的回归是无法感知的，而猛烈又突然的回归是可以感知的。另一方面，最易产生的感觉印象也最容易感受，但并不一定伴随着快乐或痛苦，例如视觉的感受就是这样，我们上面说过，视觉在白天与我们的身体实际上是一体的，因为无论视觉发生切割、烧灼，或其他行为，都不会产生痛苦，而当它回复自然状态时，也不会产生快乐。【e】可是视觉的每一行为都会留下清晰而又强烈的感觉，无论眼睛被动地看还是有意识地看，其原因就在于视线的分散和重聚都没有使用强力。不过那些由较大微粒构成的物体只有经过一番斗争才会屈服于动因，然后将运动传送周身，从而引起快乐和痛苦，如果运动违背它们的自然状态就出现痛苦，而回归自然状态就产生快乐。【65】经历了渐进的损耗而本性趋于空泛，但却在骤然之间获得大量补充的事物，感受不到空泛，但对补充却非常敏感，因此在这些情况下不会有痛苦，只会有巨大的快乐，对于灵魂的可朽部分来说，香料的使用是一个明显的例子。但在瞬间经历剧烈变化而又非常艰难地逐渐恢复其原先状态的事物，【b】其感受与前者正好相反，身体的烧灼和切割是这种情况最明显的例子。

至此我们已经讨论了整个身体的一般感受，以及产生这些感受的动因的名称。现在，只要我能做到，我就要尽力谈论身体的具体部分的感受以及产生这些感受的动因。【c】首先让我们提到我们在谈汁液时省略未谈的内容，涉及专属舌头的感受。这些感受的产生，同其他大多数感受一样，好像也是由于收缩和扩张，但这些感受比其他感受更加粗糙或光滑，【d】因为土元素的粒子经过作为舌头检验工具的小血管①抵达心脏，遇到这部分最湿润、最柔软的肉而被分解，在它们被分解时，它们使小血管收缩和干燥。如果这些粒子比较粗糙，那么小血管就会收敛；如果这些粒子不那么粗糙，那么小血管就只会变硬。作用于小血管的粒子起着清洁剂的作用，对整个舌头表面进行清洁，如果这种作用过于强烈，以至于销蚀舌头上的某些部分，【e】比如用碱，那么由此产生的所有感受都称作苦。但若这些粒子碱性较弱，只能起到中度清洁作用，就被称作盐，由于它不会产生苦味或者那么粗糙，所以被认为适宜与其他东西调和。还有一些粒子被口中的热量熔化而变得平滑，它们得到充分的燃烧而又反过来点燃为它们供热的部分，由于它们的分量很轻，所以就向头上的各个感官飞升，【66】切割其前进道路上遇到的一切，它们具有的这种特性被称作辣。还有另一种粒子原先已经通过销蚀作用而净化了，它们进入狭窄的血管，与其中原有的土粒子和气粒子形成一定比例的混合，引发它们的旋转与相互渗透，在新进入的粒子周围形成空隙。【b】这些由水粒子构成的器皿围绕气扩散，用一层湿润的薄膜把气包裹起来，这里讲的气也就是水中的空隙，这层薄膜有时候是土质的，有时候纯粹是水，包裹着气的纯粹透明的薄膜称作水泡，由液态的土构成的薄膜处于滚动和起泡状态，被称作沸腾和发酵。造成这些特性的原因就是酸。

　　【c】还有一种性质相反的特性，其产生的原因也正好相反。当与舌头相合的大量粒子进入口腔，这些粒子就滋润着粗糙的舌头，使它成为光滑的，也使原先不自然地紧缩的部分松弛，或者使不自然地松弛了的部分紧缩，重新恢复它们的本性，这种具有强烈治疗作用的特性是每个人都感到高兴并且乐于接受的，它的名字叫作甜。关于味觉就谈到

———————————

① 此处将神经的功能归于血管。

这里。

【d】嗅觉没有什么不同的种类，因为一切气味的性质都是不确定的，没有哪种按特定比例配成的元素能够拥有某种气味。我们鼻子上的这些血管对土元素和水元素来说太窄，对于火元素和气元素来说又太宽，由于这个原因，没有人能感受到元素的气味。但是，任何气味总是来自物体的潮湿、腐烂、熔解，或者蒸发，【e】总是在这个过程中被感知。也就是说，当水变成气或者气变成水的时候，在这个过程中，它们全都是汽或雾。雾就是气变成了水，汽就是水变成了气，因此一切气味都比水稀薄，都比气浓稠。可以为此作证的是，一个人在呼吸遇到障碍而尽力吸气时，没有气味会一道滤入鼻腔，吸进去的只是不带任何气味的气。

【67】因此各种气味没有名称，也不能分成数目不多的、有限的、简单明了的若干种类，只能分成令人痛苦和令人快乐的气味。一种气味刺激并扰乱我们位于头部和脐孔之间的整个空腔；另一种则对这一部位有镇静作用，使之能舒服地恢复自然状态。

在考虑第三种感觉，亦即听觉的时候，我们必须谈到听觉产生的原因。【b】我们一般可以这样假定，有一种敲击穿越耳朵，由气传送给脑和血，抵达灵魂；由敲击引起的振荡始于头部，终于肝脏所居的区域。快速运动的声音是尖锐的，缓慢运动的声音是深沉的；有规律地运动的声音是平稳柔和的，反之则是刺耳的。【c】大量的声音就产生喧闹的效果，而少量的声音则效果相反。至于声音如何调和，我必须以后再讲。

还有第四种可感事物，具有非常复杂的多样性，现在必须加以区分。人们一般称之为颜色的东西是从各种物体上发射出来的火焰，拥有与视觉相对应的粒子。我在前面开始的时候已经谈了产生视觉的原因，【d】在此提出一个合理的颜色理论乃是自然的，恰当的。来自其他物体而落入视线的粒子，有些较小，有些较大，有些则与视线本身的粒子大小相等。那些相等的粒子是不可感知的，我们称之为透明。【e】较大的粒子使视线收缩，较小的粒子使视线扩张，这些粒子在视觉中所起的作用就像作用于肌肉的热和冷的粒子、作用于舌头使之收敛的粒子、一切引起热感被我们称为辣的粒子的作用一样。白与黑实际上是收缩和扩张的结果，只是出现在另一领域中，有不同的表现。因此我们必须把视线的扩张称作白，而将视线的收缩称作黑。

也还有一种不同类的火，它的运动更加快捷，使视线扩张，直至抵达眼睛，【68】强行穿入并熔解眼部的通道，从而使一种由水和火这两种元素合成的东西从那里流出，我们称之为泪。本身是火的这种流体与相反方向过来的火相遇，里面的火就像闪电一般向外迸发，而外面的火虽然找到了进入的通道，却被湿气所熄灭，如此混合的结果产生各种颜色。这种感受我们称之为耀眼，引起这种感觉的物体被称为明亮的或闪光的。

【b】还有另一种火的性质介于二者之间，当它与眼睛的湿气接触并与之混合时不会发生闪耀，而是与潮湿的射线混合在一起，产生血一般的颜色，我们称之为红色。明亮的色彩与红、白二色相混合则成为金棕色。然而，一个人即使知道如何按比例配制各种颜色，要讲出来也未免太愚蠢了，因为他既不能提供必然的原因，也确实不能提供任何可被接受的或可能的解释。

【c】还有，红与黑、白二色相混合成为紫色；但若在混合之后再加热，使黑色与其他颜色混合得更彻底，结果就成为赭色。金棕色与暗褐色合成火红色，灰色来自黑色与白色的混合；暗黄色来自白色与金棕色的混合。白色若和明亮的色彩相遇，并浸入黑色，就变成深蓝色；深蓝色与白色相混合成为浅蓝色；火红色与黑色相遇产生深绿色。【d】要按照可能性的规则说明怎样合成这些颜色、怎样调制颜色并不难。然而，想通过试验来证明所有这一切的人忘记了人与神之间的区别。因为只有神拥有把多种事物合成为一、把一种事物分解为多的知识和能力，但没有人能够完成这两样工作中的任何一样，无论是现在还是将来。

【e】这些元素就是造物主必须使用的。至善至美事物的造物主在创造这个自给自足、完美无疵的神①时，委派这些必要的原因作使者来完成他的工作，而他自己则筹措一切生成之物所具有的善。因此我们可以

---

① 指宇宙。

区分两种原因：一种是神圣的原因；一种是必要的原因。我们要依据我们的本能，在一切事物中寻求神圣的原因，【69】以求获得幸福的生活。同时，我们要为了寻求神圣的原因而寻求必要的原因，因为若无必要的原因，就不可能单凭神圣的原因来辨明我们所追求的神圣事物，也不可能理解它，或以任何方式享用它。

到此为止，我们已经处理了各种原因，这些原因对我们来说就像是准备好供木匠使用的木料。根据这些原因，我们要把剩余的解释纺织在一起，所以，让我们用少许话语回顾一下我们的起点，看我们走到这一步是怎样走过来的。①【b】让我们试着给我们的解释安上一个"头"，能与我们前面的解释相适应。

重复我一开始说过的话，当一切事物处于无序状态时，神创造了每一事物与其自身的关系、一切事物相互之间的关系、事物所能接受的一切尺度与和谐。因为在那个时候，没有任何东西是有比例的，只有少数偶然的例外，也没有任何东西配得上我们现在使用的名称，比如火、水，或其他元素。【c】造物主首先使这些元素有序，然后用这些元素建构这个宇宙，使之成为一个包含所有可朽的与不朽的生灵于其自身之中的生灵。造物主自己创造了神圣事物，但把创造可朽事物的使命交给了他的儿子们。

他的儿子们模仿他的做法，取来了灵魂不朽的本原，然后开始让它有了一个圆形的、可朽的身体（头），并把整个身体作为运载灵魂的器具。在身体中，他们又制造了另外一种灵魂，可朽的灵魂，【d】这种灵魂会受到各种可怕的、不可抗拒的情感的影响。在这些情感中，首先有快乐，它是趋向罪恶的最大的引诱者；其次有痛苦，它是对善的妨碍；再次是急躁和恐惧，它们经常给人提出愚蠢的主意；此外还有不易劝解的愤怒和容易使人误入歧途的希望。他们将这些情感同非理性的感觉、依必然性法则行事的大胆的爱欲结合在一起，把人造了出来。由于担心神圣的灵魂在有可能避免的情况下受到玷污，他们把可生灭的灵魂另加

---

① 参阅 31b—32c，48b，48e—49e。

安置，【e】放在身体的另一个部分，在头和胸之间造了脖子，就像峡谷和边界，使两部分分开。在胸部，或者在所谓的胸腔里，他们安置了可朽的灵魂，又由于这部分身体的不同部分也有优劣之分，【70】所以他们把胸腔隔成两半，就好像一所房子分成男人的居室和女人的居室，在中间像隔板一样设了一道横隔膜。较为低劣的这部分灵魂拥有勇敢和激情，喜爱争强斗胜，所以他们将它安置在比较靠近头部的地方，即位于横隔膜和脖子之间，使它能听命于理性，并且当欲望拒不服从来自理性大本营的命令时，它们能够配合理性对欲望进行控制和约束。【b】心脏是血管汇聚的地方和流向所有肢体的血液的源泉，被安放在卫士的位置上。每当激情接到理性的命令，说有外来的侵略或内部欲望的损害时，它就激动起来，沿着那些关节和小道，身上所有的感觉器官也能很快地接到命令和恐吓，会尽一切可能服从理性的指挥，这样也就可以贯彻由最优秀者来统治的原则了。

【c】众神预见到，心脏在遇到危险或情绪激动的时候所产生的跳跃必定发生扩张和燃烧，因此他们就制造了肺脏，安放在那里衬托心脏。肺的第一个特点是柔软无血，其次是内部有许多海绵般的孔隙，用于呼吸和喝水。肺有冷却、呼吸、缓解心脏紧张的功能。【d】为此，他们把气管连到肺部，又将肺叶安置在心脏周围作柔软的衬垫，这样，每当心脏情绪激动而拼命跳动时，它可以碰撞到柔软的肺并得到冷却，由此减少伤害，从而也就能够更好地侍奉理性。

另一部分灵魂对饮食和其他东西拥有欲望，这些东西是具有身体性质的理性所需要的。众神把这部分灵魂安放在横隔膜和脐孔之间，【e】这个区域就好像有一个管理者，负责身体的食物，而这部分灵魂就好像一只野兽被束缚在这里，人要想存活就必须喂养它。众神把这个地方作为这部分灵魂的处所，为的是让它始终得到喂养，并让它的住处尽可能远离思想中枢，【71】让它尽可能少发生喧闹和骚扰，从而使那部分最优秀的灵魂可以安静地思考全体和个人之善。众神知道人的这个较低的部分不懂理性，即使能对理性有某种程度的感觉，也决不会对理性的观念加以关注，而多半会被种种幻象和错觉所迷惑，无论是在白天还是黑夜。为了防范这个弱点，【b】神把这部分灵魂与肝脏结合在一起，安放在人的下部。神把肝造得坚实、平滑、光亮、甘美，同时又带有苦味，以便那发自心灵的思想力抵达肝脏时可以像照着一面反映物象的镜子那样被反映出来，提醒这部分灵魂，使其有所畏惧。每逢思想力带着告诫来到这里时，它总是利用肝的这个发苦的部分①使警告迅速传播，因此肝脏呈现出胆汁的颜色，并且由于收缩作用而起皱纹，变得粗糙；【c】进一步又使肝叶蜷曲皱缩，使整个脏器的出入口闭塞，内部通道阻滞，引起痛苦和恶心。反之，当理智的温和气息传到肝脏上，就会呈现性质相反的影像，这种气不会触动或引发与它自身性质相反的性质，却可以使肝脏中固有的甘甜起来平息肝脏之苦，对肝进行调理，使之正常、【d】平滑、自在，使居于肝脏附近的这部分灵魂幸福快乐，安稳度夜，在睡眠中得到预兆，因为这部分灵魂与心灵和理性无缘。创造我们的众神记得他们生身之父的嘱咐，要尽可能把人类创造得完善，因此他们就拿我们的肝脏作为产生预兆的部位，使我们身体的低劣部分的缺陷也能得到矫正，【e】获得一定程度的真理。

神把占卜的技艺赋予人不是针对人的智慧，而是针对人的愚昧，对此我们可以提出一个证明。人获得预言的真理和灵感不是在他理智清醒的时候，而是在理智受到约束、进入睡眠的时候，或者是在由于疾病或神灵附体而心智狂乱的时候。一个人要想明白已说过的话和看到过的异象的意思，【72】无论是在梦中说的还是醒着的时候说的，无论是否具有预言的和神灵附体的性质，都只有先恢复理智，然后才能用理性来确定这些话语和异象的意义何在，确定它们对什么人的过去、现在、未来的祸福有预示作用。如果他仍旧处于疯狂状态，就不能判断他所见到的异象和他自己讲的话。有句古话说得好，"唯有理智健全者才能对他自己和他自己的事务采取行动和判断。"【b】由于这个缘故，习惯上就让那些占卜师来判断神灵启示的真实意义。有些人把他们称作先知，因为这些人不知道占卜师实际上只是在解释那些神秘的言语和异象，他们根

---

① 即胆汁。

本不能称作先知，而只能称作预言的解释者。

这就解释了肝脏的性质，解释了它为什么要被安放在我们说的这个区域——为的是获得预兆。在每个生灵活着的时候，肝脏的预兆迹象是明显的，但当它死了以后，肝脏就变得混浊不明，其显示的预兆也就变得晦涩而不可解了。【c】与肝脏毗连的那个器官（脾）位于肝的左侧，为保持肝脏的光洁而设，犹如一块放在镜子旁边随时可以用来揩拭的抹布。因此，当身体内部失调而产生的污垢出现在肝的区域时，脾脏松软的肌体就将它全部清除和吸收，因为脾脏的组织是多孔而无血的。【d】当脾脏塞满了污垢以后，它就膨胀而溃烂；但若污垢得以清除了，那么它就会收缩并恢复原状。

所以，我们的这些关于灵魂的问题——在什么范围内它是可朽的、在什么范围内它是神圣的、灵魂的各个部分位于何处、它们与哪些器官相联、为什么要分别放置它们——仅当得到神的认可，我们才能说我们说的话是真理。但是，我们必须大胆地说，我们的解释确实至少是可能的，现在是这样，我们进一步考察以后也是这样。所以，让我们就这样说吧。

【e】我们下一个主题应当沿着同样的路线来追踪。这就是描述身体的其他部分是如何生成的。① 下述推论应当能够最好地解释它的构成。我们这个种族的创造者知道，我们在饮食方面会不节制，会远远超过必要的或恰当的程度大吃大喝。为了不让疾病很快摧毁人类，使我们这个有生灭的种族不至于在没有完成使命的时候就死亡，【73】众神在作了预见之后就在我们身上安置了所谓的下腹部，作为接受过量饮食的一个容器，还在腹内安放了弯弯曲曲的肠子，以免食物通过太快而使身体马上就需要更多的食物，成为永不满足的饕餮之徒，使整个种族成为哲学与文化的敌人，反叛我们身上最神圣的成分。

【b】至于骨头、肌肉，以及我们身体其他相似的部分，是这样创造出来的。这些东西的始基全在于髓的生成。因为联结灵魂和身体的那些

---

① 参阅本文61c。

生命纽带紧紧地维系在髓上，髓是人这个种族的根基。髓本身是由其他材料构成的。神使用那些适宜构成最完善的火、水、气、土的端正平滑的基本三角形。【c】我的意思是，神把它们按照种类分开，又按适当的比例调配混合，制成了髓，使之成为各种可朽的生物普遍共用的种子，然后把各种灵魂①植入种子，使灵魂被包裹在种子中，使髓的种类也像它后来接受的不同灵魂的种类一样多。有些髓就像田野，要接受神圣的种子，神就把它造成浑圆的形状，把这个部分称作脑髓，其意图是在每一生物创造完成时，【d】盛载这种始基的容器应当是脑袋，可是那些用来容纳剩余的、可朽的那部分灵魂的髓，神把它们造成浑圆细长的形状②，一律称作骨髓。他把整个灵魂系在骨髓上，就好像把船系在锚上，沿着我们身体的整个骨架开始塑造人体，首先是为骨髓建造骨骼，用骨骼把骨髓完全覆盖起来。

【e】神用下列方式制造骨骼：首先取来筛过的纯净细滑的土拌入骨髓使之湿润，然后加以搓揉，再将它放入火中，然后取出放入水中，然后又取出放入火中，然后再取出放入水中，经过多次反复，使它在水和火中都不会分解。用这种东西作材料，他制成一个球形的头颅包裹脑子，【74】在头颅上他留了一个狭窄的小口，就好像用镟床制造出来的一样。围绕着颈部和背部的骨髓，他塑造了许多脊椎骨，连成一条直线，仿佛枢轴的模样，从头部一直延伸到整个躯干。为了保护所有种子，他用石头一般的东西制成容器把种子围在里面，又使用一些不同的或相异的力量塑造了一些关节，嵌入骨骼，使之能够运动和屈伸。

【b】然后神又想到骨骼太脆太硬，要是把它们放到火里加热然后再用水冷却，就会摧毁里面的种子。考虑到这个因素，神发明了腱和肉，用能够收缩和松弛的腱包裹脊椎骨，从而使整个身体能够弯曲和延伸；而肉可以用来抵御炎热和寒冷，如遇倾跌，还可以摔得轻一些，不易损伤。【c】肉本身含有温暖的水分，到了夏天排出汗液，湿润皮肤，给周

---

① 指理性的、勇敢的、食欲的灵魂，或各部分灵魂。
② 圆柱形。

身带来凉爽；而在冬天则由于肉含有温暖的水分而能抵御外部严寒的侵袭，起到保护身体的作用。考虑到上述因素，神把水、火、土调和在一起，又用酸和盐合成酵素，【d】与三种元素的混合物搅拌在一起，制成了柔软多汁的肉。至于腱，是他用骨头和未发酵的肉合成的，具有二者的中间性质，并呈黄色。所以腱的性质比肉坚实和强韧，比骨头柔软和湿润。神用这些东西来包裹骨骼和骨髓，先用腱把它们扎在一起，然后用肉把它们团团围住。【e】凡是活动性较强、比较敏感的骨骼①，神给它包上的肉最少；活动最少的骨头则被包上最多最厚的肉。

　　还有骨关节，理性指明这地方不需要许多肉，于是神在关节上只放上薄薄的一层肉，以免妨碍关节的伸缩，给活动带来不便，也免得厚重的肌肉缠结在一起，因其过于结实而引起感觉麻木，造成心智的健忘和愚钝。

　　【75】大腿、小腿、臀部、上下臂骨，以及其他一切没有关节的部分，还有体内由于髓中所含灵魂数量较少而缺乏理性的一切骨骼，所有这些部分全都长上了厚厚的肉，而那些拥有心灵的部分一般说来长肉较少，除非造物主将之造成能够传送感觉的器官，例如舌头。但一般说来不是这样。【b】因为依据必然性原则而在我们身上产生并成长的本质不允许有着敏锐感觉的肉同坚硬的骨头结合在一起。如果二者可以结合，那么头部就会有许多感觉敏锐的肉和坚硬的骨头，而人类也会有一个强壮多肉的肌腱般的脑袋，其寿命则可能是我们现在寿命的一倍或多倍，并且更健康，更少痛苦。【c】但是在考虑应当创造一个寿命较长而品质低劣的族类还是创造一个寿命较短而品质优良的族类时，我们的创造者们得出的结论是，每个人都应当尽可能选取短而较好的生活，不应当选取长而较劣的生活，因此他们就给头部包上一层薄薄的骨头，但没有肉和腱，因为头部没有关节。就这样，头部拥有较多的智慧和感觉，但也是身体较弱的部分。【d】由于这些原因，神以这种方式在头的一端安上肌腱，环绕着脖子，按照相似性的原则，均匀地胶合在一起，又把脸部

──────────

① 指头部和脊椎的骨头。

下方两块颚骨的一端联结起来。他把其他腱分散到身体各处，把肢体与肢体联结起来。

我们的创造者抱着必要和至善的目的造出了我们的嘴巴，有牙齿、舌头、嘴唇，就像现在这个样子，【e】亦即出于必要的目的把它设计成一个入口，或者出于至善的目的将它设计成一个出口。进入口中给身体作食物的东西是必要的，而从口中出去的滔滔不绝的言语则是理智的侍者，是一切流射之物中最美好、最高尚的东西。

还有，头部既不可只有一副裸露的骨架，因为季节变化会带来寒冷和酷热，也不可使之长满肌肉，以至于变得迟钝和麻木不仁。于是就从那没有完全干燥的肉质中【76】分离出一片宽大的薄膜覆盖头颅，我们称之为皮肤。皮肤碰上大脑的湿气并借助湿气生长起来，形成了覆盖头颅的罩子。从骨缝下面升起的水分滋润着头顶上的皮肤，形成某种结，使头皮收缩紧贴在脑壳上。骨缝的多样性是由灵魂中的力量和食物的力量引起的。二者之间的对立越强烈，骨缝越多；【b】二者之间的对立越少，骨缝就越少。

神圣的力量又用火在这皮肤上穿刺，形成许多小孔，湿气就从这些小孔中散发，纯净的液体和热量全都散发了，唯有与皮肤性质相同的混合物由于其形体大小与小孔相等，在其自身的推动下生长起来，钻出小孔，但由于动作缓慢而被外面的气顶回皮肤内，【c】结果就在皮肤底下卷曲起来，并且生了根。头发就这样在皮肤中生长起来，它与皮肤同质，因为它就像一根皮制的线，由于冷却而收缩得比皮肤更加坚硬和细密，每根头发一从皮肤上长出来，就被冷却而压缩了。

使用上述我已经提到过的基质，创造者把脑袋造成有头发的，【d】为的是让头发也可以像肉那样起到保护脑袋的作用，成为一种重量很轻的覆盖物或保护层，无论冬夏均可起到这种作用，而又不会妨碍感觉的敏锐。

手指由腱、皮、骨组成，手指上又生出一种由三者结合而成的东西，这就是在干燥过程中形成的兼有三者性质的硬皮，不过这些都是硬皮构成的次要原因，其首要原因则在于心灵面向未来的设计。【e】因为我们的创造者非常清楚，将来有一天会从男人身上生出女人和其他生物①，他们还知道有许多动物出于许多目的会用到指甲，因此他们在第一次创世造人的时候就给人安上了指甲的胚子。出于这个目的，以及由于这些原因，他们使肢体的端点长出皮肤、头发和指甲。

现在，这个可朽生物的所有部分和肢体都已经齐全了，【77】由于它的生命必定要靠火和气来维持，而火与气的分解或缺乏会使生命死亡，因此众神就想出下列补救办法。他们用各种元素混合制造出另外一类生物，它们与人的本性相近，但有着不同的形态和感觉。这就是树木、庄稼及其种子，它们经过栽培而被改良，不过最初只有野生植物，它们的出现比经过改良的品种要早得多。【b】凡是拥有生命的东西都可以被称作生物，我们现在说的生物拥有第三种灵魂，亦即位于横隔膜和脐孔之间的灵魂。这种灵魂没有意见、理智或思想，只有快乐和痛苦，以及与之相伴的各种欲望。由于这种生物总是处于被动状态，生来不具有运动的能力，不能抗拒外来的运动，也不能自动，【c】因此也就不能观察和反映它自身的利益。它确实是活的，在这方面与生物没有区别，但它又是固定的，扎根于某个地点，没有自动的能力。

所有这些生物都是我们的主人②种下的，为的是给我们提供营养。做完这些以后，他们开始在我们身体内开挖了各种管道，犹如在花园里开挖沟渠，以便引水灌溉。首先，他们循着脊椎骨在皮肤和肌肉相连处开了两条暗沟【d】或血管③，分别对应于身体的左边和右边。他们使这两条血管沿着脊椎骨延伸下去，其间是最适宜在此处滋生的骨髓，这样作为的是使流体能够从上到下顺利地流淌到身体的其他部分，以达到均匀灌溉的目的。其次，【e】他们将头部四周的血管分成许多枝杈，相互交织，并按不同方向延伸，有些从头部右侧绕向左侧，有些从头部左侧绕向右侧，使它们和皮肤一道形成联结头部和躯干的纽带，因为头顶没

① 参阅本篇最后部分讲述男人转世成女人，以及男女生育的段落（91a—d）。

② 指创造人类的众神。

③ 指大动脉和大静脉，在柏拉图时代，还不知道静脉与动脉的区别。

有肌腱包裹，这样做也是为了使身体两侧的感觉能够传到全身。

从这里开始，众神按照下述方式安排身体的灌溉，【78】如果我们一开始就承认，凡由较小粒子构成的物体可以留住较大的粒子，凡由较大粒子构成的物体则不能留住较小的粒子，那么这种方式就比较容易理解。在各种元素中，火的粒子最小，因此能够穿透水、土、气，以及它们的合成物，但没有一样元素可以留住火。同样的原则也可用于人的肚子，当食物和饮料进入肚子，【b】肚子就把它留住了，但它不能留住气和火，因为它们的粒子小于构成肚子本身的粒子。然而，为了把水份从肚子送往血管，神用火和气织成一个网状物，在其入口处又有两个较小的网兜；进一步他又把其中的一个网兜的入口分成两岔，从这些小网兜引出许多索状物，把整张网的外缘拉住。[①]【c】整张网的内层是用火造成的，而较小的两个网兜及其网腔则用气造成。

他取过这张网按下述方式放入刚刚造好的生物体内。他把较小的网兜从口腔放进去。这样的网兜有两个，一个顺着气管放入肺，另一个则顺着气管放入肚子。前者分成两岔，用鼻孔作为它们的通道，如果经由口腔的第一个通道堵住了，【d】还可以用鼻腔来通气。他用一个网［亦即较大的那张网］包裹身体的空腔部分，一会儿使整个空腔温和地进入小网，因为它们都是气构成的，一会儿又使它们从小网往外回流。他使这张网在身体的孔穴间穿行出入，火束则随着气的进出通道运动，【e】只要那可朽的生物不解体，这个过程就决不会停止。我们说，起名者用吸气和呼气这两个名称来给这个过程定名。这种运动在身体中发生，既是主动的又是被动的，为的是身体能够吸收水分和被冷却，从而获得营养和生命。因为在呼吸的时候，人体内部的火随着气的进出而进出，

---

①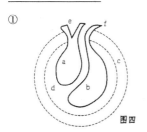

图四

插图四：这幅图可以帮助说明这段晦涩的论述：（a）上部内层小网；（b）下部一层小网；（c）由气构成的外层；（d）由火构成的内层；（e）通过鼻孔的两个气道；（f）通过口腔的一个食道。

【79】穿过肚腹而抵达食物和饮料，把它们分解成许多小颗粒，然后引导它们穿越那些通道而进入血管，就好像把它们从一个源泉导向沟渠，使得血管中流动的溪流像流经水管那样畅流全身。

不过，让我们再来思考一下呼吸现象。其原因是这样的：【b】由于运动着的物体能够进入的地方无真空可言，而我们把气呼出体外的结果是谁都清楚的，也就是说呼出的气并非进入真空，而是将邻近的物体推离原处，被推离的物体又将与它邻近的物体推走；依此类推，必定有被推开的东西回到呼气之处，随着吸气进入体内，填补空隙，【c】这个过程就像车轮旋转，因为不存在真空。因此，胸和肺每次把气呼出体外，马上会有身体周围的气给以填充，这些气通过肉的毛孔进入体内作循环运动，而从身体各处排出的气也迫使体外的空气通过口腔和鼻孔进入体内。

这些过程是如何开始的？我们必须假定这样一种解释：每一生物内部，凡接近血液和血管的地方是最热的。【d】身体里面有火源，我们刚才把这个火源比作网，说它全由火织成，并延伸到身体的中心，而这张网的外层是用气组成的。现在我们必须承认，热天然地从它自身所在的区域伸向与其同类的元素。热有两类出口，一类通过身体，另一类通过口和鼻。【e】当热朝着一个出口运动时，也就驱使气转向另一个出口，使这些气与火相混而变热，而出来的气则变冷。每当热改变位置，位于另一个出口的粒子变得较热时，这较热的气趋向于这个方向，携带着它的天然元素火，推动着另一出口处的气；以同样的方式，在同样的力量推动下，一种循环往复的运动就由这个双重的过程构成了，我们称之为吸气与呼气。

下列现象都应当按照同样的原则来进行考察：医学中的拔火罐、吞噬饮料、【80】无论是抛入空中还是沿着地面滚动的物体的抛射、或快或慢而显得高低不同的声音，有时候由于声音在我们体内引发的运动不均等而使我们感到声音不和谐，有时候又由于声音在我们体内引发的运动具有均等性而使我们感到声音的和谐。因为，当先行较快的声音开始停顿下来时，较慢的声音就赶上较快的声音，并推动前一声音前进，这时二者就是均等的。【b】这种情况发生时，后一声音并没有强加一个新的不和谐的运动，而只是开始一个与那正在停止的较快运动相应的较慢的运动，由此产生一种混合了高低音的表达，产生一种连蠢人也能感受到的快乐，而对聪明人来说，这是以凡俗的运动在模仿神圣的和谐，会给他们带来一种更高的愉悦。

【c】还有，水的奔流、雷霆的轰击，以及琥珀和赫拉克利亚之石① 吸引物体的奇怪现象，这些现象的发生都不是由于有什么吸引力，而是因为不存在真空。若是正确地考察一下就可以发现，诸如此类的神奇现象发生的原因可以归诸于同时存在某些条件，物体相互之间发生着循环式的推动，并随着物体的分离或结合而换位，趋向于它们各自的恰当位置。

【d】我们所讨论的呼吸现象为这种解释提供了机会。我们上面提到的是有其自身存在的原则和原因，如我们前述。火切割食物，又随着气在体内周身升腾，火和气一道上升，并把来自腹部的切割过的食物微粒带入血管，所以食物之流就在所有生物的全身不停地流动。这些营养性的微粒都是刚从同类物质中切割而来的，【e】无论来自大地生长的果子，还是来自田野里的谷物，都是神安排给我们作食物的，它们由于互相混合而呈现各种颜色，不过红色是最主要的，火切割食物时留下了印记，因此周身流动的液体就有了我们所说的这种颜色。我们把这种液体称作血，【81】给肌肉和全身提供营养，因此，身体的每个部分都能得到水分，也可填满体内的空隙。补充和排泄的过程也遵循同类相聚这一事物运动的普遍方式。我们身体周围的元素使我们不断消耗与化解各种东西，并使之归向同类；血液中的微粒也在我们体内被分解，它含有一个宇宙中的生物体那样的结构，【b】因此也被迫模仿这种普遍的运动。因此，我们体内每一个被分解的微粒都在趋向其同类的过程中填补体内的空隙。如果排泄多于补充，那么我们就会死亡，如果补充多于排泄，我们的身体就生长和增加重量。整个生物的结构若处于新生期，由于它

① 赫拉克利亚（Ἡράκλεια），地名。"赫拉克利亚之石"指磁石。

拥有的基本三角形都是新的，所以可以比作刚下水的船舶，其成分相互结合得很紧密，但是整个机体还很柔弱，因为它的髓生成不久，并且要靠乳汁来哺养。【c】然后许多构成肉类和饮料的三角形从外面进入体内，它们比体内原有的三角形老一些并且弱一些，这时候生物的结构就以它自身的新三角形将它们分割，于是这生物就因为取得许多同类物质作为食料而成长起来。但当三角形之根① 由于经过长时间的战斗而变得迟钝以后，【d】它们就不能再对进入体内的食物的三角形进行分割和消化，反倒是它们自身变得很容易被外来物体所分割。每一生物以这种方式发生颓败和衰退，这种情况被称作老年。最后，髓中原来结合得很紧密的三角形的纽带不能再维持，被存在之链瓦解，接着又使束缚灵魂的纽带陷于松弛，而灵魂一经如此自然的解脱，就高高兴兴地飞走了。【e】顺应自然的变化是快乐的，违反自然的变化是痛苦的。因此，由疾病或创伤所引起的死亡是痛苦的、剧烈的，由于年老而自然寿终是最轻省的死亡，与这种死亡相伴的是快乐而非痛苦。

　　【82】我以为，每个人都能明白疾病的根源。身体由土、火、水、气四种元素构成，由于这些元素的过量或缺乏，它们所处自然位置发生变化，或者由于存在着多种火和其他元素，如果身体接受了不适宜的火或其他元素，或出现任何类似的不合常规的变化，就会引起体内的失调和疾病。任何一种元素若是以违反自然的方式产生，那么各种各样的变化都会发生，【b】例如原先冷的元素就变热，原先干的元素就变湿，原先的轻元素就变重，原先的重元素就变轻。我们认为，一种东西只有以同样的方式、在同样方面、按既定的比例，增加并减少相同的东西，才能与其自身保持同一、完整和健全。凡是违背这些法则的增减都会引起种种变化和无穷无尽的疾病与腐败。

　　再说，由于在自然中还有另一类次要的结构，【c】任何打算理解疾病的人就有了第二套研究主题。由于髓、骨、肉、腱均由四种元素构成，血的构成方式虽然不同，但也是由四种元素构成的，所以大部分疾

---

① 即基本三角形的原始构造。

病都按照我已经说过的方式产生，不过最严重的疾病却是由于这些基质一开始就以一种错误的秩序生成，结果导致毁灭。按照自然秩序，肉和腱由血造成，【d】腱来自与其性质相同的血纤维，肉则来自一种与血纤维分离时凝固而成的东西。出自腱和肉的这种粘液不仅使肉胶着于骨骼，而且给那些包裹骨髓的骨骼添加营养，帮助它生长；此外还有一种由最纯粹的、最光滑的、油性的三角形所构成的粒子，它渗入厚实的骨头滋润骨髓。【e】当每一过程都按照这一秩序发生，就会产生健康的结果。

然而，如果秩序颠倒了，就会发生疾病。肉被分解后形成的那些损坏了的基质被送回血管，此时血管中过量地容纳了不同种类的血液，再与血液中的气相结合，结果就呈现各种颜色和苦味，具有酸和碱的性质，又包含各种胆汁、浆液和粘液。凡误入歧途的东西都会带来腐败，【83】首先就是血液的污染，然后是血液停止向身体提供营养，而本来向全身提供的营养是由血液来输送的，它们不再遵循原先自然的运行秩序，而是相互为敌，因此它们彼此之间不能再有所裨益，还要对正常的身体组织进行攻击，使之腐败和化解。

这样一来，肉的最老的部分受到腐蚀，由于其坚硬而不能分解，因此经过长时间燃烧后变黑，又由于到处受到腐蚀而发苦，【b】殃及尚未腐败的身体的其他部分。有时候，苦的性质被冲淡，那发黑的部分由苦的变成酸的；有时候，苦的部分由于浸染血液而呈现更加红的颜色，再与那黑色相混合而呈现草绿色；还有，【c】当新肉被那体内的火化解时，就会呈现金棕色与苦味相混合。对于所有这些汁液，某些医生，或者倒不如说某些善于从不同事物中概括出普遍性质来的哲学家，会把它们称作胆汁。但是胆汁有许多种类，可以按照颜色来加以区分。至于浆液，那种血液中的水一样的部分①，是无害的，但那种黑色并呈酸性的胆汁在热的作用下与某种盐一样的东西混合，就成为有害的，被称作酸性粘液。还有，【d】鲜嫩的肉遇到空气所分泌出来的汁液在流出过程中体积

---

① 指血清。

很小，肉眼看不见，等到形成液体并产生可见的泡沫时就呈现白色，我们将这种嫩肉的分泌物与气混合后所产生的东西称作粘液。【e】新产生的粘液或粘液的沉淀物是汗和泪，还包括从身体里排泄出来的其他体液。如果血液不按自然的方式从肉类和饮料中获得补充，而是违反自然法则，从具有相反性质的东西中大量吸收，那么上述情况的发生也就成了引起疾病的原因。

某个部分的肉由于疾病而分解，但此时只要身体的基础还算牢固，无序的力量也还没有过半，那么身体还有康复的机会。【84】但若把肉联结到骨头上的东西也病了，不再能把它自己与肌肉和腱分开，不能供应养料给骨骼，并且也不能再起到联结肌肉与骨头的纽带作用，从原先油性的、光滑的、粘性的状态变成粗糙的、碱性的、干燥的，总之由于其营养不良，使得所有位于肉和腱之下的东西全都腐烂，【b】与骨骼分离，而肉也会随之销蚀，使腱裸露并且充满盐分，而这些肉分解后又进入血液的循环，使得前面说过的疾病更加严重。身体的这些病痛虽然是严重的，但还有一些在前面发生的疾病比它们更为严重。

如果这些肉体的感染很严重，那么先前的无序会变得更加混乱，一旦骨骼本身由于包裹它的肉过于厚实而不能得到足够的气，发霉、变热而生成坏疽，【c】那么整个自然过程就会颠倒过来，腐烂的骨头会进入血液，再由血液进入肉体，然后再进入血液，到了这种时候，比前面提到过的疾病凶险得多的各种疾病都会发生。不过，最最危险的疾病是骨髓病，要么过量，要么不足，这是最严重的失调的根源，到了这种时候，身体的整个进程就完全颠倒了。

还有第三类疾病，我们可以设想它以三种方式发生：第一种方式来自于气；【d】第二种方式来自于粘液；第三种方式来自胆汁。当负责把气分送到整个身体的肺被粘液阻塞，吐纳不畅，有些通道失去作用，有些通道输入的气大于平常的量，就会使那些得不到气的部分发生腐败，而那些得到过量的气的部分则会血管扭曲；这些气还会分解被包裹在气中的身体部分，封住位于躯体中心的横隔膜区域，由此产生无数痛苦的疾病，伴随着大量出汗。【e】当肉在体内被分解之后，体内产生的气不能外泄，也会引起体外之气进入体内时所造成的那种痛苦；倘若气包围了腱和肩膀上的血管，使它们肿胀，就会将所有与肩部相连的大腱向后扭曲。这些反常状态被称作破伤风或角弓反张，其原因就在于相伴而来的痉挛。要治愈这些疾病是困难的，大多数情况下，【85】发一阵高热反而会使抽搐减轻。

白色粘液如果由于气泡的原因而留存在体内是危险的，但若能够与体外的气交流，那么问题就不太严重，只会引起白癣、皮疹以及诸如此类的疾病，使身体呈现许多斑点。当这种粘液与黑色的胆汁混合，【b】散布到那最神圣的头部的许多通道上，如果在睡眠中，那么它的影响尚属轻微，如果是在人清醒的时候进行侵袭，那就不太容易消除了，因为这种疾病发生的部位是神圣的，称之为"神圣的病"也是贴切的。①

还有，酸性和碱性的粘液是粘膜炎一类疾病的根源，但它们有许多名称，因为发生这种炎症的部位有很多。

身体的所有炎症是由胆汁引起的（之所以称之为炎症乃是因为它是体内的燃烧和发炎）。胆汁一发现排泄的通道就会沸腾，【c】并且形成各种肿块，如果留存在体内，就会引起许多发炎的疾病，最严重的是胆汁与纯粹的血液混合而将血中的纤维排挤掉，这些血纤维分布在血液中，起着平衡血液浓淡的作用，使血液既不至于遇热而稀化到从毛孔渗出体外，【d】也不至于浓稠到难以在血管中循环流动。血纤维的构成就是为了保持这种平衡，当血液失去活力并且正在冷却的时候，若有人将它的纤维素收集起来，那么剩余的血液便又成为流动的；但若撒下这些血纤维不管，那么它们很快就会因为周围的寒冷而凝结。血纤维对血液有着这种作用，而胆汁只是陈腐的血，从肉中分解后又进入血液。它起初作为一种热的液体逐渐注入血中，【e】然后由于血纤维的作用而凝固，等到胆汁凝固并冷却的时候，就引起身体发冷和发抖。当有较多的胆汁进入血液时，胆汁可以凭着它的热量征服血纤维，并在胆汁的沸腾中使血纤维陷于混乱；如果胆汁有足够的力量继续保持这种优势，它就能渗

---

① 即癫痫病。

入髓内，把那拴住灵魂的缆绳烧毁，犹如解开船缆一般，让灵魂自由离去；但若胆汁注入血液的分量不多，而身体有力量抵抗胆汁的分解，那么被征服的仍是胆汁，这时候胆汁要么从身体表面排出，要么通过血管被驱逐到下腹部或上腹部，【86】仿佛一批因内战而被逐出城邦的流放犯，从身体中被排除出去，腹泻、痢疾，以及诸如此类的疾病就是这样产生的。如果身体因为过量的火而失调，其结果就是不断地发热和发烧；如果原因在于过量的气，那么会每天发烧一次；如果原因在于过量的水，那么隔日发烧一次，因为水元素比气和火迟钝；如果原因在于过量的土，那么要四天发一次烧，因为土是四种元素中最迟钝的，要用四倍的时间才能涤除病因，这种病很难治好。

【b】以上就是各种身体疾病产生的方式，而居于身体内的灵魂则以下述方式出现失调。我们必须承认，心灵的疾病产生于理智的缺乏，而对理智来说有两种情况：一种是疯狂，另一种是无知。

一个人无论经历两种情况中的哪一种，都可以称作有病，过度的快乐和痛苦乃是最大的与灵魂相关的疾病。【c】因为一个人要是处于巨大的快乐或痛苦之中，又以不适当的方式获得其中之一或避免其中之一，那么他就不能正确地看或正确地听，而是心智错乱，根本不能使用理智。一个人的骨髓内如果种子太多，仿佛一棵果树结了过量的果实，就会产生病痛，也会由于他的欲望和产物而得到许多快乐，【d】在一生的大部分时间里，他由于这些巨大的快乐和痛苦而处于疯狂状态，他的灵魂亦由于他的身体而变得愚蠢和失常。但是人们并不认为这种人有病，而是认为他们故意作恶，这种看法是错的。事实上，无节制的性行为乃是灵魂的一种疾病，其主要成因在于骨骼疏松而产生的某种元素的潮湿和流动。一般说来，在坏人故意作恶的观念支配下人们指责那些所谓快乐无度的行为，但这些指责是错的。【e】因为没有人想要成为恶人，恶人之所以恶，乃是因为身体有病或因为受到不良教育。这些事情人人都痛恨，但发生在这个人身上是违背他的意愿的。

拿痛苦来说也一样，灵魂同样由于身体的缺陷而遭受许多痛苦。酸性的和碱性的粘液，以及其他带苦味的胆汁，如果在身体中流转，但又找不到外泄的出路而闭塞在体内，【87】其蒸发出来的汽与灵魂的运动相遇，并且混合在一起，就会产生不同程度、不同范围的各种疾病。这些体液如果渗入灵魂的三个区域①，就会依其侵袭部位之不同而造成各种各样的坏脾气和坏情绪，产生鲁莽和怯懦、健忘和愚蠢。进一步说，【b】倘若这种身体之恶加上政治制度之恶，以及公私场合下的言论之恶，再加上人们从儿童时代起就缺乏可以医治这些恶的教育，那么我们这些恶人之所以变恶的两个原因就完全超越了我们的控制。在这种情况下应当受责备的，与其说是植物倒不如说是栽培者，与其说是受教育者倒不如说是教育者。但无论情况如何，我们都必须尽最大努力，通过教育、追求和学习来避恶求善，但这已经是另一个主题的内容了。

【c】与上述探讨相应，我们要提出一个治疗身体和心灵，使之得以保存的模式，我要说这样做是适宜的，也是正确的，因为我们的责任要求我们多谈善少谈恶。凡是善的事物都是美的，而美的事物不会不合比例，因此美的生物也必定合乎比例。迄今为止我们所感受到的生物的均衡、比例、合理性都比较小，但我们对最高级、最伟大的均衡却未加以注意，【d】因为对于健康与疾病、善与恶的问题来说，关系最大的莫过于灵魂和肉体之间所存在的均衡或不均衡。可是对于这样的问题，我们全然没有感觉到，更没有反思如果以弱小无能的身躯作为运载工具来运载坚强伟大的灵魂，或者与此相反，把小小的灵魂安置于巨大的身躯，那么整个生物不会是美的，因为它缺乏一切均衡中最重要的均衡，而在有目能见的人看来，如果心灵和身躯是均衡的，那么这个生物是最美丽的，最可爱的。【e】好比说，某个身体上的腿长得太长，或者在别的方面不匀称，那么不仅看上去不美，而且在完成它的工作时会遇到许多麻烦，由于行动不灵而经常跌倒，甚至扭伤肢体，这就是给它自身带来无数的恶的原因。我们应当用同样的方式来看待这个被称作生物的东西的双重本性。【88】在这个复合物中，如果有一个比肉体还要强大的充满激情的灵魂，那么我要说，它会扰乱整个人的内在性质，引起种种

---

① 指头部、骨髓和骨骼。

失调；如果灵魂热切地想要探索某种知识或者做研究，那也是在浪费体力。还有，在公开和私下的教育或辩论场合，争执到了白热化的程度就会引起身体内部的发热和分解，引起许多炎症。大多数教医学的人不懂这种现象的本质，他们描述的病因与真实原因正好相反。还有，非常魁梧强壮的身躯同弱小无能的理智结合在一起，【b】这个时候由于人生来就有两种欲望———一种是为身体谋求食物的欲望，另一种是为我们的这个神圣部分① 谋求智慧的欲望——那么强者的运动会越来越占据优势，力量会越来越强，而这种状况就会使灵魂变得越来越迟钝、糊涂、健忘，由此产生最严重的疾病——无知。

有一个办法可以防止这两种不均衡，这就是不要只使用灵魂而不使用身体，也不要只使用身体而不使用灵魂，只有均衡地使用二者才能保持健康。【c】因此沉浸在某些理智活动的数学家和其他学问家也应当经常参加体育活动，做做体操，而那些醉心于身体健美的人如果想要被称作真正美的和真正善的，就应当转而注意灵魂的适当运动，应当从事各种艺术和哲学。【d】身体各部分也应以同样的方式对待，要仿效宇宙的运动方式来进行锻炼，因为身体由进入体内的元素来加热或冷却，又受外部事物的影响而变干或变湿，更由于两类运动的作用而产生各种经验和感受，如果身体完全听命于这些运动的支配，那么身体就会趋向静止和灭亡。但若能够模仿我们所说的宇宙的保育者和保姆的方法，不让身体静止，而让身体经常处于运动之中，【e】使整个身体动荡，就能自然而然地免除体内体外一切运动的影响，同时借着适度的震荡使漫游于体内的许多微粒和各种感受能够各按其亲缘关系归于正常的秩序，就像我们在前面谈论宇宙时说过的那样。【89】他不会听任敌对双方相处在一起，引起体内的斗争和疾病，而会使友好的双方处在一起，从而得到健康。

由事物自身产生的运动是世上最好的运动，因为这种运动与思想运动和宇宙运动在性质上最为相似；由他物引起的运动不那么好，但最不

---

① 指头部。

好的运动乃是外物加诸于静止身体的局部运动。所以，使身体荡涤污垢、重新结合的最佳方式是体操；其次是振荡运动，比如划船或其他不太疲劳的运输性的活动；【b】第三种运动可以在绝对必要的情况下使用，但若有其他方法，聪明人就不会使用它——我指的是医生的清洗性治疗，因为疾病若不是十分危险，都不应当用药物来刺激，每一种疾病的机制都与生物的机制相似，而生物复杂的机体都有既定的寿命。对整个族类来说是这样，【c】对个体来说也是这样，除非遇到不可避免的意外事故。来到这个世上的生物各有其确定的寿限，我们身上的基本三角形的存活也有一定的寿限，超过这个寿限，就没有人能够继续存活。这条法则对疾病的机制也适用，如果有人不顾生命的期限，试图用药物将疾病硬压下去，其结果往往是使疾病变得更多，更严重。所以，只要病人还有时间，就要用养生法来消除疾病，【d】而不要用药物去刺激一个不好惹的敌人。

关于以身体为其中一部分的这个复合的生物、关于人应当如何接受训练和训练自己以求得最合理的生活，我们的看法已经说够了，我们必须尽力提供最优秀的训练方式以适应我们的目的。哪怕最简略地讨论这个问题都会非常费力，【e】但若我只像前面那样提供一个大概的轮廓，那么可以适当地概述如下：

我已经屡次提到，我们体内有三种灵魂，各有其自身的运动，现在我必须尽可能简略地加以重复，如果有一种灵魂停滞不动了，那么它必然变得十分虚弱，但若不断地进行锻炼和运动，它就会变得非常坚强。【90】因此，我们务必要使三种灵魂的运动保持均衡。

我们应当考虑到，神把神性赋予每个人的灵魂中那个最崇高的部分，我们说过这个部分位于人体的顶部，因此我们不是从土中生长出来的植物，而是来自天上的生物，是这部分灵魂使我们从地上上升，趋向我们天上的同类。我们说的这些话是真的，因为神力使我们的头和根从我们的灵魂最初生成之处悬挂下来，【b】把我们的整个身躯造成直立的。当一个人耽于欲望，孜孜不倦地追求欲望的满足时，他的全部思想必定是有生灭的，为了能够实现他的目的，他必定是完全可朽的，因为他十分重视他的有生灭的部分。热忱地喜爱知识与真正智慧的人，使用理智多于使用身体其他部分的人，【c】必定拥有不朽的、神圣的思想，要在人性所能分有的不朽性的范围内获得真理，他一定要完全不朽，因为他永远珍视神圣的力量，并使他身上的神性保持完美，他能得到至高无上的幸福。照料各种事物只有一种方式，这就是给它提供与其本性相合的食物和运动。【d】与我们体内那个神圣的原则天然相符的运动就是思想和宇宙的旋转。每个人都应当通过学习宇宙的和谐运动来矫正我们头脑的运动过程，这个过程在我们出生时就遭到歪曲，我们要使思想的存在与思想同一，更新它的原初性质，在达到这种同一后过上众神摆在人类面前的最幸福的生活，既为人类的当前，也为人类的未来。

【e】嗯，到此为止，我们好像已经完成了我们最初规定的任务，追溯宇宙的历史，直到人类的生成。我们应当继续简单地提一下其他生物是如何形成的——谈论这个主题需要的话语不多。通过这样的讲述，我们自己似乎可以比较好地衡量迄今为止我们已经涉及的这些主题。

那么，让我们以下面这种方式开始讨论这个主题。按照我们可能的解释，来到这个世上的男人如果是懦夫，或者过着一种不正义的生活，【91】那么可以合理地认为他在下一次出生时就会变成女人。这就是众神在那个时候要在人身上创造性交欲望的原因，他们在男人身上造出一种具有生命力的基质，又在女人身上造出另一种具有生命力的基质，按下列方式分别进行。体内的液体流经肺部，再经过肾脏而进入膀胱，并由于气的压力而排出体外，众神在那排泄液体的出口处钻了一个孔，【b】使之能接触到那从头部经过脖子沿着脊椎下来的渗入体内的骨髓，在前面的谈话中我们称这种骨髓为种子。拥有生命和呼吸能力的种子在那个部分产生，并从那个部分得到一种向外发射的强烈欲望，由此在我们身上创造了生育之爱。男人身上的生殖器因此而变得不听节制，自行其是，仿佛一头不可理喻的野兽，【c】在情欲的推动下变得疯狂，想要支配一切；而女人所谓的子宫或母体的情况是相同的。子宫里的小生灵①具有生育子女的欲望，如果到了适宜的生育年龄而又长时间没有生育，它们就不耐烦，生气了，于是就在体内到处乱爬，堵住呼吸的通道，并通过阻塞呼吸而使它们抵达端点，引发各种疾病，直到两性的欲望和爱情使男女互相结合，【d】就像从树上采摘果实，播种在田野一般的子宫里，然后那些微小无形的、肉眼看不见的小生灵再一次分裂，在体内成熟，最后终于诞生，动物的生殖就这样完成了。

女人以及一般的雌性动物就被造成这个样子。但鸟类却是由那些天真而又轻率的男人变形而成的，尽管他们的心灵也朝向天空，但由于心思过于简单而又以为可以用视觉最清楚地证明天上的事物；这些人在转世时就被再造变形为鸟，【e】身上长出羽毛而不是毛发。野生爬行动物这个种族来自那些思想上从来没有哲学，又从不考虑天空性质的人，因为他们停止使用头部的运动，听从胸腔内那两部分灵魂的使唤。如此习以为常，他们的前肢和头颅就耷拉下来，靠近地面，因为彼此性质相近；他们的头部也变长了，并且有各种形状，由于不使用，他们头脑中的灵魂运动已经崩溃了。【92】这就是它们被造成四足或多足运物的原因。动物越愚蠢，众神给它们的支撑就越多，它们也就更加接近地面。这类运动中最愚蠢的就把整个身体匍匐在地面上，而不再需要脚，所以众神就把它们造成无足的爬虫。第四类是水中的居民，【b】是从最愚蠢、最无知的人变形而来的，众神认为他们不再配得上呼吸纯净的气，因为他们拥有一颗犯下种种过失的污浊的灵魂，因此就把污浊的深海中的水作为他们呼吸的元素。由此产生鱼类、贝壳类，以及其他水生动物，它们居住在最偏远的地方，【c】这是对他们的极端无知的一种惩罚。这些就是一切动物从一种形态转化为另一种形态的法则，所有动物的转化从一开始就伴随着获得智慧或失去智慧，由于失去智慧而变得愚蠢。

现在可以说，我们有关宇宙的解释到此结束。我们的这个宇宙接受

---

① 指卵子。

和滋养了各种各样的生灵，可朽的和不可朽的。它是一个可见的生灵，包含着众多可见的小生灵，它也是一位可见的神，是那位活生生的理智者①的形像，它是宏伟的、良善的、美丽的、圆满和无与伦比的。确实，我们的宇宙是生成的，是唯一的。

---

① 指造物主，神。

克里底亚篇

提　要

　　本篇属于柏拉图后期对话，以主要谈话人克里底亚的名字命名。对话场景接续《蒂迈欧篇》。公元 1 世纪的塞拉绪罗在编定柏拉图作品篇目时，将本篇列为第八组四联剧的第四篇，称其性质是"伦理性的"，称其主题是"大西岛的故事"。[①] 谈话没有完成，现存部分译成中文约 1 万 2 千字。

　　在《蒂迈欧篇》中，"大西岛"的故事不是核心内容，而本篇的主要内容就是对这个神奇岛屿的描述。苏格拉底、蒂迈欧、赫谟克拉底参加了对话，主要陈述由克里底亚作出。蒂迈欧要求克里底亚继续讲述大西岛的故事，克里底亚表示接受任务，但请其他人迁就他讲述的内容。

　　克里底亚说，大西岛是直布罗陀海峡西面的一个庞大的岛屿，其面积比利比亚和亚细亚加在一起还要大。后来由于地震，大西岛沉没到海底，成为不可航行的浅滩暗礁，阻碍着人们穿越海峡进入大西洋。九千年前爆发了一场战争，一方是以雅典城邦为首的联军，另一方是大西岛国王指挥的军队。

　　克里底亚首先描述了雅典人的生存状况、地理环境、自然条件和社会构成。然后，克里底亚描述大西岛人的情况。大西岛是海神波塞冬的领地，他把他与一位凡间女子所生的十个儿子安置在大西岛上，他就是大西岛人的祖先。他的大儿子阿特拉斯当了大西岛王国的国王，王位传

---

① 参阅第欧根尼·拉尔修：《名哲言行录》3：60。

了许多代，均由长子世袭。大西岛上物产丰富，应有尽有，国王们使用这些资源来建造和美化他们的神庙、王宫、港口和码头。

说完大西岛国各方面的情况以后，克里底亚讲述大西岛国侵犯雅典的原因。大西岛人一开始作为神的姻亲拥有一些神性，能够服从法律，但是后来由于财富的增长而神性淡化，他们身上的人性开始占上风，开始变得愚蠢，变得骄横跋扈，以权势欺凌弱者。众神之神宙斯看到这个光荣的种族堕落到邪恶的境地，想要对他们进行审判，于是召集众神开会。原文到了这里就中断了。

正　文

谈话人：蒂迈欧、克里底亚、苏格拉底、赫谟克拉底

蒂　【106】我真是太高兴了，苏格拉底，完成了我的长篇论证！我感到一种旅行者般的解脱，长途跋涉以后终于可以休息了。现在我要向这位神① 祈祷，他实际上很久以前就已经诞生，【b】而在我刚才的讲话中他被创造出来不久。我的祈祷是，愿他能帮助我们恰当地保存我们的所有讲话，要是我们在谈论中违背我们良好的意愿，说了什么错话，也请他给予恰当的处罚。就像乐师弹错了音符，给他的最恰当处罚就是让他回归和谐。所以，在我们将来讨论众神起源的时候，我们要恳求他赐予我们最优秀、最完善的良药——理智。嗯，我们现在已经献上了我们的祈祷，我们将遵守我们的约定，把后面的演讲任务交给克里底亚，让他来恰当地讲述。

克　很好，蒂迈欧。我会接受这个任务，【c】但我也会像你演讲开始一样提出同样的请求，你当时请求我们的同情，因为你的论证主题十分重大。【107】但我感到自己比你更有权利提出这样的要求。当然，我完全明白我的要求看起来很冒昧而又不得体，可是我不能不这样做。确实，就你刚才的讲述来说，有哪个头脑健全的人会不承认它的精妙绝伦

---

① 指宇宙。

呢？而我尽力想要说明的是，我将要讲述的内容更难把握，所以我请求得到更大的迁就。蒂迈欧啊，【b】事实上人们谈论众神要比谈论像我们这样的凡人更加容易，谈论众神更容易令听众满意。听众若是对某些事情不熟悉或完全无知，就会给谈论者带来了极大的便利，就众神的事务来说，我们当然知道自己对此会有多少知识。我要做的无非就是把我的意思说得比较清楚，并且尽可能举例说明。

我假定，这是不可避免的，我们每个人作出的所有表述都是一种再现和试图与对象相似。让我们来考虑画家的绘画技艺，它以众神和凡人的形体为对象，其难易程度与画家如何使他的观众确信有关，他要使观众相信画家已经恰当地再现了他的技艺的对象。【c】我们会看到，如果画的是大地、山峦、河流、森林、星空，还有一些在天上运动的星辰，一方面，这些东西只要能画得有一点儿像，人们就感到满意了，另一方面，由于我们对这一类对象的知识从来不是精确的，【d】所以我们不会对作品进行批评和考察，并且在遇到这种情况时就容忍了这些不清晰的、欺骗性的画法。但若艺术家要画的是人体，我们的日常观察使我们很快就能发现这种画的缺点，如果有谁不能画出完全相似的画，我们就会提出严厉的批评。那么好吧，我们应当承认讨论问题也是这种情况。如果谈论的主题是天体和神，那么只要有一点儿相似我们就感到满意；如果谈论的主题是生物和人，那么我们就会提出许多批评意见。我们当前未经预演的叙述也一样，【e】如果我不能取得恰当、完美的效果，请你们多多包涵。事实上，我们必须明白，想要生动地描述人的生活是困难的，而不是容易的。【108】苏格拉底，我要提醒你们注意这一点，尽量迁就我要讲述的内容，而不是不予迁就，而为了做到这一点，我已经说了一大堆话。如果你们全都感到我的要求是正当的，那就请你们欣然同意吧。

苏 我们当然会表示同意，克里底亚。我们不仅会迁就你，而且还会迁就在你之后要发言的赫谟克拉底。【b】不消说，过一会儿轮到他发言的时候，他也会提出和你一样的请求。为了让他能够准备一段新鲜的开场白，而不必再说这种老套，希望他能明白，在他还没有开口之前，我们已经同意让他任意发挥了。不过我得警告你，亲爱的克里底亚，请注意你的听众们的心理。在你前面出场的这位创作家①已经给人留下了神奇的、令人喜爱的印象，如果你想要证明自己并不比他差，那么你需要最仁慈的迁就。

赫　你对我朋友的警告也就是对我的警告，苏格拉底。【c】但是，尽管如此，克里底亚，没有勇气就不能得到胜利。你必须像一名男子汉一样勇敢地开始你的演讲，你要请求佩安②和缪斯的帮助，在你的颂词中展示和赞扬你们古代公民的勇敢。

克　亲爱的赫谟克拉底，你站在后面，因为在你前面还有别人，但你仍旧信心十足。要是你站在我的位置上，你自己就会发现这种勇敢是需要的。【d】但是不管怎么说，我必须接受你的鼓励和建议，尽量恳求众神的帮助，除了你提到的这些神，我还要祈求其他神灵的帮助，尤其是记忆女神③。我的讲话成功与否就取决于她的力量。这是因为，要是我们能够充分回忆和复述这个很早以前由祭司们讲述、由梭伦带回雅典来的故事，那么我相信，在场的诸位会认为我的任务完成得不错。不过，闲话少说，让我们现在就开始，勿再拖延。

【e】我们一开始就应当想到，这场记录在案的战争，粗略地说来，至今已有九千年了，战争的双方，一方是居住在赫拉克勒斯之柱④之外的许多民族，一方是居住在赫拉克勒斯之柱之内的所有民族。我现在必须描述这场战争。他们说，雅典城邦是地中海民众的统治者，在整个战争期间英勇战斗。他们也说，大西岛上的那些国王则是另一方民众的统治者。我们说过⑤，这个岛屿曾经比利比亚和亚细亚加在一起还要大。

---

① 指蒂迈欧。

② 佩安（Παίων），最初是希腊神话中为诸神治疗疾病的医生的名字，后来在更一般的意义上指除恶者，并与阿波罗神混同。

③ 记忆女神（Μνημοσύνην），缪斯女神之母。

④ 赫拉克勒斯之柱（Ἡρακλείας στήλας），指直布罗陀海峡。赫拉克勒斯是希腊神话中的大力士，死后成为神。

⑤ 参阅《蒂迈欧篇》24e—25d。

但是后来由于地震而整个儿沉没到海底，成为不可航行的浅滩暗礁，【109】阻碍着人们从希腊的水面进入大洋。

至于当时有多少野蛮人和希腊人的部落，随着我下面叙述的展开，你们就能知道各种各样的细节了。但我们一开始必须了解一下当时雅典人的政治状况以及他们所抗击的敌人的情况，而在这两个方面，我们必须先谈一下雅典的情况。

【b】远古的时候，众神把整个大地划分为若干区域，但并没有为此发生争斗。以为众神不知道什么是他们自己应得的，或者以为他们虽然知道这一点，但有些神想要通过争斗而攫取属于其他神的东西，这些都是歪曲事实的想象。他们通过公正的抽签划定了各自的领地，但在自己的领地上安顿他们自己的兽类和畜类的时候，他们却没有像牧人对待牛群一样很好地喂养我们。【c】不过，他们不像牧人用鞭子抽打羊群那样用强力来逼迫我们的身体，而是按照生物自己的意向来调节它们的生命进程，用说服的方式控制它们的灵魂，为它们掌舵，从而使整个有生灭的族类活动和前进。

就这样，不同的神获得不同的区域，作为自己的领地，分而治之。但是赫淮斯托斯和雅典娜是同父所生的兄妹，性格相同，再加上都喜爱智慧和技艺，所以他们也得到一块共同掌管的领地作为才艺和理智之家，【d】这就是我们这块土地。他们在这块土地上培育了一个善良的种族，把政治的本领教给他们。他们的名字虽然保留下来，但他们的业绩却由于年代久远和他们继承人遭到毁灭的缘故而湮没无闻。

我们已经说过，那些幸存者的后裔只是一些不识文字的山地居民，他们听说过这个国家的统治者的名字，但对他们的业绩却知道得甚少。尽管他们非常乐意把这些名字传给他们的子孙，【e】但对先辈们的德行与法律他们除了一些隐晦的传说之外几乎一无所知。更由于他们和他们的子孙多少世代以来一直生活在贫乏之中，因此他们所注意的是他们自己的需要，所谈论的也是他们自己的需要，因此遗忘了这些远古时代的故事。【110】神话传说的搜集以及研究古代事物，只有到了人们已经拥有了生活必需品并有了大量闲暇之后才发生在城里，而在此之前则是不可能的。

　　这就是为什么有许多古人的名字保存下来了，而他们的业绩却没有得到保存。我可以担保我的话是正确的，如梭伦所说，埃及祭司们在叙述当年战争的时候提到了许多名字，【b】比如凯克罗帕斯①、厄瑞克透斯②、厄里克托纽③、厄律西克松④，以及史籍中有记载的忒修斯⑤以前的大部分人物的名字，还提到了一些妇女的名字。尤其是，按照当时的习俗，这位女神⑥的形象被刻在头盔上，【c】表明当时的妇女和男子一样参加军事训练，可见一切雌雄相伴而群居的生物生来就能共同实施他们那个族类所擅长的活动。

　　在那个时候，居住在我们城邦里的其他阶层的公民都忙于从事各种技艺和耕作，但以打仗为职业的武士阶层从一开始就被那些神人⑦分开，单独居住。【d】他们没有任何私人财产，把一切物品都视为公共的，除了充足的给养，他们不向他们的同胞公民要求任何东西，简言之，他们从事我们昨天谈话中虚构的卫士阶层的各种实际活动。

　　埃及祭司们所说的我们的疆域似乎是真实可信的。首先，在那个时候她的边界延伸至科林斯⑧的伊斯弥亚地峡⑨，朝着内陆这一边向北一直延伸到基塞隆山⑩和帕耳涅斯山⑪的顶峰。【e】然后，朝着东面下到俄

---

① 凯克罗帕斯（Κέκροπς），阿提卡的第一位国王、雅典城邦的创建者。

② 厄瑞克透斯（Ἐρεχθέως），雅典国王，据传为冶炼神赫淮斯托斯与凡妇所生。

③ 厄里克托纽（Ἐριχθονίους），雅典国王，最先使用四匹马拉的战车。

④ 厄律西克松（Ἐρυσίχθον），帖撒利国王德里奥帕斯的儿子，因遭农业女神的诅咒，自食其肉而死。

⑤ 忒修斯（Θησεύς），希腊英雄，雅典国王。

⑥ 指雅典娜。

⑦ 指传说中的英雄或城邦创建者。

⑧ 科林斯（Κορίνθια），地名。

⑨ 伊斯弥亚（Ἴσθμια），地名。

⑩ 基塞隆山（Κιθαιρών），位于希腊半岛中部玻俄提亚地区与阿提卡地区之间。

⑪ 帕耳涅斯山（Πάρνηθος），位于阿提卡地区东北部。

罗比亚①地区，朝着北面则沿着阿索普斯河②直抵海边。还有，我们这块土地比世界上任何土地都要肥沃，所以在那个时代确实能够供养一大批不耕种的武士。有许多事实可以证明这块土地的优越。由现存的遗迹可知这块土地土壤种类多样，适宜耕种，易获丰收，可与世上任何土地相比，【111】这里的草场适宜放牧各种牲畜。但在古代它的出产是最丰富、最优质的。你们可能会问，有什么证据可以证明这一点，我们现在的土地怎么可能是我们早先土地的遗存呢。

　　这块土地是大陆伸向大海的一条细长的岬角，它的海床边缘的大海非常深。在这九千年中——【b】从我们谈论的时代至今——发生了多次可怕的大洪水，在这些周期性的灾难中，从高处不断冲刷下来的泥土不像别的区域那样沉积下来，而是不断地流失到深深的大海中去。结果，通常在一些小岛上发生的情况就出现了。与当初的土地相比，如今留存下来的土地可以说就像一位病人的骨骼，所有松软肥沃的土壤全都冲走了，只剩下一副贫瘠的空架子。在我们谈论的那个时代，这种荒凉的状况还没有开始。【c】现在的高山都是光秃秃的，而在我们现今称作费留斯平原③的那个地方过去覆盖着许多肥沃的土壤，在山区则有大量的森林，至今仍能看到这些森林的遗迹。我们现在有些山上只能长些小树，而在并非很久以前那里的树木还可用来建造巨大的房屋，这些房屋倒塌之后，屋顶上的椽子保存至今。那里也有许多人工栽培的树木，为成群的绵羊和山羊提供取之不尽的饲料。

　　【d】那个时候，每年风调雨顺，宙斯送来充沛的雨水。不像现在这样，雨水一下子就从光秃秃的地面流入大海，而是被深厚的土壤吸收，贮存在那无气孔、可以制陶的粘土中。就这样，较高地区吸收的水分渗透到低洼的地方，给各地带来清泉与小溪。过去那些有过清泉与小溪的地方至今仍有圣地，足以证明我们对这片国土的解释是真实的。

---

① 俄罗比亚（Ωρωπία），地区名，位于希腊半岛。

② 阿索普斯河（Ασωπός），位于帖撒利地区。

③ 费留斯（Φελλεύς），地区名。

【e】这就是这个国家的自然状况。人们在这片土地上辛勤耕作，就像我们可以期待真正的农夫所做的那样专心。他们没有其他职业，但是热爱一切高尚的事物，拥有极高的自然禀赋。他们拥有肥沃的土地和充足的水源，那里风调雨顺，气候宜人。

至于城市本身，它是在这样一个时代建立的，下面我就按照我的计划来说一说。首先，那时的卫城和它现在的样子很不相同。【112】它之所以变成现在这样，乃是因为一场突如其来的大暴雨伴随着地震，在一个晚上就把这里的土壤全部冲走。在丢卡利翁大洪水之前，这已经是第三次大洪水了。较早一个时期，卫城的范围很大，一直延伸到厄里达努①河畔和伊立苏②河畔，把普尼克斯山③包括在内，另一面的边界则与吕卡贝图山④相对。整个地面覆盖厚厚的土壤，除了少数地方，大部分地面是平坦的。【b】城外沿山麓一带住着工匠和耕种附近土地的农夫，山顶上只有卫士的住所环列于雅典娜和赫淮斯托斯神庙的周围，神庙有一道围墙隔开，就像一所住宅的花园一样。在城北边，他们按照神庙的样式建造了公共住宅和冬季食堂，【c】以及其他适宜他们共同生活方式的房屋，只是没有金银装饰品，因为他们在任何情况下都不会把这些金属用于这种目的。他们在豪华和卑贱之间采取了一个中庸之道，给自己建造体面的住房，在那里一直住到老，世代相传，每一代都是卫士。到了夏天，他们自然地离开原先的花园、体育场和食堂，来到城南活动。

【d】在现今卫城的地界上，当时有一道喷泉，后来由于地震而闭塞，但喷泉附近至今还有泉水潺潺流出。它当时提供了充足的水源，无论冬夏都一样。

这就是他们的生活方式：他们就是本邦公民的卫士，也是希腊世界

---

① 厄里达努（Ἐριδανους），河名，流经雅典城北。

② 伊立苏（Ἴλισος），河名，流经雅典城南。

③ 普尼克斯（Πυκνὸς），山名。

④ 吕卡贝图（Λυκαβηττὸς），山名，位于雅典城东北面。

其他部分的领袖，希腊世界的其他部分自愿追随他们。他们使他们的人口尽可能世代保持稳定——男人和女人——使适宜从军的人口的数量保持在二万人左右。

【e】小结一下，这就是这个民族的品性，他们世世代代用正义指引他们城邦的生活，指引希腊人的生活。他们仪态俊美，德性完善，精神强健，名声远播整个欧罗巴和亚细亚。可以说，他们是那个时代所有民族中最伟大的。

至于那时候起兵侵犯他们的情况以及这个国家的起源，我们现在就把它的历史讲给你们听，你们是我们的朋友，这个国家的历史是朋友间的共同财富，要是我们还记得小时候听来的故事。【113】但是在开讲之前，我必须作一个简短的解释，免得你们听到我屡次用希腊名字称呼非希腊人而感到惊讶。你们现在知道这些名称的来源。梭伦当年想用这个故事作为创作诗歌的素材，所以他考察了这些名字的含义，并且发现最初提到这些名字的埃及人已经把它们译成他们自己的语言了。【b】而梭伦在弄懂了名字的含义以后又把它们译成我们的语言，写在自己的手稿中。我父亲得到了他的手稿，后来又传给了我，我从儿童时代就熟读了这些手稿。所以，你们要是听到这些名字就像我们同胞的名字一样，请不要感到奇怪，我的解释到此结束。

下面要说的，大概就是这个很长的故事的开头。如我前述，众神用抽签的方式把整个大地划分为几个区域，【c】有大有小，在各自的领地上建立自己的庙宇和祭坛。波塞冬①得到大西岛这块领地，把他与一位凡间女子所生的儿子安置在大西岛的某个地方，我现在就来描述这个地方。

从整个岛屿的中部直到海边，有一片平原，据说是世上所有平原中最美丽的，土质也非常肥沃。而距这片平原中心处大约五十斯塔达②的

---

① 波塞冬（Ποσειδῶν），海神，主神宙斯之兄。
② 斯塔达（στάδια），希腊长度单位，意译为"希腊里"，一斯塔达约合606.75英尺，约合185公尺。

地方，矗起一座四面陡峻的高山，世上没有比它更高的山了。山上住着一位原始的"地生人"①，【d】名叫厄维诺②，还有他的妻子留基佩③。这对夫妇只有一个女儿，名叫克利托④。等她到了可以婚嫁的年龄时，她的父母都死了。波塞冬爱这个姑娘，和她做了夫妻。为了使她居住的这座山不受外人侵袭，他切断了山下四周的土地，用大大小小的海和陆地一圈圈地围绕那座山，形成屏障。要是我们能称之为圈的话，从岛中央算起，他一共造了两道这样的陆地圈，三道这样的海洋圈，【e】各圈之间距离相等，使人无法接近，因为当时还没有船舶，也没有航行。

波塞冬亲自美化他在中心创造的这个岛屿，使它适宜神居住。他从地下引出两股清泉，一股是热的，一股是冷的，使那里的土地长出大量可供食用的各种植物。【114】然后他生了五对孪生儿子，又把整个大西岛分为十块。他把包括孩子们的母亲的住处以及周边地区在内的那块土地赐给第一对孪生子中的头生子，这块土地是十块土地中最大最好的，并指定他的头生子做国王，统治他的弟弟。其他的儿子则封为亲王，每人管辖许多民众和大片国土。

接着，他给他们起名字。那位当了国王的大儿子叫阿特拉斯⑤，也就是大洋和整个大岛的名字；这个岛之所以被称作大西岛，乃是因为它的第一位国王是阿特拉斯。【b】他的孪生弟弟的那一份领地在这座岛接近"赫拉克勒斯之柱"的一端，与现今称作伽狄拉⑥的地区相对，他弟弟的名字在希腊文中叫作欧美卢斯⑦，但用他自己国家的语言来说是伽狄鲁斯⑧，他的名字无疑也是这个地区名字的起源。第二对孪生子，

---

① 按古希腊传说，有一种人是从地里面生出来的，称为"地生人"。

② 厄维诺（Εὐήνωρ），人名。

③ 留基佩（Λευκίππη），人名。

④ 克利托（Κλειτώ），人名。

⑤ 阿特拉斯（Ἄτλας），"大西洋"和"大西岛"是阿特拉斯的同缘词。

⑥ 伽狄拉（Γάδειρα），地名，现今西班牙海港卡迪斯。

⑦ 欧美卢斯（Εὔμηλος），人名。

⑧ 伽狄鲁斯（Γαδειρυς），人名。

一个叫安斐瑞斯①，另一个叫厄维蒙②；【c】第三对孪生子，大的叫涅塞乌斯③，小的叫奥托克松④；第四对孪生子，大的叫厄拉西普⑤，小的叫麦斯托⑥；第五对孪生子，大的叫阿札厄斯⑦，小的叫狄亚瑞佩⑧。这批兄弟和他们的后裔在岛上居住了许多个世代，统治着他们自己的领地以及大海上的其他许多岛屿，此外，还像我们已经说过的那样，他们作为宗主国，还统辖着海峡这一边的民众，远达埃及和第勒尼安。

【d】阿特拉斯后来生了许多儿子，都很杰出，国王的王位传了许多代，都由长子世袭。他们拥有巨大的财富，这在以往任何王室都不曾有过，以后大概也不会多见；城市或其他任何地方所需要的资源，他们应有尽有。尽管这个大帝国有许多附属国的进贡，【e】但它自身的供给主要来自这个岛本身。首先，岛上有各种矿藏，生产坚硬而又可熔的金属，其中包括一种现在只知其名但当时确有其物的金属，叫山黄铜，岛屿各处都有采掘，除了黄金之外，它比其他任何金属都要贵重。岛上的森林盛产各种木材，供木匠们制造家俱和修建房屋，也能保育大量的野生动物和家畜，甚至还出产许多大象。【115】这里可以给这种最庞大、最贪食的动物提供大量食物，决不亚于给一切栖息在沼泽、湖泊、河流、山野、平原中的其他动物提供的食物。

此外，这个岛屿出产现今世上仍可见到的各种香料，无论用的是草根或草茎，还是从花果中提取汁液，都炼制得很精美。至于人工栽培的果实，既有可代果腹的干果⑨，又有各种被我们总称为豆子的果实，【b】

---

① 安斐瑞斯（Ἀμφήρης），人名。

② 厄维蒙（Εὐαίμων），人名。

③ 涅塞乌斯（Μνησέας），人名。

④ 奥托克松（Αὐτόχθον），人名。

⑤ 厄拉西普（Ἐλάσιππος），人名。

⑥ 麦斯托（Μήςτωρ），人名。

⑦ 阿札厄斯（Ἀξάης），人名。

⑧ 狄亚瑞佩（Διαπρέπης），人名。

⑨ 指谷物。

还有林子里生长的各种果子，吃了这些果子就好像既吃肉又喝酒又有了油脂①；有些果子可供我们欣赏，但不易保存；② 还有一种果子可以饭后吃，用来缓解饮食过量。③ 这个神圣的岛屿盛产一切，品质优良而又多产，而当时这个岛屿还在阳光普照之下。④【c】所以，国王们使用这些大地的馈赠来建造和美化他们的神庙、王宫、港口和码头，整个布局大体如下。

他们首先在环绕他们祖居的那几圈海沟上架设桥梁，修建一条出入王宫的大道。他们的宫殿最初就建在他们的神⑤和祖先住处的外围，每位国王一继位就大兴土木，为原来就非常美丽的宫殿增光添彩，力图超过前任国王，最后使王宫达到惊人的规模而又极为富丽堂皇。【d】他们从海边开挖一条运河直抵围绕王宫的内圈海沟，长五十斯塔达，宽三普勒戎⑥，深一普勒戎。沿着这条像码头一样的运河从海上可以进入这条最里面的海沟，因为他们把这条运河开凿得非常宽，足以行驶最大的船舶。【e】此外，他们又在三道海沟中间的两圈陆地上开挖水道，挖在那些桥梁之间，使之足以通过一艘三层桨座的战船，又将水道覆盖，形成地下航路，因为那些陆地圈的两岸要比海平面高出许多。由运河相连而进入大海的那条最大的海沟，宽三个半斯塔达，与之相邻的那一圈陆地也是同样的宽度。再向内的水陆两个圈的宽度都是二斯塔达。

【116】直接环绕中心的一圈陆地则宽一斯塔达，中心岛即是王宫所在地，其直径为五斯塔达。他们用这些水陆圈和桥梁把中心岛团团围住，这些桥梁宽一普勒戎，全部用石头砌成，每座桥的两端都修建了塔楼和门。他们从整个中心岛和内外几个陆地圈的地下采掘石块，有些是

---

① 指橄榄或椰子。

② 指石榴或苹果。

③ 可能指香橼，一种常绿小乔木，果实长圆形，黄色，果皮可入药。

④ 指当时还没有沉没。

⑤ 指海神波塞冬。

⑥ 普勒戎（πλέθρον），希腊长度单位，100 希腊尺，一普勒戎约合六分之一斯塔达。

黑色的，有些是白色的，有些是红色的；在采掘石块的同时，他们修建了两个地下船坞，以天然岩石作顶棚。

【b】有些建筑物是单色的，有些则采用各种颜色的石块，组合在一起，构成内在和谐而色彩缤纷的装饰花样。他们把最外面的一道城墙抹上涂料，朝外的一面抹的是黄铜，朝内的一面抹的是熔化了的锡，而真正卫城的围墙则用山黄铜涂抹，像火一样闪闪发光。

【c】现在我要来说一下卫城内的王宫。王宫中心建有奉祀克利托和波塞冬的神庙，任何人不得随意进入，周围设有黄金围栏，这里原是十位国王和亲王的诞生地，也可说是这个种族各支派的发祥地。十大区域的民众每年按季节运送时鲜果品到这里，祭献给各位国王和亲王。波塞冬自己另有一座神庙，【d】长一斯塔达，宽三普勒戎，高度与此相应，但外观上带有非希腊的风格。整座神庙的外部用白银涂饰，山墙上装饰的雕像除外，是用黄金涂饰的。至于神庙的内部，屋顶完全是象牙的，包裹着黄金、白银和山黄铜，其他墙壁、柱子、地板，等等，全都用山黄铜涂饰。【e】庙中安放着一座波塞冬的金像，他站立在一辆由六匹长翅膀的骏马拉的战车上，十分高大，头部接近屋梁，周围是一百个骑着海豚的涅瑞伊得斯①，人们相信海中的仙女是这个数目。还有其他许多民间奉献的雕像安放在那里。

庙外四周排列着十位国王和亲王以及他们的王妃的金像，还有其他许多巨大的雕像是由本国以及附庸国的国王和民众奉献的。【117】还有一个祭坛，其体积之大与制作之精湛与整座神庙相配；王宫的建筑亦与宏伟的帝国和壮丽的神庙相称。

他们使用两股泉水，一股是冷的，另一股是热的，水量充沛，水质优良。泉眼四周盖了房屋，种了许多与水质相合的树木，还建有一些浴池。【b】这些浴池有些是露天的，有些则在室内，以便冬天洗热水澡。浴池有好几种类别，分别供国王、普通公民、妇女使用，还有专供马匹和其他负重牲口用的，各种浴池都配有相应的设备。浴后的废水被导入

---

① 涅瑞伊得斯（Νηρῇδας），海中的仙女。

波塞冬的丛林，那里有各种树木，由于土质肥沃，所以都长得异常高大和美丽，然后再通过一些桥边的沟渠将水排入外圈海沟。

【c】除了许多奉祀众神的神庙，他们还建造了许多花园和运动场。有些运动场供人使用，有些运动场供马使用，建在由那些环状海沟形成的陆岛上。特别是，他们在较大那个陆岛上保留了一块土地作跑马场，宽一斯塔达，长度则为绕岛一周，在这里进行赛马。跑道的两边建有营房，大部分卫士驻扎在这里。

【d】一些亲信卫士则驻扎在靠近卫城的那圈较小的陆地上，另有一些最忠诚的卫士则驻扎在卫城中靠近王宫的地方。船坞里停满了三层桨座的战船，码头上堆放着各种船用装备，秩序井然。有关王族住地的安排就是这些。

如果经过三个最外面的港口，可以看到有一道城墙，【e】从海边开始，与最大的海沟和海港的距离均为五十斯塔达，两端衔接在通入大海那条运河的出口上。在这道城墙以内，居民住宅鳞次栉比，港口和运河中船舶相拥，来自世界各地的商贾云集，喧嚣熙攘的人群昼夜不绝。

我已经相当忠实地向你们报告了我听说的这个城市和古老王宫的状况，现在我必须尽力回忆这个区域及其组织的一般状况。【118】首先我要说的是，这个地区作为一个整体是一片高原，它的海岸十分陡峭，但是城市周围却是一片平原，平原之外又被绵延到海边的高山环绕。这片平原是平坦的，呈长方形，长三千斯塔达，其宽度从这片内陆的中心算起到海滨约为二千斯塔达。【b】这片内陆坐北朝南，北方来的冷空气对它没有影响。当时环绕这片内陆的山脉，其数量、宏伟、美丽都是现今存在的任何山脉所无法比拟的。山间有无数富庶的村庄，又有众多河流、湖泊、草地，给各种野兽和家畜提供丰富的饲料和饮水，还出产不同种类的木材，充分满足各种类型制作的需要。

【c】一方面是由于原始的地理构造，另一方面是由于历代国王的长期经营，这片平原形成了这样一种状况，我现在就来描述一下。这块土地最初生来就是四边形的，是一个长方形，四个角接近直角。他们在这块土地的四周挖了一条水道，使得原来不够整齐的地方都变整齐了。至于这条水道的长、宽、深，听起来令人难以置信，因为与其他同类工程相比，人们会觉得如此巨大的工程决非人力所能完成，但我必须把我听到的故事原原本本地告诉你们。这条水道的深有一普勒戎，宽均为一斯塔达，【d】由于沿着整个平原的四边开挖，所以它的全长为一万斯塔达。这条水道接纳从各处山上流下来的溪水，环流平原四周，经过城市两侧，然后由此宣泄入海。城市后面朝着山峦的那些内陆上开凿了一些笔直的运河，宽约几普勒戎，横切平原，流入通往大海的水道，每两条运河之间的距离为一百斯塔达。【e】这些运河用于把木材从山里流放到城里来，还可在生产中利用舟楫之便。城市与城市之间也有一些渠道可供交通。

他们每年实际上有两次收获。农夫在冬季靠天空降雨，夏季则靠水渠引水灌溉。

至于他们的人数可以这样计算，每块份地都有一名军事小头领进行管辖，【119】面积约为一百平方斯塔达，份地的总数达六万。位于山区和国内其他部分的份地数量也是巨大的，全都按照规定划分为不同的地块，并按照自然区域或村落指定头领。每位头领按规定都应当提供这样一些军备和士兵：六分之一辆战车（总计可有一万辆战车）、【b】两匹马及两名驭手、两匹不带战车的马、一名持轻盾的战斗兵、① 一名能骑马的驭手；此外还有重装兵两名、射手和投手各两名、轻装掷石手和标枪手各三名；还要提供水手四名（总共配置一千二百艘战船）。以上就是王城的兵力部署，其他九大地区情况各不相同，需要很长时间才能细说。

【c】官职和权力的分配从一开始就有如下规定：十位国王和亲王在他们自己所管辖的地区和城市里对民众拥有绝对的统治权，他们可以制定大部分法律，还可以按他们的意愿处罚和处死任何人。但是这些国王和亲王之间的权力关系则由波塞冬规定，【d】以法律条文的形式由最早的国王铭刻在位于中心岛的波塞冬神庙的一根山黄铜柱子上。实际上，

---

① 这种战斗兵从战车上跳出去徒步战斗。

这些国王和亲王们习惯每隔四年和五年——表示对偶数和奇数同样尊重——在这座神庙里聚会，讨论他们的共同事务，查询各自有无违反法律的情况，并且作出判决。在此之前，他们先按照下列方式交换誓言。在波塞冬圣地里养着许多献祭用的公牛，①十位国王和亲王屏退随从，单独留在庙内。【e】他们向神祷告，求神保佑他们能捉住他所愿意接受的牺牲。然后他们开始追捕公牛，只用棍棒和套索，不用铁器。捉住任何一头公牛之后，就牵到那条铜柱旁，在柱顶上割断牛的喉管，使鲜血流到那铭文上。在那铜柱上除了刻写着法律条文之外，还有一句祈求神力降祸于违法者的咒语。【120】他们按照自己的礼仪献祭，献上公牛的四肢，然后他们调制了一大碗酒，每人往酒中滴入一滴牛血，等柱子洗刷干净以后，其他牛血就倒入熊熊大火。

　　然后，他们用自己的金杯从大碗中舀酒，行奠酒礼，把酒洒在火上，并宣誓要按照铜柱上所刻的法律进行判决，惩处违法者，【b】使他们今后不再故意犯法，除了遵守祖先的法律外，不制定也不遵守其他任何诫命。当每位国王和亲王为他自己同时也为他的家族发了重誓之后，他就喝尽杯中之酒，并且将金杯献给神庙。献祭完毕以后，他们吃了筵席，办了一些必要的事情。夜色降临时，祭坛上的火已经熄灭，【c】他们穿上最华丽的深蓝色长袍，傍着祭火的余烬通宵坐在地上，此时圣地各处的火把也全都熄灭了。如果有人提出指控，就在这个时候进行，并且进行判决。判决之后，等到天明，他们就在一块金牌上写下判决，连同他们所穿的礼服一并奉献给神庙，作为纪念物。

　　还有一些有关国王权力的专门法律，其中最主要的是：不许亲王们同室操戈；【d】倘若有人企图在任何城邦推翻他们的王室，其他亲王就应当前往救援；他们应当像前辈们一样共同商议有关作战方略和其他事务；战争指挥权属于阿特拉斯国王。还有这样一条规定：如果没有十人之中半数以上的同意，国王无权处死任何一名亲王。

　　当时位于这个区域的国家是强大的，神赋予它神奇的力量，但是后

---

① 祭祀波塞冬时宰杀公牛，参阅荷马：《奥德赛》3：6。

来它侵犯我们这个地区，其原因在故事中是这样的。在许多个世代中，【e】那里的人作为神的姻亲拥有一些神性，能够服从法律。他们确实是真诚和高尚的，能公正而又谦卑地处理相互之间的关系。因此，他们除了美德以外看不起其他任何东西，并轻视他们眼前的繁荣，把他们所拥有的大量黄金和其他财物当作一种累赘。【121】巨大的财富并没有使他们沉溺于奢侈的生活，也没有使他们失去自制能力。他们清醒地认识到，所有这些财产是依靠美德和相亲相爱才积累起来的，如果一味追求并且荣耀这些财产，那么就会引起自身的衰退和美德的丧失。

正是因为有这样的思想，并且在他们身上存有神性，所以他们的财富就进一步增长。但是，后来他们身上的神性由于经常掺杂许多凡俗成分而变淡变弱，【b】他们身上的人性开始占了上风，于是再也不能承载他们的幸运，他们的行为也失去了分寸。有清醒眼光的人明白，他们开始变得愚蠢，因为他们最珍贵的天赋中最美好的东西正在失去；但对看不清什么是真正幸福生活的人来说，当他们骄横跋扈、以权势凌人的时候，还以为自己是美好幸福的。而众神之神宙斯依据法律统治他的王国，有慧眼能够识别这类事情。看到这个光荣的种族堕落到邪恶的境地。【c】他想要对他们进行审判，藉此使他重返正道。于是他命令众神到他最荣耀的住处来开会，此处位于宇宙中心，可以俯瞰一切有生灭的事物。众神到齐以后，他说……

索　引

A

acropolis of Athens: ἀκρό-πολις 卫城 (雅典的) Criti. 112a

acropolis of Atlantis: ἀκρό-πολις 卫城 (大西岛的) Criti. 115d, 116c+

aether: αἰθήρ 以太 Ti. 58d

agent and patient: τι ποιεῖ καὶ τοῦ ποι-οῦντος 行动者与承受者 Phlb. 27a

agriculture: γεωργία 农业 Phlb. 56b; Ti. 77a

air: ἀέρος/ ἀήρ 气 Ti. 32b+, 48b, 49c, 53b+, 56, 58d, 63b, 78b, 84d

alphabet: γράμμᾰτα 字母 Phlb. 17b, 18b+

Amasis: Ἄμσις 阿玛西斯 Ti. 21e

ambition: φῐλοτῑμία 雄心、野心 Ti. 90b

Ammon: Ἄμμων 阿蒙 Stm. 257b

Ampheres: Ἀμφήρης 安斐瑞斯 Criti. 114b

Amynander: Ἀμύνανδερ 阿密南德 Ti. 21b+

analysis/analytic: ἐξέταισις, διαλύειν 分析／分析的 Stm. 285a+

Androtion: Ἀνδροτίων 安德罗提翁 Phlb. 40e, 47e, 50c; Ti. 42b

animal(s): ξῷον 动物 Stm. 263c, 271e, 272b+, 273a; Ti. 30c+, 32d+, 39e+, 77a+, 87c, 90e+

animal, ideal: ξῷον 动物 (理想的) Ti. 39e

Apaturia: Ἀπατουρία 阿帕图利亚节 Ti. 21b

Aphrodite: Ἀφροδίτη 阿佛洛狄忒 Phlb. 12b+

Apollo: Ἀπολλον 阿波罗 Criti. 108c;

apparitions: φάντασμα 幽灵 Ti. 72a

appetite(s): ἐπῐθῡμία 欲望，胃口 Ti. 70a, 70e, 90b

arithmetic(al): λογιστικός 算术 Phlb. 55d+, 56d+; Stm. 258d; Ti. 39b+, 47a

art(s): τέχνη 技艺 Phlb. 58a, 58e+, 66b+; Stm. 277a+, 280a+, 283d+, 289c, 290b+, 292d, 295d, 300c+, 302b, 304a+, 306d, 309d+

Asia: Ἀσιάς 亚细亚 (地名) Criti. 108e, 112e; Ti. 24b, 24e+

Asopus: Ἀσωπός 阿索普斯 (河名) Criti. 110e

astronomy: ἀστρονομία 天文学，星相学 Ti. 38c+

知觉 Phlb. 34, 43b

constitution(s): πολιτεία 政治制度
Stm. 271e, 276e, 291d+, 301a+,
302c+

copy and original: ἀφομοίμα καὶ πρ-
ῶτος 原本与摹本 Ti. 29b, 31a

cosmos: κόσμος 宇宙、秩序 Phlb. 29e

counting: λογισμός 算账、计算 Stm.
259e

courage(ous): ἀνδρεία 勇敢 Stm.
306b+, 308a, 308e+, 309e

craft(s): τέχνη 技艺 Criti. 109e; Phlb.
55d+; Stm. 274c, 303d+; Ti. 23a+

creation: δημιουργία, ἔκγονα 创造、
产生 Ti. 28e+, 39e+

creator of world: δημιουργός 世界的
创造者 Stm. 269c+; Ti. 28+

Critias: Κριτίας 克里底亚,《卡尔米德
篇》《克里底亚篇》《厄里西亚篇》
《普罗泰戈拉篇》《蒂迈欧篇》对话
人 Criti. 106b+, 108c+, 113b; Ti. 20a

Critias, Κριτίας son of Dropides,
grandfather of the above: 克里底亚
Ti. 20e+

criticism: ἐξέτασις 批评 Criti. 107b+;
Stm. 299b+

Cronus: Κρόνος 克洛诺斯 Stm. 269a,
271c, 272a+, 276a; Ti. 40e

custom: ἔθος, νόμος 习俗、习惯 Stm.
295a, 298d

cycles in nature: κύκλος φύσις 事物的
循环 Stm. 269c+; Ti. 22c+

D

daemon(s) (spirits): δαίμων 精灵
Stm. 271d+; Ti. 41a+

dance(s)/dancing: χορεία, ὀρχησύς
跳舞、舞蹈 Ti. 40c

death: θνήσκω 死亡 Stm. 297e, 308e;
Ti. 81d+

Delphi/Delphic oracle/god of Delphi:
Δελφοί 德尔斐 (地名) Phlb. 48c

Delta, Egyptian: Δέλτα 三角洲 (埃及
的) Ti. 21e

deluge(s): κατακλυσμός 暴雨、洪水
Criti. 111a, 112a; Ti. 22a

demigods: ἡμίθεος 半神 Ti. 42a+

democracy/democratic: δημοκρατία,
δημοκρατικός 民主、民主政制
Stm. 291d+, 292a, 302d+, 303b

desire(s): ἐπιθῡμία 欲望、期望 Phlb.
34c+, 35b+, 41c+; Smp. 191+, 200+;
Ti. 69d+

Destinies/destiny: μοῖρα 命运 Stm.
272e; Ti. 41e

destructions, of human life in past:
διαφθορά 毁灭 Criti. 109d; Stm.
270c+; Ti. 22c+

Deucalion: Δευκαλίων 丢卡利翁 Criti.
112a; Ti. 22a

dialectic(al)/dialectician(s): διαλέγω,
διαλετικός 辩证的 / 辩证法家 Phlb.
15d+, 16c, 17a, 57e+, 59a; Stm. 258b+,
261—268c, 286a, 286d, 287c

Diaprepes: Διαπρέπης 狄亚瑞佩 Criti.
114c

difference(s)/different: διαφορά 区别、
差别、不同 Ti. 35a+

Dionysus (the god): Διονυσίως 狄奥
尼修斯 Phlb. 61c; Smp. 177e

discrimination or separation, art of:
γνώμη 区分的技艺 Stm. 282b

300e+, 302d+, 304+, 308c+

'Know thyself': Γνῶθι σαυτόν 认识你
自己 Phlb. 48c

know(ing)/knowledge: ἐπιστήμη 知
道、知识 Criti. 107b+; Phlb. 13e+,
17b, 34c, 48c, 55d, 57b, 62b; Stm.
259d+, 293c+; Ti. 37c, 90b+

L

lamentation/laments: ὀδυρμός 悲痛
Phlb. 47e, 50b+

law(s)/legislation: νόμος 法 / 立法
Criti. 119+Stm. 294+, 295c+, 297d—
300c; Ti. 24a+, 83e

lawgiver(s): νομοθέτης 立法者 Stm.
309c+

learn(ing): μανθάνειν 学习 Phlb.
52a+; R. 6.486c, 9.581b+

legislator(s): νομοθέτης 习俗制定者、
立法家 Stm. 295a+, 309c+

letter(s) (of alphabet): ἐπιστολή, γρ-
άμματα 字母 Phlb. 17b, 18b+; Stm.
277e+, 278c

Leucippe: Λευκίππη 留基佩 Criti.
113d

Libya: Λιβύα 利比亚 (地名) Criti.
108e; Stm. 257b; Ti. 25a+

life/living: βίος /ζωή 生命 / 生活 Phlb.
20e+, 21d+, 22a+, 27d, 43c+, 50b,
60d+, 61b+, 62; Stm. 271b+, 274b+,
299e

likeness(es): ὁμοιότης 相似 Stm. 286a

limit(ed): βράχυς 有限的 Phlb. 23c,
25, 26, 30b+, 31+

Locri: Λοκρούς 罗克里 (地名) Ti. 20a

logic: λογισμός 逻辑、推论、论证

Stm. 262b+, 285b

lot(s): χρεών 命运 Ti. 18e

love: φιλεῖν/ φιλία 爱 Phlb. 47e, 50c;
Ti. 42a, 86c+, 91a+

lover(s): ἐραστής 情人、爱人 Phlb.
65c

Lucifer (star): Ἑωσφόρος 金星、启明
星 Ti. 38d

Lycabettus: Λυκαβηττὸς 吕卡贝图 (山
名) Criti. 112a

Lydian(s): λυδιστί 吕底亚式的 Stm.
262e

lyre: λύρα 竖琴 Phlb. 56a

M

madman/madness: μάργος /μανίαν/
疯狂、迷狂 Ti. 86b+

magnet ('stone of Heraclea'): ἡ λίθος
Ἡρακλείη 磁石，赫拉克勒斯石 Ti.
80c

maker/making: δημιουργός, ἐργασία
制作、制造 Phlb. 26e

malice: φθόνος 恶意 Phlb. 47e, 48b,
49c+

many, the: συχνός 多 Phlb. 14c—17a

marriage: λέχος 婚姻 Stm. 310b+

mathematical/mathematician/ mathe-
matics: λογιστικός/ λογιστικός/
μαθήματα 数学 / 数学家 Stm.
257b, 266a+

matter and form: χρῆμα, ἰδέα 材料 (质
料)，形状 (型相) Ti. 50b+

mean, the: μέθον 中间状态 Stm. 284a+;
Ti. 36a

measure(ment/s): μέτρον 衡量、尺度
Phlb. 24c+, 55e, 56c+, 64d+, 65d,

Rhea: Ῥέαν 瑞亚 Ti. 41a

rhetoric: ῥητορική 修辞 Stm. 303e+

rhythm(s): ῥυθμός 节奏 Ti. 47d

ridicule: γέλως 可笑、荒唐 Phlb. 48c+

royalty: βασιλεία 君主的 Stm. 301a+

rule/ruler(s): ἀρχή, κράτος, δύνα-
στεία, ἄρχων 统治 / 统治者 Stm.
292b+, 293b+, 296a+, 300c+, 301a+,
309b+

S

Saitic: Σαΐτικος 赛斯人 Ti. 21e

same(ness): ὁμοιότης 相同、同 Ti.
35a+, 36c+, 39a, 40a+, 43d

satyr(s): σατύρ 羊人 Stm. 291b, 303c

savior: σωτήρ 救星, 救主 Ti. 48d

scales: πλάστιγξ 音阶、等级、比例
Phlb. 17d

science(s): ἐπιστήμη 知识、科学 Stm.
258e, 259c, 260c+, 267a+, 283d,
292b, 292d+, 297b+, 304b+, 309b—
311; Ti. 22c

scribe in soul: γραμμᾰτεύς 刻、写 (在
灵魂中) Phlb. 39a

sculptors/sculpture: ἀγαλματοποιός,
ἀνδριαντοποιία 雕刻匠, 雕刻 Stm.
277a+

seed: σπέρμα 种子 Ti. 86c, 91b

self-conceit: χαυνότης 自欺 Phlb.
48d+

self-existence: αὐτὸ καθ᾽ αὑτό 自存
Phlb. 53d+; Ti. 51c+

self-motion: αὐτος κίνησις 自动 Stm.
269e; Ti. 88e+

sensation: αἴσθησις 感觉 Phlb. 33c+,
66c; Ti. 28a, 42a+, 43b+, 61d

sense(s): αἴσθησις, νόος 感官、感觉
Phlb. 38c+, 42a; Ti. 65b+

servant(s): οἰκεύς 仆人、奴仆 Stm.
289d+

shepherd(s): ποιμήν 牧羊人 Criti.
109b+; Stm. 271d+, 275+, 276d

ship(s): ναῦς 船 Stm. 302a

sick(ness)/disease(s): νόσος 疾病
Phlb. 45c+; Stm. 296b+; Ti. 44c,
81e+, 86b+, 89b

sight: ὄψις 视觉 Phlb. 38c+, 42a, 51b+;
Ti. 45c+, 47a

silver: ἄργυρος 银 Ti. 18b

simplicity: ἁπλότης 简单、简洁 Criti.
109d+

sleep(ing): κοιμᾶσθαι 睡觉 Ti. 45e

smallness: μικρός/ σμικρός 小 Stm.
283d+

smell: ὄσφρησις 嗅觉 Phlb. 51e; Ti.
66d+

Socrates: Σώκρατης 苏格拉底 Phlb.
11b, 12c, 16a+, 17e, 20b, 25b, 61c;
Stm. 257d; Ti. 19b+

soldier(s): στρατιώτης 士兵 Ti. 24b

Solon: Σόλωνος 梭伦 Criti. 108d+,
110b, 113a+; Ti. 20e+, 21b+, 22a+

sophist(s): σοφιστής 智者 Stm. 291a+,
303c; Ti. 19e

Sophist, quoted: Σοφιστής 《智者》(引
用) Stm. 257a, 284b

soul(s): ψυχή 灵魂 Phlb. 30a+, 32c,
33c+, 34c+, 35d, 38b+, 38e+, 41c,
46b+, 47c+, 50d, 55b, 58d, 66b; Stm.
278d+; Ti. 30b+, 34b+, 41c+, 42e+,
44c, 69c+, 69e—72, 86b+, 87d+, 89e,
90a, 90d+

44a

tyranny/tyrannical/tyrant(s): δεσποτεία
僭主制 Stm. 276e, 291e, 301b+,
302d+

Tyrrhenia: Τυϱϱηννίας 第勒尼安（地
名）Criti. 114c; Ti. 25b

U

understanding: γνώμη, διἀνοια 理智
Stm. 278d+

uniform(ity): παϱαπλήσιος 统一 Ti.
57e+

unity: μονάς 单一 Phlb. 15b+

universe: κόσμος, οἰκουμένη 世界,
宇宙 Phlb. 28d, 29e+; Stm. 269c+; Ti.
27c, 31b+, 34b, 48e+, 69c, 90d

unlimited: ἄπειϱος 无限 Phlb. 23c+,
25, 31a

V

vacuum: κενόν 虚空、真空 Ti. 60c, 80c

vice: κακία 邪恶、恶德 Stm. 307b+

virtue(s): ἀϱετή 德性（美德）Stm.
306b+, 307b+

vision(s): ὄψις 视觉 Ti. 45c+

void: κενός 虚空 Ti. 58b

volume: ὄγκος 大量 Ti. 53c

vowels: ωνηέντα 元音 Phlb. 18b+

W

war: πόλεμος 战争 Criti. 110b, 112d;
Stm. 304e+, 308a

warp and woof: στήμων καὶ κϱόκη 经
线与纬线 Stm. 281a, 282c+, 305e+,
309b

water: ὕδωϱ 水 Phlb. 29a

wax(en): κήϱῖνος 蜡 Ti. 61c

wealth(y): χϱήματα 富裕 Stm. 310b+

weaving: ἰστουϱγία, ὑφαντική 纺织
Stm. 279b—283b, 309b

weighing: στατική 称重 Phlb. 55e

whole: ὅλος 全部、整体 Ti. 30c

wine: οἶνος βάκχιος 葡萄酒 Ti. 60a

wisdom/wise: σοφία 智慧／聪明 Phlb.
49a

wives: ἄλοχος 妻子 Stm. 272a; Ti.
18c+

wizard(s): φαϱμᾱκεύς 男巫、行家
Stm. 291a, 303c

women: γύνη 妇女 Criti. 110b, 112d;
Ti. 18c+, 42b, 91a+

words: λόγος ῥῆμα 语词 Phlb. 39a

world: κόσμος 世界 Phlb. 30a+; Stm.
269c+

Y

year: ἔτος ἐνιαυτός 年 Ti. 39d, 47a

young: νέος, νεᾱλης 年轻 Phlb. 15d+;
Ti. 81b

young Socrates: νέος Σώκρατης 小
苏格拉底,《政治家篇》对话人 Stm.
258a, 266a

Z

Zeus: Διὸς 宙斯 Criti. 121b; Phlb. 30d,
66d; Ti. 40d+, 41a